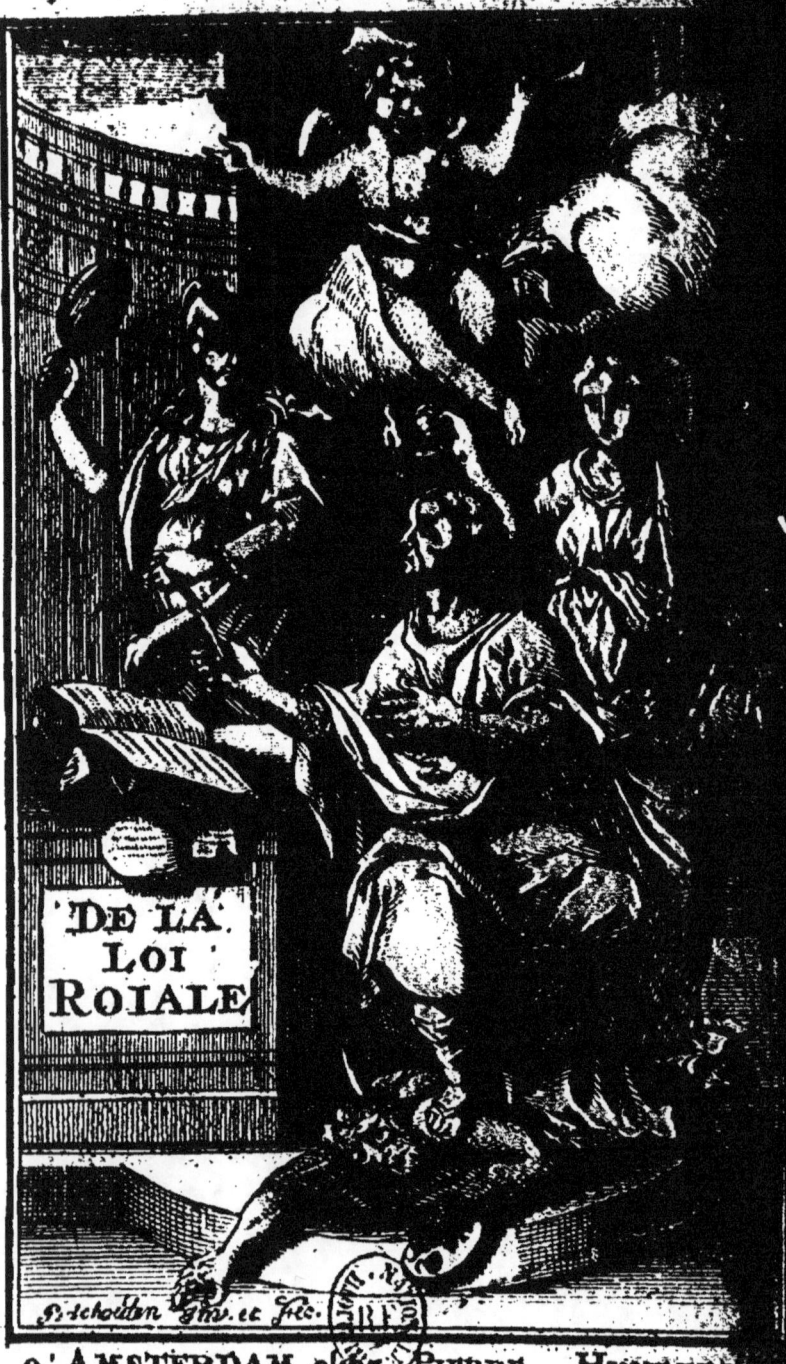

DE LA
LOI
ROIALE

S. schouten inv. et fec.

a' AMSTERDAM chez Pierre HUMBERT

DU POUVOIR
DES SOUVERAINS,
ET DE LA
LIBERTÉ
DE
CONSCIENCE.
EN DEUX DISCOURS,

traduits du Latin

de Mr. NOODT, Professeur en Droit dans l'Université de *Leide*:

Par JEAN BARBEYRAC,

Professeur en Droit & en Histoire à Lausane, & Membre de la Société Roiale des Sciences, de BERLIN.

Seconde Edition, revuë, & augmentée de plusieurs *Notes*, comme aussi du Discours de JEAN FREDERIC GRONOVIUS sur la LOI ROIALE ; & d'un Discours du Traducteur sur la NATURE DU SORT,

A AMSTERDAM,
Chez PIERRE HUMBERT.
MDCCXIV.

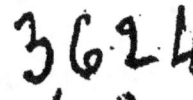

Rara temporum felicitate, ubi sentire quæ ve-
lis, & quæ sentias dicere licet.

TACIT. Histor. *Lib. I. Cap. I.*

A MESSIEURS

LES COMTES

LOUIS & CHRISTIAN,

COMTES D'HOHENLOE

ET DE GLEICHEN,

Seigneurs de *Langenburg* & de *Cranichfeld* &c. &c. &c.

Messieurs,

Si je ne Vous connoisfois, comme je fais, je

* 2   crain-

craindrois que les matié-
res de ce Livre ne fuſſent
trop ſérieuſes & trop
profondes, pour être de
Vôtre goût, & je n'au-
rois peut-être pas oſé
prendre la liberté de Vous
le dédier. La Jeuneſſe eſt
fort ſujette à n'aimer que
la bagatelle ; & la plus
haute Naiſſance n'inſpire
pas toûjours des ſenti-
mens plus raiſonnables.
Mais je puis dire ſincé-
rement & ſans Vous flat-
ter, qu'autant que bien
d'autres ſont paſſionnez
pour

pour de vains amuſe-
mens, autant l'êtes-vous
pour des choſes bonnes
& ſérieuſes. Vous faites
vos délices de ce qui
ſert à perfectionner & à
orner les beaux talens
que vous avez reçûs de
la Nature : vous n'avez
pas de plus grand plaiſir,
que d'entrer dans des
converſations utiles : &
Vôtre ſageſſe prématu-
rée, grave ſans affecta-
tion & aſſaiſonnée d'une
aimable gaieté, rend preſque inutile l'exactitude

d'un

VIII EPITRE

(a) Mr. Loder. d'un (*a*) Gouverneur vigilant.

Depuis que vous êtes ici, Vous avez, MESSIEURS, appris nôtre Langue en très-peu de tems : Vous avez pris une bonne teinture des Mathématiques : & Vous avez fait de grands progrès dans tous les Exercices qui vous conviennent. Mais fur tout Vous avez témoigné un defir ardent de connoître le Droit Naturel & le Droit Civil : & Vous avez atten-

tendu avec beaucoup
d'impatience , que le re-
tour de ma fanté me per-
mît de Vous en expliquer
familiérement les princi-
pes. La bonté de Vôtre
Efprit Vous a fait d'abord
comprendre , combien
cette Science eft utile à
tout le monde , & parti-
culiérement à ceux qui
font appellez à gouverner
les autres , & à adminif-
trer la Juftice. J'admire
tous les jours l'attention
extrême que Vous joignez
à une heureufe compré-

hen-

henfion , & à une gran-
de droiture de Jugement.
En un mot, je me fais un
très-grand plaifir de Vous
propofer , comme je le
puis véritablement, pour
exemple & pour modé-
le , non feulement à tous
ceux de Vôtre âge & de
Vôtre rang , mais encore
à tant de Fainéans & de
Vagabonds, qui , au lieu
de chercher à s'inftruire,
comme Vous , de ce qui
eft néceffaire pour fe bien
aquitter des devoirs de
leur état, paffent tranquil-
le-

lement leurs plus beaux
jours dans la molleſſe, &
dans une ſuite perpétuel-
le de diſſipations & de divertiſſemens.

Par cette ſeule raiſon,
la Ville de LAUSANE,
d'ailleurs fort honorée du
ſéjour que Vous y avez
déja fait, & que vous
comptez d'y faire enco-
re, devroit, MESSIEURS,
vous avoir une grande o-
bligation. Il ne tient pas
à Vous, que Vous ne pi-
quiez d'émulation toute ſa
Jeuneſſe, & bien des per-

fonnes même d'un âge plus avancé.

Ainfi, MESSIEURS, je n'ai nul befoin de profiter de l'occafion, & du droit que pourroit me donner l'honneur que Vous m'avez fait de vouloir bien être mes Difciples, pour ménager ici quelque exhortation indirecte, que Vous prendriez, j'en fuis fûr, en bonne part, quand même je Vous l'adrefferois ouvertement & fans détour. Il me fuffit de fouhaithaitter, comme j'ai tout lieu de l'esperer, que Vous continuïez, comme vous avez fait jusqu'ici ; & que, sans vous dementir jamais, Vous, tâchiez de vous surpasser vous - mêmes, s'il est possible. Vous goûtez dès-à-présent, les fruits du bon parti que Vous avez pris de bonne heure : mais je Vous promets, que Vous éprouverez de plus en plus le plaisir & l'utilité qui revient de l'étude des bonnes choses. Plus Vous

avancerez en âge & en
connoiſſance, & moins
Vous aurez lieu de vous
repentir de n'avoir pas
donné dans les vanitez &
les folies du Siécle. En
même tems que Vous fe-
rez la joie de Vôtre Illuſ-
tre Pére, qui n'a rien tant
à cœur que de Vous don-
ner une éducation digne
de Lui & de Vous; Vous
vous diſtinguerez de la
maniére du monde la plus
glorieuſe, dans l'eſprit de
toutes les perſonnes ſages
& éclairées, & Vous vous
aquer-

aquerrez un plein droit de regarder avec un juste mépris quantité de perfonnes de Vôtre rang, qui font confifter leur Grandeur en des chofes qui devroient faire leur honte.

Recevez donc, Mes-SIEURS, comme une marque fincére de l'impreffion que Vôtre mérite a fait fur moi, le Livre que j'ai l'honneur de Vous préfenter. Vous y verrez les mêmes principes, fur lefquels Vous

m'en-

m'entendez raisonner, &
qui se trouvent heureuse-
ment conformes à Vôtre
goût: Principes des plus
importans, sur tout pour
les personnes d'une con-
dition, où l'on est fort
exposé à la tentation de
se croire tout permis, par
rapport à ses Inférieurs,
& de ne respecter pas
même les droits inviola-
bles de la Conscience,
ou plûtôt les droits de
DIEU, qui s'en est reser-
vé l'empire à lui seul,
comme il l'a naturelle-
ment

ment fur tous les Hom-
mes, Grands & Petits.
Graces au Ciel, je Vous
crois préfervez de bonne
heure d'une fi dangereufe
contagion : mais on ne
fauroit être là-deffus trop
fur fes gardes. Je fuis avec
refpect

MESSIEURS,

A *Laufane*, ce 20
Novembre 1713.

Vôtre très-humble & très-
obéïffant Serviteur

BARBEYRAC.

AVERTISSEMENT

Sur cette seconde Edition.

VOICI *une nouvelle Edition des* Discours *de Mr.* Noodt, *mais accompagnée de deux autres Piéces, qui doivent faire regarder le Livre entier comme quelque chose de plus qu'une nouvelle Edition, puis que ces supplémens seuls auroient pû faire un autre volume, à peu près de la même grosseur que celui qui parut en* MDCCVII.

La prémiére Piéce est une
au-

autre Traduction, du genre
de celles qui coûtent plus qu'u-
ne composition proprement ainsi nommée. Mr. NOODT,
dans son Prémier Discours,
traite du vrai sens de la LOI
ROIALE du Peuple Ro-
main, à l'occasion de l'étenduë du Pouvoir des Souve-
rains : & là il suppose qu'on
a lû une Harangue du célébre
JEAN FREDERIC GRO-
NOVIUS, qui est celui qui
avoit le mieux découvert l'o-
rigine de cette Loi. J'ai donc
cru, qu'on ne me sauroit pas
mauvais gré, si je traduisois
ce Discours, qui d'ailleurs est
assez rare, & très-curieux
par lui-même. On y verra a-
vec

vec plaisir de quelle maniére les Empereurs Romains s'emparérent insensiblement de l'Autorité Souveraine, & l'adresse avec laquelle ils sûrent jetter de la poudre aux yeux du Peuple, pour lui faire accroire qu'il conservoit encore quelque forme de République; jusqu'à ce qu'avec le tems il eût perdu tout sentiment de Liberté, & dépouillé entiérement l'horreur qu'il avoit pour les titres même qui sentoient tant soit peu la Monarchie.

L'Auteur de ce Discours, qui, comme chacun sait, étoit un très-savant homme & un très-judicieux Critique, l'avoit composé peu de tems a-

vant

vant sa mort, à l'occasion d'u-
ne Solemnité Académique. Son
stile est fort serré, & plein
d'ailleurs d'expressions dont il
est assez difficile de conserver
toute la force dans une Langue vivante. Mais il a fallu,
outre cela, indiquer exactement les sources où l'Auteur
avoit puisé quantité de faits
qu'il rapporte, sans alleguer
ses garants, ou du moins en
les citant d'une maniére fort
vague. J'ai crû aussi devoir
expliquer bien des choses qui
auroient embarrassé un Lecteur François ; & faire en
passant quelques autres remarques, qui me paroissoient
utiles. De là sont nées les
No-

Notes, dont ce Difcours eft chargé, par deffus les autres. On comprendra aifément quelle peine je dois avoir euë, fur tout à déterrer, autant qu'il m'a été poffible, les Auteurs d'où étoient tirez certains faits, & à chercher l'endroit de leurs Livres où ils pouvoient fe trouver. Mais j'ai crû que cela étoit abfolument néceffaire pour la fatisfaction des Lecteurs, & pour mettre hors d'atteinte les raifons de l'Auteur, toutes fondées fur des preuves biftoriques. Nous vivons dans un Siécle, où l'on s'eft mis fur le pié de n'en croire perfonne fur fa parole ; & c'eft à une telle Loi, qui ne pa-

paroîtra jamais trop sévére aux Amateurs sincéres de la Vérité, qu'on est redevable de l'exactitude qui régne dans les bons Ouvrages de nôtre tems, & de la facilité avec laquelle chacun peut se convaincre de la justesse & des citations, & des raisonnemens fondez là-dessus.

L'autre Piéce, où l'on traite de la nature du SORT, est toute de moi ; & j'en marque l'occasion au commencement du Discours. Quoi que ce Discours n'aît par lui-même aucun rapport avec la matiére des trois autres, il entrera par un endroit dans celle du Discours sur la Liberté de Conscience, entant qu'il

qu'il fournit un exemple bien
sensible du panchant extrême
qu'ont les Ecclésiastiques, à
dominer sur les Consciences.
On y verra un Prédicateur,
qui s'étant mis dans l'esprit
de ressusciter la pensée chi-
mérique de quelques Théologiens, qui regardoient l'usage du Sort dans le Jeu, comme une profanation; se dé-
chaine contre ceux qui ne sont
pas de son sentiment, comme si tout étoit perdu, &
comme s'il combattoit pro a-
ris & focis. On le verra se
laisser si fort aveugler par son
entêtement présomtueux, que
de croire mieux réüssir que les
autres à arrêter les abus du
Jeu,

Jeu, en publiant un Livre, qui ne peut servir à autre chose qu'à confirmer les Joueurs de profession dans leur train de vie ; puis qu'il s'attache à leur prouver, que (a) les plus petits Jeux, où il y a le moins à gagner & à perdre, sont par cela même les plus profanes. Rembarrer un tel personnage, n'est-ce pas maintenir les droits naturels de la Conscience, & en même tems les droits de la Liberté Chrétienne ?

Je n'ai pas grand' chose à dire sur la revision des deux Discours de Mr. NOODT, qui avoient déja paru. Si je préparois le Lecteur à y trou-

(a) Pag. 19.

** ver

ver un grand nombre de cor-
rections ou de changemens considérables, je ferois tort à
l'Auteur même, qui eut la
bonté de me témoigner qu'il é-
toit content de la prémiére E-
dition, peu de tems après
qu'elle eût vû le jour. Mr.
SAVAGE, qui publia ces
Discours en Anglois, l'année
suivante, crut aussi qu'il pouvoit se reposer sur la fidélité
de ma Traduction, qui lui tint
lieu d'Original pour la sienne.
Il est bon pourtant de remarquer, que j'ai eu le bonheur
de pouvoir conferer mon prémier travail avec la nouvelle
Edition que Mr. NOODT
vient de donner de ces deux
Dis-

Difcours, *dans le Recueil de tous fes Ouvrages. J'ai ajoû-té par-ci par-là quelques No-tes*, aliud agendo. *Voilà tout ce dont j'avois à avertir le Lecteur.*

A Laufane, ce 20. No-vembre 1713,

** 2   PRE-

PRÉFACE

D U

TRADUCTEUR.

Telle qu'elle étoit dans la prémiére
Edition, de MDCCVII.

L'AVEUGLEMENT de l'Efprit Humain, ou plûtôt le peu de foin qu'ont la plûpart des Hommes de faire ufage de leurs lumiéres, ne paroît pas moins en ce qu'ils fe trouvent embaraffez & qu'ils s'égarent même prodigieufement dans le jugement qu'ils portent fur cer-

certaines Queſtions très-faci-
les à décider ; qu'en ce qu'ils
ſe tourmentent beaucoup pour
comprendre des choſes qui
ſont manifeſtement au deſſus
de leur portée, & qu'ils croient ſavoir ce qu'ils ne ſavent
point du tout, ſe repaiſſant
même quelquefois de mille abſurditez palpables, plûtôt que
de ſe réſoudre à ignorer ce que
Dieu a trouvé bon de dérober
à leur connoiſſance.

Je ſuis fort trompé ſi l'on
ne doit mettre au prémier
rang les matiéres qui ſont traitées dans les deux Diſcours que
l'on publie ici en François.
Pour peu qu'on examine les
choſes ſans paſſion & ſans pré-

** 3 ju-

jugé, on verra bien tôt ce qu'il faut penſer de l'étenduë du *Pouvoir des Souverains*, & de la *Liberté de Conſcience*; & on trouvera là-deſſus, ſans beaucoup de peine, des Principes ſuffiſans pour réſoudre toutes les Queſtions qui en dépendent.

S'il s'agiſſoit de ſe faire une juſte idée de la ſubordination qu'il peut y avoir entre les Intelligences Céleſtes, de leurs Emplois, de leurs Fonctions, de ce que les *Anges*, par exemple, doivent aux *Archanges*; je ne ſerois pas ſurpris que l'on fût pouſſé à bout par les embarras qui naîtroient de tous côtez, parce que

que nous ne connoiſſons point
la nature de ces Eſprits bien-
heureux, ni les fondemens de
la ſupériorité des uns par rapport aux autres. Mais quand
il n'eſt queſtion que de ſavoir,
quelle Autorité un Homme
peut avoir ſur un autre Homme, où eſt la difficulté ? Nous
qui ſommes Hommes, avons-
nous beſoin qu'on nous ap-
prenne quels ſont les droits
naturels des Hommes, & juſqu'où chacun veut ou peut y
renoncer ? Le Peuple eſt - il
fait pour le Prince, où le
Prince pour le Peuple ? Doit-
on adorer une Divinité que
l'on ne reconnoît point; ou
rendre à la Divinité que l'on

** 4   re-

reconnoît, un Culte que l'on croit lui être desagréable? Aucun homme mortel peut-il dominer sur la Confcience d'un autre, dont les mouvemens ne lui font même connus que par des Signes sujets à être fort équivoques? N'y a-t-il qu'à suppofer gravement ce qui eft en queftion, pour aquérir un privilége, dont les autres peuvent s'emparer, auffi bien que nous, par une raifon toute femblable à celle en vertu de quoi on fe l'attribue? Ces principes font très-fimples & de la derniére évidence: perfonne n'oferoit les rejetter ouvertement & directement: il faut fe crever les yeux

yeux pour ne pas voir quel parti on doit prendre là-deſſus. Et cependant je n'en veux pas davantage, pour conclurre d'une maniére démonſtrative, que le Souverain, de quelque titre ſuperbe qu'il ſoit revêtu, n'a pas plus de Pouvoir que n'en demande le Bien Public ; & qu'il faut laiſſer à chacun une pleine liberté de ſuivre la Religion qui lui paroit la meilleure.

Il y auroit donc lieu de s'étonner, que bien des gens aient oſé ſoûtenir le contraire, ou directement, ou indirectement, ſi l'on ne ſavoit par une experience qui n'eſt que trop commune, quelle

force ont les Paſſions & les
Intérêts mondains, ou du
moins l'Entêtement pour certaines Opinions, & un attachement ſervile aux idées reçues que l'on adopte de bonne heure ſans les examiner jamais. Ce qu'il y a de plus
ſurprenant, c'eſt de voir que
des gens, qui font profeſſion
du Chriſtianiſme, prétendent
trouver dans les Ecrivains Sacrez dequoi défendre des O-
pinions auſſi abſurdes & auſſi
inhumaines, que celle du *Pouvoir Deſpotique* des Souverains, & celle de l'*Intolérance* ou de la *Perſécution* pour
cauſe de Réligion. En quoi
ils ſe montrent auſſi mauvais
Cri-

Critiques , & auſſi ignorans
Théologiens, que lâches A-
dulateurs , & Docteurs pré-
ſomptueux, pour ne rien dire
de pis. Il eſt vrai encore
que quelques-uns n'auroient
pas tant affecté de donner la
préférence à l'Opinion pernicieuſe qui éléve les Princes au
deſſus des Loix , s'ils ne s'é-
toient entêtez d'avancer , à
quelque prix que ce ſoit, les
conquêtes du Pyrrhoniſme;
à quoi ce ſentiment leur a paru propre, par le grand nombre d'inconveniens terribles
qu'il entraîne après ſoi, & qui
portent par contrecoup contre la Divinité de l'Ecriture
Sainte, ſuppoſé qu'elle lâche,

** 6   pour

pour ainfi, dire , la bride à tous
les caprices des Souverains.

Plût - à - Dieu néanmoins
qu'on pût auffi aifément guérir les Princes de l'Ambition ,
& des autres Vices qui font
qu'ils abufent de leur Pouvoir,
ou les empêcher de prêter l'o-
reille aux Flatteurs & à des
Eccléfiaftiques vains, fourbes, intéreffez; qu'il feroit
facile, fi on laiffoit par tout la
liberté entiére du Jugement,
de défabufer pleinement les
Efprits des fauffes idées que
les Partifans du Pouvoir
Defpotique & de l'Intoleran-
ce prennent foin d'infpirer &
d'entretenir à la faveur des
Tribunaux de l'Inquifition.
Ce

Ce seroit alors qu'on auroit
lieu d'espérer de voir enfin
bannir du monde la Tyrannie,
& pour le Temporel, & pour
le Spirituel. Tout ce qu'on
peut faire, dans l'état où sont
les choses, c'est de conserver,
d'affermir, d'éclaircir, de renouveller de tems en tems
les idées d'une honnête Liberté, dans les lieux où il est
permis de dire ce que l'on pense. Peut-être que par ce
moien quelques étincelles de
la Vérité volant jusques dans
les Païs où est le Siége de la
Tyrannie & le Roiaume des
Ténébres, feront ouvrir les
yeux à un grand nombre de
gens, & les porteront ou à

** Z   se-

secouer le joug, ou à se retirer les uns après les autres
dans des Païs de liberté, & à
laisser ainsi les Tyrans incor-
rigibles regner avec leurs
Suppôts sur de vastes solitudes.

C'est à quoi servira beaucoup ce petit Ouvrage, si on
le lit avec soin, & qu'on le
médite attentivement, pour
tirer des Principes qui y sont
établis les Conséquences qui
en résultent dans tous les cas
qui ont du rapport à la matiére du Pouvoir des Souverains, & à celle de la Liberté de Conscience. Ces deux
importantes Questions n'ont
été bien développées. & dé-
dui-

duites méthodiquement de leurs véritables Principes, que dans le Siécle paſſé, où d'habiles gens les ont pouſ-fées d'une maniére à forcer leurs Adverſaires dans tous leurs retranchemens, & à réduire au ſilence les Diſpu-teurs les plus opiniâtres. Mais je ne ſai ſi perſonne les a encore traitées en peu de mots avec autant de force & de netteté, que fait ici Mr. NOODT. Il leur a don-né un tour qui n'eſt pas com-mun : les penſées les plus rebat-tuës prennent entre ſes mains un air d'original ; & l'on en trouvera de plus ici qui auront toute la grace de la nouveauté.

L'ex-

L'explication de la *Loi Roiale*
du Peuple Romain, roule fur
un point d'Hiftoire curieux,
& on lira, je m'affûre, avec
plaifir, tout ce que Mr. *Noodt*
dit là-deffus dans le I. Difcours.

Les louanges d'un Traduc-
teur font fufpectes : je ne
m'étendrai pas à faire ici l'é-
loge de mon Auteur. Le
jugement avantageux du Public a d'ailleurs prévenu &
rendu inutile tout ce que je
pourrois dire. Le *Difcours
fur la Liberté de Confcience*
a même été déja traduit en
Flamand; & il ne falloit pas
envier plus long tems à ceux
qui n'entendent que le François,

çois, le plaisir & l'utilité qu'ils peuvent retirer de la lecture d'un Ouvrage si bien raisonné. L'autre ne méritoit pas moins d'être répandu dans le monde à la faveur der Langues vivantes, *dans lesquelles je ne sache pas qu'il aît été encore publié ; & je suis bien aise d'en donner l'exemple par une Traduction Françoise, que l'on a sans doute souhaittée de quelque endroit depuis qu'on a vû l'Extrait que donna †
Mr. LE CLERC de la Seconde

* Ils ont été tous deux traduits en Anglois, par Mr. *Savage*, & publiez ainsi à *Londres*, en 1708.
† *Biblioth. Choisie*, Tom. VII. pag. 228.

conde Edition de l'Original.

Je voudrois avoir pû faire paſſer dans la Traduction de ces deux Diſcours toute la * vivacité de l'Original , & toute la force de cette Eloquence mâle & ſolide, qui y brille, ſur tout dans le dernier, autant que la matiére en a été ſuſceptible. Mais, outre les défauts que l'on doit mettre ſur le compte du Traducteur, la Langue Latine a ici un grand avantage, c'eſt qu'elle fournit dequoi dire en peu de mots

* Voiez ce que dit Mr. LE CLERC à la fin de l'Extrait du Second Diſcours, dans le Tom. XI. de la *Biblioth. Choiſie* (pag. 231.) que je viens de recevoir, dans le tems que j'allois envoier mon Manuſcrit (en 1705).

mots ce que l'on ne fauroit exprimer en François que d'une
maniére plus étenduë, & par
conféquent plus languiffante.
Il n'eft pas d'ailleurs facile de
traduire un Auteur qui écrit
comme fait Mr. *Noodt.* Son
ftile eft des plus ferrez, &
plein non feulement de façons
de parler peu communes, quoi
que tirées ou imitées de bons
Auteurs, fur tout de *Séneque*
& de *Tacite*; mais encore de
termes & d'expreffions du
Droit Romain, qu'il poffede
à fond, comme il paroit par
plufieurs Ouvrages où il a fait
en ce genre tant de belles dé-
couvertes. Quoi qu'il en foit,
je n'ai rien négligé de ce qui
dé-

dépendoit de moi, pour mettre cette Traduction en état de ne pas rebutter ceux qui ont entendu louer l'Original : & fi quelquefois il a fallu changer un peu le tour, ou développer la penfée, pour s'accommoder au goût des Lecteurs François, j'ai eû une attention extrême à ne pas laiffer échapper le moindre mot qui ne s'accordât exactement avec le but & les idées de l'Auteur. Pour rendre plus utile la lecture de cet Ouvrage, j'ai mis non feulement à la marge de petits Sommaires, qui font voir d'un coup d'œil la méthode & l'Analyfe de chaque Difcours ; mais encore

re j'ai ajoûté en quelques endroits de petites Notes au bas des pages : & j'efpére que l'Auteur me pardonnera bien la liberté que j'ai prife. Ces Notes ne contiennent prefque que des Citations de quelques paffages d'Auteurs Anciens, auxquels il m'a femblé que l'Auteur faifoit allufion, ou qui fervent à confirmer ce qu'il dit; & des renvois à d'autres Ouvrages, où l'on trouvera plus étendues bien des chofes que l'Auteur n'a touchées qu'en peu de mots. Ceux devant qui Mr. *Noodt* a prononcé ces Difcours, & ceux en faveur defquels il les a fait enfuite imprimer, n'avoient
que

que faire de tout cela : & bien
loin que je veuille donner à
entendre qu'il n'a pas dit tout
ce qui étoit néceſſaire pour
ſon deſſein , je ne puis aſſez
admirer l'adreſſe avec laquelle il a ſû renfermer tant de
choſes dans un ſi petit eſpace,
& propoſer avec tant de clar-
té, en ſi peu de mots, tout
ce qu'il y a d'eſſentiel dans
des matiéres qui ſont deve-
nues ſi vaſtes par la chaleur
des Diſputes & par les chicanes des Adverſaires. Je m'eſti-
merai fort heureux, ſi l'Auteur eſt content de ma fidélité à exprimer ſes penſées ; &
je trouverai alors ma peine ſuffiſamment recompenſée, puis
que

que je pourrai me promettre
à coup fûr l'approbation du
Public.

De *Berlin* le 20 De-
cembre 1706.

T A-

TABLE
DES DISCOURS

Contenus dans ce Volume.

Faute à corriger.

DIS-

DISCOURS
SUR LA
LOI ROIALE
DU PEUPLE ROMAIN.

Traduit du Latin de

JEAN FREDERIC GRONOVIUS,

Autrefois Profeſſeur en Belles Lettres à Leide.

J'Ai pris, MESSIEURS*, le prémier ſujet qui m'eſt tombé ſous la main; & c'eſt TACITE qui m'a donné occaſion de l'examiner. Il n'y a ſortoit de ſon ſecond & dernier Rectorat de l'Académie de *Leide*; car il paroit par ſon Portrait, qui eſt à la tête de la Seconde Edition de ſon TITE LIVE publiée par Mr. ſon Fils, qu'il mourut dans cette même année. Au reſte, il y a dans l'Original un Exorde de cinq ou ſix pages, que j'ai cru devoir retrancher. Il ne contient autre choſe que des complaintes lugubres ſur une maladie contagieuſe qui avoit regné dans le païs, & des reflexions pieuſes ſur ce que l'on commençoit à en être heureuſement délivré. Cela étoit bon pour la circonſtance du tems: mais la choſe n'aiant aucun rapport avec le ſujet du Diſcours, on ne trouvera pas mauvais que je me ſois épargné la peine de traduire un morceau hors d'œuvre, que ceux qui n'ont pas vû l'Original n'auroient jamais ſoupçonné qui manquât ici, ſi je ne les en avois avertis.

*Ce Diſcours fut prononcé le 8. Fevrier, M. DC. LXXI. lors que l'Auteur

A

a pas long tems que j'ai commencé d'expliquer publiquement cet excellent Hiſtorien, ſur les louanges duquel il n'eſt pas néceſſaire de s'étendre ; vous en connoiſſez aſſez le mérite. Comme dès l'entrée du prémier Livre de ſes *Annales*, je traitois des moiens dont *Auguſte* ſe ſervit pour changer le Gouvernement des *Romains*, & pour les faire paſſer de la Liberté & du Conſulat à la Monarchie ; il me vint tout d'un coup dans l'eſprit, que je ne ferois pas mal de bien digerer & de tourner un peu élégamment les penſées que j'avois euës depuis long tems ſur la LOI ROIALE, & les remarques que j'avois écrites là-deſſus confuſément, à meſure qu'elles ſe préſentoient, pour vous les propoſer aujourd'hui, & vous en faire les juges. La queſtion eſt très-belle, très-importante, & très-délicate. Elle a été fort agitée & par les Politiques, & par les amateurs de l'Antiquité. Il ſemble même qu'il n'y aît plus rien à dire. Cependant je trouve que ceux qui l'ont traitée ont tous ou omis entiérement, ou mis hors de ſa place, les choſes les plus eſſentielles & par où il falloit commencer néceſſäi-
re-

rement. Il y a d'ailleurs entr'eux une
si grande diversité de sentimens, qu'on
est fort embarrassé à choisir : & quelque vraisemblable qu'une des opinions
ait paru d'abord, si on l'examine avec
un peu de soin, on y découvre bien-
tôt quelque fausse couleur, qui la rend
suspecte. C'est ce que je vais montrer
par des raisons invincibles, si vous
voulez bien, MESSIEURS, m'accorder aujourd'hui une attention favorable, comme celle dont vôtre bonté
m'a honoré tant de fois. Je ne vous
demande qu'une petite heure, pendant
laquelle je tâcherai, avec l'aide de
Dieu, de dire des choses qui ne soient
ni désagréables aux Savans, ni inutiles à la Jeunesse.

POUR ôter d'abord toute ambigui-
té, j'entens par la LOI ROIALE,
une Ordonnance, un Ecrit, un Acte
public, contenant les articles des conventions & des conditions sous lesquelles quelcun est établi Roi par délibération du Sénat & avec l'approbation décisive du Peuple. De sorte
que l'épithéte de *Roiale* est tirée de
ce qui fait la matiére de cette Loi :
au même sens que les Anciens ont dit

la

la (1) *Loi des années*, la (2) *Loi du Contraél de Louage*, les (3) *Loix des Impôts*, la (4) *Loi Commiſſoire*. Il y a-voit auſſi une ſorte de Loi faite par le Peuple diviſé en Curies, laquelle on appelloit (5) *la Loi du Commandement*, c'eſt-à-dire, la Loi touchant le pouvoir de commander conféré à ceux qui a-voient obtenu quelque Charge : car quand ils vouloient aller dans quelque (6) Province ou à la Guerre, la ſimple élec-tion ne ſuffiſoit pas pour les autoriſer à prendre en main le Commandement; mais après avoir été nommez par le Peu-ple diviſé en Centaines, il falloit une nouvelle Aſſemblée, & cela du Peuple di-

(1) *Lex annalis*, c'eſt-à-dire, la Loi qui régloit l'â-ge qu'on devoit avoir, pour prétendre aux Charges. On l'appelloit auſſi, *Lex annaria*. Voïez Juste Lip-se, *De Magiſtratibus Populi Romani*, Capp. IV. V. VI.

(2) *Lex locationis*, pour dire les conditions de ce Contraél. C'eſt ainſi que s'expriment très-ſouvent les Juriſconſultes, en matiére de toutes ſortes de Contraéls. *Si in* Lege Locationis *comprehenſum ſit, ut arbitratu domini opus adprobetur &c.* Di-gest. Lib. XIX. Tit. II. *Locati, conduéti*, Leg. XXIV. init. *Si eo tempore enixa eſt ancilla, quæ ſecundum* Le-gem Donationis *manumiſſa eſſe debuit &c.* Lib. I. Tit. V. *De ſtatu hom.* Leg. XXII.

(3) *Leges cujuſque publici.* Expreſſion de Tacite, *Annal.* Lib. I. Cap. LI. *num.* 1. ſur quoi voïez la Note de Gronovius lui-même, qui montre très-bien qu'il s'agit-là des articles où étoient contenus les droits que pourroient exiger ceux qui tenoient à ferme les impôts de la République.

(4) *Les*

divifé en Curies , pour leur donner le droit de commander actuellement. C'eft ainfi encore que *Cajus Terentillus Ar-fa* , Tribun du Peuple , propofa une Loi , portant *que l'on établît cinq hom-mes qui fiffent des* (7) LOIX TOU-CHANT L'AUTORITE' DES CON-SULS; afin, difoit-il, *que les Confuls ne s'ingéraffent pas d'exercer fur le Peuple plus de pouvoir que le Peuple même ne lui en avoit donné, & qu'ils fe gardaffent bien de ne fuivre d'autre Loi que leur caprice.*

Si quelques Grands Hommes , qui ont traité de la *Loi Roiale* , s'étoient apperçûs qu'il faut pofer d'abord pour fondement l'explication que je viens de

(4) *Lex Commifforia,* c'eft-à-dire , une convention ajoûtée à un Contraft qui eft telle, que, fi on vient à y manquer, tous les engagemens où l'on étoit en-tré font rompus. Il y a un Titre entier du DIGESTE & du CODE, qui traite *de Lege Commifforia.*

(5) J'en trouve un exemple dans TITE LIVE , qui dit que le Diftateur *L. Papirius* propofa une telle Loi : *Atque ei* LEGEM CURIATAM DE IMPERIO *ferenti, trifte omen diem diffidit.* Lib. IX. Cap. XXXVIII. *num.* 15.

(6) Voiez CICERON, *de Lege Agraria contra Rull.* Orat. II. Cap. XII. & *ad Famil.* Lib. I. Epift. IX. pag. 60. *Ed. maj. Grav.*

(7) L'Auteur a tiré ceci de TITE LIVE : *Qua ne aterna illis* [Confulibus] *licentia fit, Legem fe promulga-turum , ut quinque viri creentur* LEGIBUS DE IMPE-RIO CONSULARI *fcribendis. Quod Populus in fe jus dederit, eo Confulem ufurum : non ipfos libidinem ac licen-tiam pro lege habituros.* Lib. III. Cap. IX. *num.* 5.

A 3   (1) C'eft

de donner ; ils n'auroient eu garde de
mettre cette Loi au rang de celles que
firent quelques Rois des anciens Romains, touchant le supplice, par exemple, d'une Femme enceinte, &
sur le Pouvoir Paternel. Ils ne se seroient pas vantez si legérement d'avoir
les premiers découvert (1) dans TI-
TE LIVE la *Loi Roiale*, que plusieurs
personnes très-savantes & très-exactes
avoient jusqu'alors cherchée inutilement ; car il est de la derniere évidence, que ces Loix, dont on parle,
sont des Loix faites par les Rois, &
non pas des Loix qui concernent les
Rois : au lieu que le Jurisconsulte UL-
PIEN, & l'Empereur JUSTINIEN
disent (2) formellement, que la *Loi
Roiale*, dont il s'agit, rouloit sur l'au-
to-

(1) C'est FRANÇOIS HUTOMAN, qui s'est vanté
de cela dans ses Notes sur les INSTITUTES DE
JUSTINIEN, *Lib.* I. *Tit.* II. §. 6. & dans ses *Anti-
quitez Romaines*, pag. I. L'endroit de TITE LIVE
est au Livre XXXIV. *Cap.* VI. *num.* 7. où *Lucius Valerius*, Tribun du Peuple, répondant à ceux qui dissua-
doient l'abolition de la *Loi Oppienne* au sujet des ajust-
temens des Femmes, demande si c'est une Loi Roiale, qui soit aussi ancienne que la Ville de *Rome*: *An
vetus regia Lex, simul cum ipsa urbe nata ?* Mais, outre
qu'il s'agit-là d'une Loi faite par un Roi de *Rome*, &
non pas d'une Loi qui regarde le pouvoir du Roi ; le
raisonnement du Tribun ne suppose pas même qu'il
y ait eu véritablement une telle Loi ; cela est clair
com-

torité du Prince , & que c'eſt en vertu de cette Loi que tout le pouvoir
(3) ſur le Peuple même paſſa entre les
mains des *Céſars*.   Elle eſt auſſi appellée (4) la *Loi de l'Empire* , dans un
Reſcript D'ALEXANDRE SE'VE'-
RE. Mais de la maniére que ces Empereurs & ce Juriſconſulte en parlent,
bien des gens croient qu'ils ſemblent
avoir voulu préparer des tortures aux
Curieux, plûtôt que d'expliquer l'origine & l'étenduë de ce qu'il y a de
plus conſidérable & de plus éclattant
dans tout le Corps du Droit.   Car,
comme il ne ſe trouve aucun Auteur,
ni parmi ceux qui ont écrit ou l'Hiſ-
tóire Univerſelle , ou les Vies des Empereurs, ni parmi ceux qui ont traité,
ſoit expreſſément ou par occaſion, des
Loix,

comme le jour par les paroles mêmes ; & par toute
la ſuite du diſcours.

(2) *Quum Lege Regia, quæ de imperio ejus lata eſt , Po-*
pulus ei & in eum omne ſuum imperium & poteſtatem con-
ferat. DIGEST. Lib. I. Tit. IV. *De conſtitut. Princi-*
pum, Leg. I. *init.* INSTITUT. Lib. I. Tit. II. §. 6.

(3) L'Auteur explique ici les mots *ei & in eum*, comme ſi *in eum* étoit mis pour *in ſe*.   Mais voiez ce que
je dis dans une *Note* ſur la Seconde Partie du premier
Diſcours de Mr. *Noodt*, dans l'endroit où l'on trouve
à la marge, *Vrai ſens de la Loi Roiale.*

(4) *Licet enim* LEX IMPERII *Solennibus Juris Impe-*
ratorem ſolverit &c. COD. Lib. VI. Tit. XXIII. *De Teſ-*
tamentis &c. Leg. III.

A 4   (1) Tel

Loix, des mœurs, & des coûtumes
remarquables du Peuple Romain ; n'y
aiant, dis-je, aucun d'eux, qui ait
fait mention de la *Loi Roiale*, quoi
que la plûpart soient assez exacts à
parler de choses de beaucoup moindre
importance : quelques (1) Modernes
en sont venus jusqu'à soûtenir que cette Loi n'avoit jamais été faite, ni seulement proposée, & que c'étoit une
pure chimére, une ruse de Politique,
une chose inventée tout exprès en faveur des Princes régnans, pour donner quelque couleur à leur tyrannie.
On a soupçonné que l'auteur de cette
imposture étoit ou ULPIEN, ou
TRIBONIEN, qui avoient voulu par
là faire leur cour à ALEXANDRE SE-
VE'RE, ou à JUSTINIEN. Et il ne
faut pas s'étonner qu'on soit entré dans
une telle pensée ; puis que la *Loi Sali-
que*, qui exclut les Femmes de la
Cou-

(1) Tel est FRANÇOIS DE CONNAN, Jurisconsulte François du XVI. Siécle, dans ses *Comment. Jur.
Civilis*, Lib. I. Cap. XVI. Tel est encore un Auteur
Allemand, qui se nomme CYRIACUS LENTULUS,
dans son *Aula Tiberiana*, publiée à *Herborn* en M. DC.
LXIII. pag. 242. & seqq. Et MARTIN SCHOOCKIUS,
Professeur à *Groningue*, dans une Lettre Latine, *De fig-
mento Legis Regiæ*, publiée en M. DC. LXI. L'Auteur a
en vuë principalement ce dernier Auteur, avec qui il
eut une dispute fort échauffée, sur les *Usura Centesimæ*;
car

Couronne de *France*, & qui a été (2) conſtamment obſervée dans ce fameux Roiaume pendant une ſi longue ſuite de ſiécles, a bien été expoſée à de ſemblables ſoupçons. D'autres, plus raiſonnables, ont fait reflexion, que, quelque incertaine que ſoit l'origine de la *Loi Roiale*, il n'y a pas pour cela plus de lieu de révoquer en doute ſa réalité, que d'ôter le *Nil* du rang des Fleuves, ſous prétexte que pendant fort long tems les ſources en ont été inconnuës. Ils ont donc cherché dans l'Antiquité, les uns d'un côté, les autres de l'autre, pour découvrir quelque trace qui les conduiſît dans le bon chemin. Pluſieurs remontant juſqu'à la naiſſance de *Rome*, ſe ſont imaginez que la *Loi Roiale* n'étoit autre choſe que celle qui avoit autoriſé *Romulus*, ſelon la ſimplicité des anciens tems, à (3) gouverner comme il le jugeroit à pro-

cat c'eſt à lui qu'il en veut, & qu'il appelle *Theologiſto-ricophiloſophologus*, dans ſa Réponſe intitulée, *De Cen-teſimis Uſuris & Fœnore Unclario* Ἀντιξήγησις.

(2) C'eſt ce que l'on a conteſté depuis peu, par des raiſons aſſez fortes. Voiez l'Extrait du III. Tome des ACTES PUBLICS D'ANGLETERRE, inſéré dans la BIBLIOTHEQUE CHOISIE de Mr. LE CLERC, Tom. XXII. pag. 381. & ſuiv.

(3) *Nobis* Romulus, *ut libitum, imperitaverat.* TACIT. Annal. Lib. III. Cap. XXVI.

A 5 (1) Dans

propos. Selon eux, après que les *Tar-quins* eurent été chaffez à caufe de leur orgueil infolent, cette Loi fut abro-gée & enfevelie dans l'oubli, auffi bien que toutes leurs autres Ordonnances: mais on la vit renaître tout d'un coup & rentrer dans tous fes droits, lors que le bien de la paix demanda que la Puiff... Souveraine fut dépofée entre les mains d'un feul homme. Voilà l'o-pinion de (1) MANUCE, de (2) CU-JAS, D'HOTOMAN (3), & de (4) GIFANIUS, quatre Savans du pré-mier ordre. Quelques-uns (5) croient que la *Loi Roiale* doit fa naiffance aux *Douze Tables*, dreffées vers l'an CCC. de la fondation de *Rome*, & qu'avec un petit changement qu'on y fit, ce qu'elles portoient touchant deux per-fonnes, on l'appliqua dans la fuite à u-ne feule: (6) *Qu'il y ait*, difent-elles, *deux Magiftrats revêtus de l'Autorité Ro-*

(1) Dans fon Traité *des Loix Romaines*.
(2) Dans fes *Notes* fur les INSTITUTES, *Lib.* I. *Tit.* II. §. 6.
(3) J'ai cité ci-deffus l'endroit où il parle de cela.
(4) C'eft apparemment dans fes Notes fur le Corps du Droit Civil.
(5) On attribuë cette penfée à HENRI BERN-HARD, dans fon Traité *de Romano Principe*.
(6) *Regio imperio duo funto; iique præeundo, judicando,*
ſint

Roiale, lesquels soient appellez Préteurs,
Juges, Consuls, à cause des fonctions de
leur emploi. Mais c'est-là une Loi de
l'Orateur Romain, qui, à la manière
de PLATON, forgeoit des Régle-
mens pour une République imaginaire
qu'il concevoit devoir être bâtie à peu
près sur le modéle de la Romaine, &
nullement une Loi réelle des *Décem-*
virs, qui étoient véritablement revêtus du pouvoir que CICERON ne
s'attribuoit que par une feinte ingé-
nieuse. C'est une Loi faite, non dans
le *Champ de Mars,* sous le *Mont Qui-*
rinal, auprès du *Tibre,* avec l'approbation & par l'autorité des trois Ordres de Citoiens; mais dans le Bois
d'*Arpines,* sous le Chêne de *Marius,*
au bord de la Riviére de *Fibréne,* où
Ciceron & *Atticus* (7) disoient en riant:
(8) *Soit fait, comme on le propose.*
D'autres descendent jusqu'au tems de
                                    là

consulendo, *Pratores, Judices, Consules,* adpellantor. CI-
CER. de Legg. Lib. III. Cap. III.
(7) C'est aussi le jugement que porte Mr. GRA-
VINA, dans ses *Origines Juris Civilis,* Lib. II. pag.
279, 280, des Loix que l'on trouve dans cet Ouvrage
de l'Orateur Romain.
(8) *Uti rogas :* formule dont se servoit le Peuple,
pour témoigner qu'il approuvoit une Loi.

A 6   (1) Voiez

la domination de *Sylla*, & ils foûtiennent que ce fut *L. Valerius Flaccus*, qui
en propofant au Peuple, pendant qu'il
(a) *Interrex.* étoit (a) Régent de la République,
d'ordonner que *Sylla*, qui venoit de
remporter la victoire dans une Guerre
civile, eût plein pouvoir de faire tout,
ce que bon lui fembleroit, & que (1)
ce Vainqueur très-cruel pût impunément faire mourir, fans autre forme
de procès, quel Citoien il voudroit;
ils (2) foûtiennent, dis-je, que *L. Valerius Flaccus* donna naiffance par ce
moien à la *Loi Roiale*, qui fut depuis
renouvellée en la perfonne de *Julés
Céfar*, lors qu'on le nomma Dictateur
perpétuel; & après lui, en celle d'*Augufte* & des autres Empereurs. Pour
plus grande exactitude, on n'a pas fait
difficulté de (3) marquer précifément
le tems de cette époque, & de la fixer
à l'an DCCXXX. de la fondation de
Rome, fous le dixiéme Confulat d'*Augufte*, pendant lequel le Senat déclara pour la prémiére fois avec ferment
qu'il

(1) Voiez APPIAN, *De Bell. Civil.* Lib. I. pag. 411.
& *feqq.* Ed. H. *Steph.* 686. & *feqq.* Ed. *Amft.*
(2) C'eft l'opinion de MURET.
(3) C'eft un Jurifconfulte Efpagnol, nommé FRAN-
ÇOIS DE AMAYA, *Obfervat. Jur.* Lib. I. Cap. I.
num.

qu'il approuvoit tout ce qu'avoit fait ce Prince, & l'exemta déformais de toutes les Loix. Il y a apparence, comme d'autres s'imaginent, qu'*Augus-te* aposta quelcun pour propofer au Peuple quelque chofe de femblable : ce privilége n'aiant été ni revoqué ni contefté de perfonne, il paffa à fes Defcendans : & après que fa race eût été éteinte, lors que *Galba*, *Othon*, & *Vitellius*, fe furent rendus maîtres de l'Autorité Suprême à la pointe de l'épée, on le renouvella en faveur de *Vefpafien*, afin que cet Empereur, qui n'étoit pas d'une naiffance diftingüée, fût élevé à ce haut faîte par une voie moins odieufe, & à titre plus légiti-me, que la feule force des armes. On n'en eft pas demeuré là : mais il y en a qui ont crû, que *Jules Céfar*, & a-près lui *Augufte*, aiant arraché le Pou-voir Souverain des mains du Peuple, que la crainte obligea d'y renoncer; *Vefpafien* fut le prémier qui reçût ce Pouvoir par un tranfport volontaire du

num. 25. que je vois cité par GERHARD CÓCCE-JUS, autrefois Profeffeur à *Groningue*, dans fon Com-mentaire fur les Titres du DIGESTE *de origine Juris*, & *de Conftituf. Principum.*

du Peuple, lequel renouvella en fa faveur la *Loi Roiale*. D'autres fe font
mis dans l'efprit, qu'avant *Veſpaſien*,
il n'y avoit jamais eu de *Loi Roiale*,
(1) ou que, ſi elle exiſtoit auparavant,
elle avoit été mendiée, ou extorquée.
Enfin, d'autres defefperant de découvrir la vraie origine de cette Loi, font
de grandes complaintes de ce que la
mémoire d'une Ordonnance comme
celle-là, en vertu de laquelle l'Empire de toute la Terre paſſa entre les
mains d'une feule perſonne, a été ſi
fort effacée par le tems, qu'on n'en ſait
aujourd'hui autre chofe (2) que le nom,
pendant que nous avons encore des
Loix & des Arrêts du Sénat fur les
Goutiéres, fur les *Aqueducs*, fur les
Joueurs, fur les *Foulons*, & fur pluſieurs autres chofes peu confidérables.

Voilà, MESSIEURS, ce qui
s'appelle difputer aveuglément & fans
aucun ordre; cela foit dit avec tout le
refpect qui eft dû à de ſi grands Hommes. Je ne m'arrêterai point à refuter
leurs opinions: ils fe font fuffifamment
re-

_____

(1) Ce font les propres termes de CLAPMAR,
dans fon Traité *de arcan. Rerum publi.* Lib. II. Cap. XV.
(2) C'eft

refutez les uns les autres ; & toutes les erreurs disparoîtront d'elles-mêmes à la lumiére de la vérité, que je crois a-voir eu le bonheur de découvrir.

JE POSE d'abord pour principe in-contestable, que, lors que la puissan-ce des Empereurs commença de ſe former, il ne ſe fit aucune Loi tout d'une piéce, qui fût dès-lors appellée *Loi Roïale*, & par laquelle le Peuple ſe dépouillât expreſſément de tout ſon pouvoir, de toute ſon autorité, de tout le droit qu'il avoit ſur lui-même, & le transférât ſolennellement au Prin-ce. Le Peuple n'auroit pû alors en-tendre parler d'une telle Loi, & les Princes eux-mêmes n'auroient oſé l'inſinuer ſeulement. Je n'infére pas cela du ſeul ſilence des Ecrivains, qui vient néanmoins de ce que la choſe ne s'eſt pas faite & n'a pû ſe faire. Je laiſſe auſſi à quartier quelques petites raiſons dont pluſieurs ſe ſervent, & qui n'ont rien de déciſif. J'ai en main deux grands argumens, qui ſuffiront, & qui ſont d'une force à toute épreu-ve. L'un eſt, la haine, l'horreur,
l'ex-

(2) C'eſt ce que dit SCIPION GENTIL, dans ſa III. Harangue Rectorale, qui traite de la *Loi Roïale.*

(I) A ꝫ

l'exécration (1) avec laquelle on regardoit tout ce qui s'appelloit *Roi, Roian-
me, Roial*, en la perſonne d'un Romain. L'autre, le ſoin extrême qu'a-
voient les Princes de jetter de la poudre aux yeux du Peuple, pour lui cacher la Puiſſance Roiale qu'ils exerçoient effectivement. Le prémier paroît par divers faits inconteſtables. *Scipion l'Africain*, par exemple, après la
victoire qu'il remporta près de la ville
de *Bacula* ; étant ſalué Roi par tous
les Princes & Roitelets d'*Eſpagne*, *déclara*, comme s'exprime le Poëte (2)
SILIUS ITALICUS, *que ſa Patrie
ne pouvoit ſouffrir le nom de Roi :* ou
comme TITE LIVE (3) le fait parler, *Qu'ailleurs le nom de Roi étoit un
titre glorieux, mais qu'à* Rome *il étoit
inſupportable.* Reprocher à un Citoien
Ro-

Romain, qu'il afpiroit à la *Roiauté*, le traiter de *Roi*, à moins que ce ne fût (4) un certain Sacrificateur ainfi appellé, dépendant néanmoins du Grand Pontife, ou bien quelcun de la Famille des *Marciens*, furnommez *Rois*; c'étoit le plus fanglant affront du monde, la plus grande des injures; c'étoit dire hautement, que celui à qui l'on donnoit ce titre avoit des maniéres, & formoit des defleins, qu'on ne devoit pas foufrir dans un Etat libre, comme celui des *Romains*. CICERON, après avoir accufé *Rullus* & fes Collégues de s'être donnez (5) *une licence fans bornes & infupportable*, appelle cela, dans la fuite de fon difcours, une (6) *Roiauté de Décemvirs* : & il fe plaint que la Loi propofée par *Rullus*, tendoit à établir *dix Rois* (7) dans *Rome*.

(5) *Nunc profpicite omnium rerum infinitam atque intolerandam licentiam.* De Lege Agraria, contra Rullum, Orat. I. Cap. V. pag. 308. Edit. Grav.

(6) *Quum oftenderit..... nullum imperium novum, nullum regnum decemvirale* &c. Ibid. Cap. VIII. pag. 328.

(7) *Atque ego, à primo Capite Legis ufque ad extremum, reperio, Quirites, nihil aliud cogitatum, nihil aliud actum, nifi ut decem Reges..... conftituerentur, Legis Agraria fimulatione atque nomine.* Orat. II. adverfus Rull. Cap. VI. pag. 365.

(1) C'eft

me. Il savoit bien que c'étoit un moien
sûr de rendre odieux celui contre qui il
parloit: & en effet la chose lui réüssit
si bien, que le Peuple Romain fut
(a) *Lex A-* porté par là à abolir la (a) *Loi touchant*
gratia. *la distribution des Terres*, c'est-à-dire,
celle d'où il tiroit sa subsistance. *Cice-*
ron lui-même se vit à son tour exposé
au même reproche. *Clodius*, son Ennemi, le traita (1) de *Roi:* & *L. Man-*
lius Torquaius, Accusateur de sa Partie, l'appella le (2) *troisiéme Roi étran-*
ger, c'est-à-dire, un homme qui le
prémier dans *Rome* après *Numa Pompi-*
lius & *Tarquin l'Ancien*, bouleversoit
l'Etat & faisoit tout à sa fantaisie,
sous prétexte que, dans le danger le
plus pressant de la République, il a-
voit fait mourir, avec l'approbation
du *Sénat*, les complices de la Conju-
ration de *Catilina*, sans qu'ils eussent
été condamnez dans les formes.   Un
cer-

(1) C'est ce que Ciceron nous apprend lui-même dans une de ses *Lettres à Atticus*, où il rapporte
de quelle maniére il poussa *Clodius* en plein Sénat.
Quousque inquit, *hunc Regem feremus ?* Lib. I. Epist.
XVI. ad *Attic*. pag. 112, 113. Ed. Græv.
(2) *Facetus esse voluisti*, *quum* Tarquinium, & Nu-
mam, & *me tertium peregrinum Regem esse dixisti*. Orat.
pro P. Sulla, *Cap.* VII. pag. 224.
(3) Le conte se trouve dans Suetone, qui le
rap-

certain *Octavius*, qui n'étoit pas en son bon sens, & qui à cause de cela faisoit impunément des railleries piquantes contre tout le monde, (3) salua *Roi* un jour *Pompée*, & donna en même tems à *Jules-César* le titre de *Reine*, au milieu d'une très-grande Assemblée; ce qui mortifia extrémement l'un & l'autre. *Marc Manlius Capitolin* (4), & *Tibére Sempronius Gracchus* (5), s'étant rendus suspects d'aspirer à la Roiauté, par les largesses excessives qu'ils avoient faites pour gagner l'esprit du Peuple, périrent misérablement, abandonnez l'un & l'autre de ceux même de leur parti. Ce qui hâta la mort de *Luc. Appulejus Saturninus*, Tribun du Peuple; ce fut qu'après avoir fait tuer dans une sédition *Cajus Memmius*, son Competiteur, dans la charge de Consul, (6) il parut prendre plaisir à s'entendre appel-

---

rapporte sur la foi de *Marc Brutus*. QUO *tempore, ut* M. Brutus *refert*, Octavius *etiam quidam, valetudine mentis liberius dicax conventu maximo quum* Pompejum Regem *appellasset, ipsum* Reginam *salutavit. In Vit. Jul.* Cæsar. *Cap.* XLIX.

(4) Voiez TITE LIVE, Lib. VI. Cap. XIX, & seqq.

(5) Voiez FLORUS Lib. III. Cap. XIV. AUREL. VICTOR. *de Viris Illustr.* Cap. LXIV. &c.

(6) *Quippe, ut Satellitem furoris sui,* Glauciam, Consu-
su.

peller. *Roi* par ses Gardes. TACI-
TE parlant de quelcun qui (1) at-
tentoit à la pudeur des Jeunes Gar-
çons de condition libre , & d'un autre qui (2) souffroit qu'on lui dref-
fât des Autels , qu'on lui immolât
des victimes , qu'on semât des roses
& du laurier par les chemins où il
devoit paſſer , dit que ce sont-là des
maniéres de Roi. JUVENAL appelle (3) *des paroles de Roi* , les termes impérieux dont se servoit un Maître de Gladiateurs en parlant à des Efclaves qu'on lui avoit vendus pour servir dans l'Aréne , ou à ceux qui y a-
voient été condamnez , ou à ceux
qui

ſulem faceret , Cajum Memmium *competitorem interfici*
juſſit : & in eo tumultu Regem ex ſatellitibus ſuis ſe ad-
pellatum latus occepit. FLORUS, Lib. III. Cap. XVI.
   (1) C'eſt de *Tibére* que TACITE parle : *Quibus*
adeo indomitis [libidinibus] *exarſerat, ut* MORE REGIO
pubem ingenuam ſtupris pollueret. Annal. Lib. VI. Cap. I.
L'Auteur diſoit ici, *plebem ingenuam*, au lieu de *pubem.*
   (2) Ceci regarde *Vitellius : Nec minus inhumana pars*
via , quam Cremonenſes *lauro roſiſque cọ ſtraverant , ex-*
ſtructis altaribus caſiſque victimis , REGIUM IN MO-
REM. Hiſtor. Lib. II. Cap. LXX. L'Auteur, de la maniére qu'il s'exprime dans l'original , ſemble rapporter à une même perſonne ce qui eſt dit dans ce paſſage, & dans celui de la Note précedente.
   (3) *Scripturus Leges , & regia verba Laniſta.* Sat. XI, 8.
Voïez JUSTE LIPSE, *Saturnal. Sermon.* (& non pas,
comme citent les Commentateurs de ce Poëte , *Elec-*
terum) Lib. I. Cap. XV.]

(4) *Vri*

qui s'étoient engagez eux-mêmes (4)
à se laiſſer lier, rouer de coups, brûler, aſſommer. (a) *Voléſus*, au rapport
de SENE'QUE (5), marchant avec
un air de fierté au milieu de trois cens
cadavres de gens qu'il avoit fait mourir en un jour, s'écria, que c'étoit
une action roiale. Auſſi voions-nous que
Jules Céſar, quoi qu'il eût accepté des
honneurs exceſſifs, & qu'il ſouhaittât
paſſionnément le nom de *Roi,* n'oſa
pas néanmoins le prendre ; mais, au
contraire, un jour (6) que le Peuple
le ſaluoit *Roi,* il s'y oppoſa, diſant
qu'il étoit *Céſar, & non pas Roi :* & lors
que *Marc Antoine,* pendant la Fête
des

(a) Procon-
ſul d'Aſie,
du tems
d'Auguſte.

(4) *Uri, vinciri, virgis & ferro necari.* C'étoit la formule de l'engagement de ces Gladiateurs volontaires, que l'on appelloit *Auctorati.* Voiez HORACE,
Lib. II. *Sat.* VII. *verſ.* 58. SENEC. *Epiſt.* XXXVII.
pag. 133. *init.* & *Epiſt.* LXXI. pag. 267. *in fin.* Ed.
Gron. cum Not. Varior. comme auſſi JUSTE LIPSE,
Saturn. Serm. Lib. II. Cap. V.

(5) *Voleſus nuper, ſub Divo Auguſto, Proconſul A-
ſiæ, quum trecentos una die ſecuri percuſſiſſet, incedens inter cadavera vultu ſuperbo, quaſi magnificum quiddam con-
ſpiciendumque feciſſet, Græcè proclamavit :* O R E M RE-
GIAM! De Ira, Lib. II. Cap. V.

(6) *Quamquam & plebei Regem ſe ſalutanti,* CÆSA-
REM SE, NON REGEM ESSE, *reſponderit :* & Lu-
percalibus, pro Roſtris à Conſule Antonio *admotum ſæ-
pius capiti ſuo diadema repulerit, atque in* Capitolium Jo-
vi Opt. Max. *miſerit.* SUETON. in vit. Cæſar. Cap.
LXXIX.

(1) *Proxi-*

des (a) *Lupercales*, voulut à diverses reprises lui mettre sur la tête le Diadême, il le refusa, & le renvoia au *Jupiter* du *Capitole*. Ce qui hâta depuis sa ruine, ce fut le bruit (1) qui s'étoit répandu, que dans la prochaine Assemblée du Sénat on devoit proposer de lui donner le titre de *Roi* seulement hors de l'*Italie* avec le bandeau blanc au lieu d'une Couronne de Laurier, pour le mettre en état de terminer heureusement l'expédition qu'il méditoit contre les *Parthes* ; sous prétexte que les Oracles des *Sibylles* portoient, que ces Peuples ne pouvoient être vaincus que par une Tête couronnée. Après lui, *Auguste*, comme le Peuple vouloit (2) à toute force l'établir Dictateur, se mit à genoux, jetta sa Robe, découvrit sa poitrine, comme pour donner à entendre qu'il aimoit mieux mourir, que d'accepter une Autorité si despotique & si odieuse.

Quel-

---

(1) *Proximo autem Senatu* [percrebuit fama] L. Cottam Quindecimvirum sententiam dicturum : ut, quoniam libris fatalibus contineretur, Parthos, nisi à Rege, non poss
possit vinci, Cæsar Rex appellaretur. Idem, ibid. Volez aussi CICERON, de Divinat. II, 54.

(2) *Dictaturam magna vi offerente Populo, genu nixus, dejectâ ab humeris togâ, nudo pectore, deprecatus est.* SUETON. Vit. August. cap. LII. Volez DION. Lib. LIV. init.

(3) Volez

Quelques-uns voulant l'appeller (3) *Romulus* & *Quirinus*, comme un second Fondateur de la Ville & de l'Empire, il y prit plaisir d'abord : mais faisant reflexion que ce titre ne pourroit que reveiller l'idée de la Roiauté, il craignit de le prendre, & défendit qu'on le lui donnât. Il eut (4) toûjours de l'aversion pour le titre de *Seigneur*, le tenant à injure & à opprobre : & l'on a remarqué, comme un exemple particulier de sa moderation, qu'en s'emparant du Gouvernement de (5) la République, il n'avoit pas pris le titre de *Roi*, ou de *Dictateur*, mais simplement celui de *Prince* ou de Chef.

Les Empereurs Romains étoient aussi fort soigneux de cacher le pouvoir excessif qu'ils avoient en main, & de faire en sorte, qu'on ne s'apperçût point combien ils s'étoient aggrandis aux dépens de la République, ou que si, on le sentoit, on se contentât de le

(3) Volez SUETON. Cap. VII. DION CASSIUS, pag. 581. B. Edit. H. Steph.

(4) *Domini adpellationem, ut maledictum & opprobrium, semper exhorruit.* SUETON. Cap. LIII.

(5) C'est la reflexion de TACITE : *Non regno tamen, neque dictatura, sed Principis nomine constitutam Rempublicam.* Annal. Lib. I. Cap. IX.

(1) Ce

le penſer ; juſques-là qu'il eſt arrivé
quelquefois que des perſonnes peu cir-
conſpectes aïant bonnement témoigné
entendre un hardi Comédien qui diſoit
les choſes par leur nom , il ne leur en
a pas moins coûté que la vie. Peut-on
rien voir de plus modeſte , qu'*Auguſte* , lequel (1) *quittant le nom odieux de*
Triumvir, *prit celui de* Conſul, *& déclara qu'il ſe contentoit de la Puiſſance
du Tribunat, dont il ne vouloit uſer que
pour ſoûtenir les droits du Peuple ?* Quelle affectation dans toute ſa conduite,
de paroître bon Citoïen, & fort éloigné de tout eſprit de domination ?
D'abord il (2) fit un long diſcours,
mais plus ſpecieux & plus étudié que
ſincére, pour déclarer qn'il ſe démet-
toit de ſa dignité de Chef de l'Etat,
& qu'il remettoit entre les mains du
Sénat le commandement des Armées,
le ſoin des Provinces, le droit de faire

---

(1) Ce ſont les paroles de TACITE: *Poſito* Trium-
viri *nomine, Conſulem ſe ſerens, & ad tuendam Plebem
Tribunicio jure contentum.* Annal. *Lib.* I. *Cap.* II.
(2) On trouve ce Diſcours dans DION CASSIUS,
Lib. LIII. pag. 569, *& ſeqq. Edit. H. Steph.* & l'Hiſtorien dit qu'*Auguſte* l'avoit mis par écrit, & qu'il ne fit
que le lire.
(3) *Judicia*, dit nôtre Auteur. Mais ce mot ne ſe
trouve pas dans DION, d'où il a tiré ceci ; car voici
les propres termes de la Harangue d'*Auguſte:* Ἀποδι-
δωμι

re des Loix , de lever des impôts, &
d'adminiſtrer la Juſtice (3). Ce ne fut
qu'après d'inſtantes ſollicitations & des
priéres réïterées , qu'il proteſta qu'il
ſe réſolvoit malgré lui à reprendre une
Dignité , dont il ne fut jamais plus
maître , que lors qu'il faiſoit ainſi ſemblant de s'en être deſſaiſi. Il ne voulut pas même s'en charger pour toûjours , mais d'abord pour dix ans (4),
puis pour cinq , enſuite pour autres
cinq , après cela pour dix encore , &
toûjours ainſi ; de ſorte qu'il paſſa ſa
vie dans ces prolongations de l'Autorité
ſuprême , dont il paroiſſoit ne jouïr
qu'à tems , quoi qu'elle fut véritablement perpétuelle. Il laiſſa au Peuple
les Provinces où tout étoit tranquille ;
il garda pour lui celles où l'on tenoit
des Armées (5). Et quoi qu'il diſposât
au fond des unes & des autres , par le
moien de ſes Créatures (car il ne ſe fai-

ſoit

δχμι ὑμῖν χαὶ τὰ ὅπλα , χαὶ τὰ ἔθνη , τάς τι φρεσίδας,
χαὶ τὰς νόμες. Lib. LIII. pag. 574. C.

(4) C'eſt ce que DION nous apprend auſſi dans
les paroles ſuivantes , que nôtre Auteur a ſans doute
en vuë : Τῆς γὰρ δικαιτίας ἐξελθούσης , ἀλλὰ ἔτη φῆτι ,
ἴτα φῆτι , χαὶ μῆ τῦτο δίχα , χαὶ ἔτιεα αὖθις δίχα,
φιμντάκις δ᾽ αὐτῶ ἐψηφίσθη· δεῖ τῇ ῶ δεκτηρίαν δια-
δοχῆ διὰ βίυ αὐτὸν μεταρχήσαι. Ibid. Pag. 580. C.

(5) Ce tour qu'il prit pour mettre le Sénat hors
d'état de lui reſiſter, en même tems qu'il faiſoit ſem-

B
blant

ſoit, rien dans les Aſſemblées du Peuple qu'à ſa recommandation & ſelon ſa
volonté) il vouloit, néanmoins faire accroire que, pendant qu'il procuroit
aux Magiſtrats, avec la juriſdiction,
& toutes les marques d'honneur, un
repos heureux & tranquille il ne s'é-
toit reſervé pour lui que les travaux,
les fatigues de la Guerre, & les périls
des revoltes. Il rendit au Peuple le
Tréſor Public, qui, depuis que *Jules
Céſar* en avoit enfoncé (1) les portes,
étoit comme aliéné par preſcription :
mais il ſe fit un Tréſor particulier, ſous
le nom de *Fiſc*, mot bas & preſque
dé-

blant de partager avec lui, & de ne ſe reſerver que les
Provinces les plus difficiles à gouverner; ce tour, dis-
je, a été auſſi remarqué par DION CASSIUS : Βρ-
ανθεὶς δὲ δὴ καὶ ὡς δημοτικῶς τὰς ὑπας δέξαι,.... τὰ μὲν
ἀρθενέτερα [ἴδιν] δε καὶ εἰρηναῖα καὶ ἀπόλεμα, ἀπέ-
δωκε· τὰ δ' ἰσχυρότερα, ὡς καὶ σφαλερα, καὶ ἐπικίνδυνα,
καὶ ἤτοι πολεμίους τινὰς προσοίκους ἔχοντα, ἢ καὶ αὐτὰ
καθ' ἑαυτὰ μέγα τι νεωτερίσαι δυνάμενα, κατέσχι λόγῳ
μὲν, ἅπαξ ἢ μὲν Γερουσία ἀδεεῖς τα κάλλισα τῆς ἀρχῆς
καρπῷτο, αὐτὸς δὲ τὰς τε πόνους καὶ τὰς κινδύνους ἔχῃ·
ἔργῳ δὲ, ἵνα ἐπὶ τῇ προφάσει ταύτῃ ἐκεῖνοι μὲν ἄοπλοι
καὶ ἄμαχοι ὦσιν, αὐτὸς δὲ δὴ μόνος καὶ ὅπλα ἔχῃ, καὶ
ςρατιώτας τρέφῃ. Pag. 576. B. C.

(1) Voiez PLUTARQUE dans la Vie de *Jules Céſar*, Tom. 1. pag. 725. Édit. Weth.

(2) Le mot Latin *Fiſcus* ſignifie proprement un Panier
d'oſier ou de jonc, & l'on appella ainſi le Tréſor du Prince, à cauſe que l'on ſe ſervoit de ces ſortes de Paniers,
pour tenir les ſommes d'argent un peu groſſes. Au reſte,
c'eſt

dégoûtant, auquel il donna (2) le prémier un sens si relevé, de sorte qu'en
même tems qu'il disposoit des deniers
publics, comme des siens propres, on
s'imaginoit qu'il n'osoit y toucher, &
qu'il les tenoit pour indépendans de
son administration. Il conserva les anciens noms des Magistrats, il leur laif-
sa les mêmes marques d'honneur, il
augmenta leurs émolumens; il ne donna que le titre de *Propréteurs* à ceux
qu'il envoioit dans les Provinces, (3)
mais il voulut qu'on appellât *Procon-
suls* ceux qui y alloient de la part du
Sénat, & outre cela il leur permit d'a-
voir

c'est apparemment par conjecture que l'Auteur dit
qu'*Auguste* fut le prémier qui employa ce terme de *Fisc*
pour distinguer le Trésor du Prince, d'avec le Trésor public ou celui du Peuple, que l'on appelloit *Æ-
rarium*. Je ne sai du moins d'où il a tiré cette circonstance; car on n'en trouve rien dans Dion, de
qui il a pris tout ce qu'il dit ici d'*Auguste*. Cet Historien dit seulement, qu'*Auguste* donnant au Peuple
quelques Spectacles publics, en fit la dépense de ses
propres deniers (*Lib. LIII. init. p. 568. D.*) & qu'encore que le Trésor public fût distinct & séparé du sien
propre, il disposoit également de l'un & de l'autre
à sa fantaisie; "Ατε καὶ τ̄ χρημάτων κυρεύων (λόγῳ
μὲν γὸ τὰ δημόσια ἀπὸ τ̄ ἑαυτοῦ ἀπεκέκριτο, ἔργῳ δὲ καὶ
ταῦτα πρὸς τὴν γνώμην αὐτοῦ ἀπηλίσκετο) &c. Pag.
580. C.
   (3) Voiez le Commentaire de Saumaise sur
Spartien, *in Hadriano*, Cap. III. pag. 34. & *seqq.*
& Cap. XXII. pag. 199. *Edit. Lugd. Bat.*
                          B 2   (1) Six

voir un plus·grand (1) nombre de *Lic-teurs*, comme pour donner à entendre que les derniers tenoient leur emploi d'une Puiſſance ſupérieure, & au deſ-ſous de laquelle il ſe reconnoiſſoit lui-même.

Je ferois un volume entier, ſi je ra-maſſois tous les artifices à la faveur deſquels *Auguſte* impoſa même à quel-ques perſonnes éclairées, juſqu'à leur perſuader qu'il avoit beaucoup relâché de cette grande puiſſance à laquelle il s'étoit élevé, & qu'il l'avoit extrême-ment abbaiſſée, quoi qu'au fond il la retînt toute entiére. *Tibére* ſût bien profiter des leçons qu'il avoit priſes dans une ſi bonne Ecôle. A peine *Au-guſte* eut·il rendu l'ame, qu'il ne fit pas (2) de difficulté d'agir en maître, ſans oſer néanmoins s'emparer ouver-tement de l'Autorité Suprême. Quand on

___

(1) Six; au lieu que les *Propréteurs* n'en avoient que cinq. Voiez D I O N, pag. 577, 578.

(2) L'Auteur emploie ici les propres termes de S U E T O N E : *Principatum, quamvis* NEQUE OCCUPA-RE CONFESTIM, NEQUE AGERE DUBITASSET, *& ſtatione militum, hoc eſt, vi & ſpecie dominationis ad-ſumta, diu tamen recuſavit impudentiſſimo animo.* Vita Ti-ber. Cap. XXIV.

(3) Ceci eſt tiré de T A C I T E, dont l'Auteur em-ploie auſſi les propres paroles : *Nam Tiberius cunĉta per Conſules incipiebat, tamquam vetteri Republica, & am-bi-*

on la lui offrit ensuite, il la refusa fort
opiniâtrement. Il n'entreprit rien d'a-
bord que sous les auspices des Consuls,
comme (3) si la forme ancienne de la
République eût encore subsisté, &
qu'il n'eût pas été lui-même bien résolu à prendre en main les rênes du
Gouvernement. Enfin, comme les
Sénateurs (3) l'en prioient à genoux,
il se rendit, mais avec de grandes complaintes de l'esclavage pénible auquel
on l'assujettissoit. (4) Il dit, qu'on ne
savoit pas combien l'Empire étoit une
Bête difficile à gouverner : il déclara qu'il ne prétendoit s'y engager,
que jusqu'à ce qu'on trouvât juste &
raisonnable de donner du repos à sa
vieillesse. Peut-on rien voir de plus
beau, que les paroles (4) suivantes,
par lesquelles il commença un jour
son discours en plein Sénat : *Je vous*
ai

biguus imperandi. Annal. *Lib.* I. *Cap.* VII. *num.* 3.

(4) Ici revient S U E T O N E : *Nunc adhortantes amicos*
increpans, ut ignaros quanta bellua esset Imperium : nunc
precantem Senatum, & procumbentem sibi ad genua, am-
biguis responsis & callida cunctatione suspendens..... Tan-
dem quasi coactus, & querens miseram & onerosam in-
jungi sibi servitutem, recepit imperium : nec tamen ali-
ter, quam ut depositurum se quandoque spem faceret. Ipsius
verba sunt hæc : Dum veniam ad id tempus, quo vobis
æquum possit videri, dare vos aliquam senectuti meæ
requiem. Vit. Tiber. Cap. XXIV.

D

ai (1) souvent dit, Messieurs, qu'un bon
Prince, un Chef digne de l'honneur que
vous lui avez fait de le revêtir d'un pouvoir si grand & si étendu, doit toûjours
s'accommoder à la volonté du Sénat, souvent à celle de tous les Citoïens, & la
plûpart du tems à celle de chaque Particulier. Je le répéte encore, & je ne me
repens point de vous l'avoir dit, car jusqu'ici je vous ai regardé, & je vous regarde encore comme des Seigneurs bons,
équitables, & favorables. Non seulement cela : il rendoit encore de grands
honneurs aux Consuls, il les saluoit
fort respectueusement, il leur cedoit
(2) le pas & leur donnoit le haut du
pavé : & pour enchérir sur son Maître, il ne prenoit pas le titre de Conful, mais celui de simple (3) Sénateur,
que *Néron* aussi se laissa donner sans en

pa-

(1) *Et inde omnes adloquens :* Dixi & nunc, & sæpe
alias, PATRES CONSCRIPTI, bonum & saluta-
rem Principem, quem vos tanta & tam libera potestate instruxistis, Senatui servire debere, & universis
civibus sæpe, & plerumque etiam singulis : neque id
dixisse me pœnitet, & bonos & æquos & faventes
vos habui dominos, & adhuc habeo. *Ibid.* Cap. XXIX.
(2) *Nec mirum, quam palam esset ipsum quoque iisdem*
[Consulibus] *& adsurgere, & decedere via.* SUETON.
Cap. XXXI.
(3) Cela paroît par ce qu'il dit un jour en plein Sénat
à *Quint. Haterius :* DISSENTIENS *in Curia à Quinto*
Haterio : *ignosces, inquit : rogo, si quid adversus te*
ll:

paroître choqué, par *Vatinius*, Garçon Cordonnier de *Benevent*, qui lui difoit tous les jours : *Je vous hais, Céfar, parce que vous êtes Sénateur* (4). Voilà un mot qui renferme la plus fine flatterie. Celui des Poëtes Latins qui a excellé dans l'art de faire des Epigrammes, difoit de l'Empereur (5) *Trajan*, avec plus de fincérité & de vérité : *Ce n'eſt pas un Maître fuperbe, mais un bon Chef, mais un Sénateur, le plus jufte & le plus équitable qu'il y ait jamais eu.* Nous voions encore, que *Claude* ne fit pas difficulté de déclarer hautement, qu'il fe regardoit (6) comme *étant du nombre des Citoiens.* Mais, pour revenir à *Tibére*, il fût fi bien éblouïr le monde par un faux femblant d'humilité, qu'il y eut des Députez d'*Afrique*, (7) qui fe plaignirent un jour

liberius, SICUT SENATOR, dixero. *Ibid.* Cap. XXIX.

(4) C'eſt XIPHILIN, qui nous a confervé ce mot. Μισῶ σε, Καῖσας, ἔτι συγκλητικὲ εἶ. Pag. 190. B. *Edit. Steph.* On trouvera le caractére de ce Bouffon de *Néron*, dans TACITE, *Annal.* Lib. XV. Cap. XXXIV,

(5) *Non eſt hic Dominus, fed Imperator, Sed juſtiſſimus omnium Senator.* MARTIAL. Lib. X. *Epigr.* LXXII. *verf.* 8, 9.

(6) C'eſt TACITE qui nous l'apprend : *Ubi ille [Claudius] unum fe civium, & confenfui imparem reſpondit* &c. *Annal. Lib.* XII. Cap. V. *num.* 3.

(7) SUETONE dit, que c'étoit aux Confuls que
B 4   ces

jour au Sénat qu'il les faifoit trop attendre, & priérent le Sénat de l'obliger à les expédier au plûtôt; comme
fi *Tibére* n'eût été que l'Agent & l'Of-
ficier du Sénat. De forte que ce ne
fut pas fans raifon qu'un Aftrologue a-
voit prédit, pendant que *Tibére* étoit
encore enfant, (1) *qu'il régneroit un*
jour, mais fans tout l'appareil extérieur
de la Roiauté; car, ajoûte SUE'TO-
NE, de qui j'ai tiré cette circonftance, *le pouvoir des Céfars étoit encore in-*
connu. C'eft qu'ils n'oublioient rien
pour le cacher, & qu'ils ne le laiffoient
pas voir dans toute fon étenduë, afin
de le rendre moins odieux, & pour
l'exercer fûrement, fans être expofez
à l'envie & aux embûches.

Croirons-nous donc, que des Princes de ce caractére, de fi fins Politiques, dans un tems où l'on haïffoit fi
fort le nom de *Roi*, aient voulu faire
propofer, au fujet de leur Dignité,
quelque Ordonnance qui fût nommée
Roiale, & par laquelle un Peuple, accoûtumé à commander, fe foûmît vo-
lon-

ces Députez s'adrefférent : *Tanta Confulum auctoritate,*
ut Legati ex Africa adierint eos, querentes trahi fe à Céfa-
re, ad quem miffi forent. Cap. XXXI.
(1) *Ac de infante* Scribonius Mathematicus *praclara*
fpe-

lontairement à la domination d'un seul homme, lui transférât toute son autorité, & lui donnât sur soi toute sorte de pouvoir ? Croirons-nous qu'ils aient été assez imprudens & assez hardis pour témoigner ainsi sans détour, qu'ils fouloient insolemment aux pieds la Liberté Publique, & qu'ils la menoient comme attachée à leur Char de Triomphe ? Une personne qui a, je ne dirai pas quelque savoir, mais seulement le Sens-commun, peut-elle se mettre dans l'esprit rien de semblable ?

CELA n'empêche pas, qu'on ne doive poser comme un fait certain & indubitable, que, malgré toute l'aversion qu'on avoit pour le nom, la chose même existoit déja réellement. Oui, quoi que personne n'eût ni entendu prononcer sans horreur, ni osé prononcer ouvertement le terme de *Loi Roiale*, également fuï & de ceux qui avoient usurpé la domination, & de ceux qui subissoient patiemment le joug ; c'est alors néanmoins que la *Loi Roiale*, ainsi

spopondit : etiam regnaturum quandoque, sed sine regio insigni : ignota scilicet tunc adhuc Cæsarum potestate. SUETON. CAP. XV.

B 5   (1) Hæc

ſi nommée très-véritablement & avec
une épithéte très-convenable & très-
élégante, par les Jurifconfultes des Siécles fuivans, ici comme ailleurs excel-
lens modéles (1) de la bonne Latinité,
c'eſt alors, dis-je, préciſément que
cette Loi commençoit à ſe former,
qu'elle ſe gliſſoit, qu'elle s'introduiſoit,
non pas à la vérité tout d'un coup,
mais peu-à-peu & par intervalles : ſemblable à un Enfant, dont les (2) membres prennent leur forme inſenſible-
ment & par degrez dans le ſein de ſa
Mére, qui le porte. Les Hiſtoires de
ce tems-là ſont toutes pleines de ce
que je viens de dire, & que je vais
prouver tout-à-l'heure : mais perſonne, que je ſâche, n'y a encore pris
garde. De là vient que l'on s'eſt vai-
nement tourmenté à chercher ce qu'on
ne pouvoit trouver. On s'étoit mis
dans

____

(1) *Hac quoque parte optimis Latini ſermonis Auctoribus.*
Ce ſont les termes de l'Original. Pour ſavoir ce qu'il
faut penſer de la Latinité de ces anciens Jurifconfultes, on n'a qu'à voir les *Opuſcula de Latinitate Jurifcon-
ſultorum vett.* publiez en 1711. par Mr. DUKER, a-
vec les Notes & la Préface qu'il y a joint.

(2) L'Auteur exprime cela par deux vers, qui ſont
d'OVIDE:
　Utque hominis ſpeciem maternâ ſumit in alvo,
　Perque ſuos intus numeros componitur infans &c.

ME

dans l'efprit qu'il devoit y avoir quelque part une Ordonnance du Peuple,
qui établit en termes exprès la *Loi
Roiale*, par laquelle le Peuple fe dé-
pouilloit déformais, en faveur de *Céfar*, de tout fon pouvoir fur foi-même
& fur ceux qui dépendoient de lui : on
a jetté les yeux de tous côtez, on a
fouillé dans tous les coins & recoins
des Livres de l'Antiquité, pour tâcher
de découvrir cette réfignation de l'Autorité Souveraine ; & quoi qu'elle foit
répanduë en mille endroits, où elle fe
montre toûjours d'une maniére qui
frappe, on ne l'a point apperçuë, parce qu'elle n'y eft pas formelle & tout
d'une fuite. Il me femble voir un
Voiageur, qui aiant remarqué fur fon
chemin un de ces monceaux de pierres, confacrez (3) autrefois à *Neptune*,
& qui s'étoient formez avec le tems

de

Metamorph. *Lib.* VII. *verf.* 325, 326.
(3) Comme *Mercure* étoit le Dieu qui préfidoit aux
grands chemins & aux carrefours, on y dreffoit non
feulement des Statuës quarrées & groffiéres de ce
Dieu, lefquelles on appelloit *Herme*, & qui fervoient
à guider les Voiageurs ; mais encore on y mettoit
des monceaux de pierres, qui étoient regardez comme confacrez à *Mercure*, & que chaque Paffant fe
faifoit un point de Religion d'augmenter. Voiez S E L-
D E N, *de Diis Syris*, Syntagm. II. Cap. XV.
B 6   (1) Ce-

ce que les Paſſans y jettoient; recher-
cheroit avec ſoin quel homme s'étoit
aviſé d'entaſſer-là un ſi grand nombre
de pierres, de quelle voiture, de quel
chariot il s'étoit ſervi pour cela, &
en quel jour il les y avoit fait tranſporter. Mais venons au fait, dont il
eſt queſtion.

Lors que *Jules Céſar*, après avoir
allumé la Guerre Civile, eût chaſſé
de *Rome* & de toute l'*Italie* le parti
contraire au ſien, & battu en *Eſpagne*
les Lieutenans du Grand *Pompée*; comme il fut de retour à *Rome*, (1) *Marc
Emile Lépide*, Préteur de la Ville, le
déclara (2) Dictateur, contre l'ancienne coûtume, après en avoir reçû ordre du Peuple dans une Aſſemblée où
tout ce qui ſe faiſoit n'étoit qu'une pure comédie. Après la bataille de *Phar-
ſale*, on lui (3) permit de traiter ceux
du parti de *Pompée*, comme il le ju-
ge-

(1) Celui qui fut depuis un des Triumvirs.
(2) Voïez DION, Lib. XLI. pag. 191. A. & PLU-
TARQUE, *in vit. Caeſar.* pag. 725. E.
(3) Tout ceci eſt rapporté par DION, Lib. XLII.
pag. 218, 219.
(4) *Id ſummi faſtigii vocabulum* [Tribunitiam Poteſta-
tem] Auguſtus repperit, *ne Regis aut Dictatoris nomen
adſumeret, ac tamen adpellatione aliqua cetera imperia prae-
mineret.* Annal. Lib. III. Cap. LVI. *num.* 2. On peut
voir là-deſſus une Diſſertation d'OBRECHT, *de
Tri-*

geroit à propos : on lui donna plein
pouvoir de faire la Paix & la Guerre,
de lever & de commander des Armées
contre qui il voudroit, & de faire ensuite avec l'Ennemi tel accord que bon
lui sembleroit, le tout sans en rien com-
muniquer ni au Sénat, ni au Peuple.
On le créa de plus Consul pour cinq
années de suite ; Dictateur pour une
année entiére, & non pour six mois
seulement ; Tribun du Peuple, pour
toute sa vie. C'étoit-là un grand a-
chéminement à la *Loi Roiale* ; & la
perpétuité de la Puissance du Tribunat
suffit pour le faire voir ; car T A C I-
T E (4) dit que c'étoit un mot dégui-
sé, *qui emportoit l'Autorité Souveraine.*
La victoire d'*Afrique* valut à *César* l'inspection (5) des mœurs pour trois ans ;
la Dictature, pour dix ans ; la Chaise
d'yvoire dans le Sénat toûjours placée
au milieu des deux Consuls ; le droit
d'o-

Tribunitia Cæsarum Romanorum Potestate, qui est la XXII.
du Recueil publié à *Strasbourg* en 1704.

(5) *Magisterium morum.* C'étoit la dignité de Censeur, un peu déguisée : car *Jules-César*, par une fausse
modestie, ne voulut pas être appellé Censeur, mais
seulement *Præfectus moribus*, comme C I C E R O N le
qualifie, *Lib. IX. Epist. ad Famil.* Ep. XV. ce que
D I O N exprime ainsi, ἡ τῶν ἠθῶν ἐπίσκεψις,
Lib. XLIII. pag. 249. A. Voiez C A S A U B O N, sur
S U É T O N E, Vit. Cæs. Cap. LXXVI.

B 7   (1) *Map.*

d'opiner toûjours le prémier ; l'honneur de (1) donner le signal pour faire commencer les *Jeux du Cirque* ; le pouvoir de conférer les Charges à ceux qu'il en jugeroit dignes , & de faire de son chef tout ce que le Peuple avoit accoûtumé d'ordonner dans les Assemblées. Après la bataille de *Munde* en *Espagne* , on ajoûta à tout cela le (2) prénom d'*Empereur* pour lui & pour les Fils & Petits-fils qu'il pourroit avoir : on voulut que dans les affaires de la Guerre il eût une (3) autorité supérieure à celle de tous les autres Généraux ; qu'aucun autre que lui ne pût s'attribuer en chef la gloire des avantages remportez , & que tous les bons succès des Armes Romaines fussent regardez comme provenus de lui & arrivez sous ses auspices. On le désigna en même tems Consul pour dix ans,

com-

---

(1) *Mappam mittere,* parce que celui qui donnoit le Spectacle, montroit une espéce de serviette, quand il vouloit que l'on commençât. Voiez TORRENTIUS, sur *Suétone,* dans la Vie de *Néron* , Cap. XXII.

(2) C'est-à-dire , que ce titre devint comme son nom propre , & qu'on le mettoit au devant de tous les autres, de cette manière : IMPERATOR CAJUS JULIUS CÆSAR. Voiez DION , Lib. XLIII. pag. 456. D. E. & les Interprêtes sur SUETONE , Vit. Cæs. Cap. LXXVI.

(3) C'est

comme on l'avoit déja établi Dictateur pour un pareil terme : on ordonna que les Soldats prêteroient serment
à lui seul ; que lui seul auroit le manî-
ment des deniers publics, & que perfonne autre n'y pourroit toucher fans
fon ordre. On (4) lui décerna auffi le
furnom de *Pére de la Patrie* : on frap-
pa de la monnoie avec fon image : on
le créa (5) Cenfeur perpétuel : on déclara infâme, exécrable, & digne des
plus grandes imprécations, (6) quiconque l'offenferoit ou en actions , ou en
paroles : on (7) donna la garde de fon
corps à des gens choifis de l'Ordre des
Sénateurs & de celui des Chevaliers :
on réfolut que tout ce qu'il feroit feroit tenu pour bon , & ne pourroit être
annullé ni revoqué. Je ne dis rien
des marques extérieures de diftinction,
qui faifoient néanmoins beaucoup d'im-
pref-

---

(3) C'eft ce que D i o n exprime ainfi : Καὶ μήτε
συγκατθῖται τινὰ , μηθ' ὅλως ὑπακοιναθῖται ἢ κατα-
πεςχθῖτται, Ἰδεσαν. Pag. 267. B.

(4) Voiez D i o n , Lib. XLIV, pag. 275. D.

(5) D i o n , ibid. B.

(6) C'étoit le privilége des *Tribuns du Peuple* : Τὸ
ηι της Δημαρχοῖε διδόμενα καρποὶ, ὥτε ἀν τις ἢ ἔργῳ
ἢ λόγῳ αὐτὸν ὑβρίση, ἱερεσυλεῖ τε καὶ ἐν τῷ ἄγει ἐνέχηται. D i o n , Lib. XLIV. pag. 275. D.

(7) Voiez D i o n , pag. 275. C.

(1) C'é-

preſſion, ſur l'eſprit du Vulgaire, comme, de permettre que Céſar portât toûjours (1) un Habit de triomphe, & qu'il mît certains ornemens (2) au ſommet de ſa Maiſon; d'élever un Temple (3) à la Clémence de *Céſar*, d'établir des (4) Prêtres en ſon honneur, de lui aſſigner dans le Cirque un de ces Chariots (5) ſur leſquels on portoit en proceſſion les ſimulacres des Dieux, avec un Siége d'or & une Couronne de Diamans, de placer ſes Statuës auprès de celles des Rois & des Dieux; & autres choſes ſemblables.

Tout cela s'évanouït avec *Jules Céſar*, & fut interrompu pendant le régne des Triumvirs, qui dura près de vint-deux ans. Mais *Octavien* étant demeuré vainqueur après la bataille d'*Ac-*

(1) C'étoit une Robe de pourpre, brodée d'or & d'argent. Voïez SAUMAISE, dans ſon Commentaire ſur le *Carinus* de VOPISQUE, pag. 853, 854. Au reſte cette circonſtance eſt tirée de DION, pag. 274. C.

(2) *Faſtigium in ædibus.* C'étoient quelques Statuës ou autres ornemens qu'on avoit accoûtumé de mettre au deſſus du ſommet des Temples. Voïez CICERON, *Philippic.* II. *Cap.* XLIII. FLORUS, *Lib.* IV. *Cap.* II. *num.* 91. & SAUMAISE ſur le *Peſcennius Niger* de SPARTIEN, pag. 678.

(3) Voïez DION, pag. 275. D. APPIEN, *De Bell. Civil.* Lib. II. pag. 494. *Ed. Steph.* 807. *Ed. Amſtel.* & CHARLES PATIN, ſur SUETONE, *Vit. Cæſar.* Cap. LXXV.

(4) *Fla-*

d'*Actium*, la Flatterie (6) accumula
les mêmes honneurs en fa perſonne,
peu-à-peu auſſi & à diverſes repriſes,
de peur que, ſi on l'en accabloit tout
d'un coup, la choſe ne parût trop o-
dieuſe.   D'abord on lui conféra ſept
Conſulats de ſuite, & la Puiſſance du
Tribunat, avec pouvoir de l'exercer
& dans la Ville, & hors de la Ville
juſqu'à mille pas à la ronde ; ce qui
n'avoit jamais été permis aux Tribuns
du Peuple.   (7) On ordonna auſſi que
chacun pourroit appeller par devant
lui de la ſentence des Juges, & qu'il
auroit le *ſuffrage de Minerve* dans tous
les Tribunaux.

Arrêtons-nous un moment à expliquer ce que c'eſt que ce *ſuffrage de Minerve :* car les Interprêtes de DION
CAS-

---

(4) *Flamen*, *Luperci.* Voïez SUETONE, *Vit. Caſ.*
CAP. LXXVI. DION, pag. 275. D. E.

(5) *Thenſa*, ou *Tenſa.* Voïez DION & SUETONE,
ubi ſupra.

(6) *Adivitis miſerabiles labellis* [blanditia]
MARTIAL. Lib. X. Epigr. LXXII. ℣. 2.

(7) Καὶ ϯ Καίσαεχ τὴν τε ἐξυσίαν τὴν ϯ Δημάρ-
χων δια βία ἰχιιν , καὶ τοῖς ὑπβοαμῷοις αὐτὸν , καὶ
ευτὸς τῦ σωμηριε , καὶ ἔξω , μίχει ὀγδῦ ἡμισαδιε
ἀμύνιιν (ὃ μηδενὶ ϯ δημαρχῦντων ἐξῆν) ἐκκλητόν τι
διχάζιιν , καὶ ϯφρον τινά αὐτῦ ἐν σᾶσι τοῖς διχαςη-
είοις , ὥσπιε Ἀθηνᾶς , φίμιαϞ. DION , Lib. LI. pag.
523. C.

(1) C'eſt

Cassius, & ceux qui les derniers
ont traité la matiére, s'y font lourde-
ment trompez. Que signifie, en effet,
ce que disent quelques-uns, que celui
qui avoit un tel droit pouvoit opiner,
comme s'il étoit *Minerve*? ou ce que
prétendent quelques autres, qu'on
comptoit une voix pour lui, comme
pour *Minerve*? Le *suffrage de Minerve* n'est pas non plus un (1) jugement
exact, par opposition au Proverbe,
Jugement de Pourceau; ni une façon de
parler ironique, pour désigner un homme stupide & sans jugement. Ce n'est
pas un suffrage, d'où il n'y ait point
d'appel, comme si l'expression étoit
venuë de ce que *Jupiter* ne refusoit
rien à *Minerve*: ce n'est pas un conseil très-sage, un *conseil d'Archiméde*,
comme parle (2) CICERON, que le
Sé-

(1) C'est une des explications que donne ERAS-
ME, dans ses *Adages*: mais de la maniére que l'Auteur s'exprime ici dans l'Original, il semble ne faire
qu'une seule & même chose de cette explication, &
de la suivante, qu'ERASME ajoûte comme la meilleure.

(2) Je ne sai où CICERON s'exprime ainsi; on
n'en voit rien dans NIZOLIUS. Je soupçonne qu'on
a eu en vuë le σύνταγμα Ἀρχιμήδιον, qui se trouve
en deux Lettres à *Atticus*, XII, 4. XIII, 28. mais qui
signifie toute autre chose, savoir une Question, un
Problême difficile à resoudre, comme ceux de ce fameux Mathématicien de l'Antiquité.

(3) C'est

Sénat se crut obligé de suivre toûjours.
Voilà pourtant toutes les explications
dont les Savans se sont avisez, & dont
aucune n'est bien fondée. La vérité
est, que cette façon de parler prover-
biale vient de la Fable (3). Les My-
thologues nous disent, qu'*Oreste* aiant
tué sa Mére pour venger la mort de
son Pére, qu'elle avoit assassiné à cause d'un Galant; il fut accusé de parri-
cide devant le Tribunal de l'*Aréopage.*
& que, comme le sentiment qui portoit condamnation du Criminel (4) emportoit d'une voix, la Déesse *Minerve* intervenant d'une façon miraculeuse, ajoûta son caillou à ceux qui mar-
quoient l'absolution, & déclara que ce
devoit être une Loi, que dans un partage le sentiment le plus doux l'em-
portât; de sorte qu'*Oreste* évita ainsi
la

(3) C'est ainsi que l'explique B œ c l e r, dans u-
un Dissertation entiére *De calculo Minerva*, qui apparemment n'avoit pas encore été publiée dans le tems
que nôtre Auteur composa la sienne ; & qui est la V.
du I. Tome des *Dissertations Académiques* du Professeur
de *Strasbourg.*

(4) Le Savant M e u r s i u s, fondé sur l'autorité
d'A r i s t i d e, & de l'Empereur J u l i e n, prétend
que les voix étoient égales. Voiez son Traité *de l'A-
réopage,* Cap. X. Mais le sentiment de nôtre Auteur,
& de B œ c l e r, est appuié sur d'autres autoritez
plus fortes.

(1) Je

la peine. Le *suffrage de Minerve* se
rapporte donc aux Jugemens Criminels, & non pas aux déliberations du
Sénat : & il signifie un droit d'égaler
les opinions, non pas précisément lors
que la plus rigoureuse l'emporte d'une
seule voix, mais quelque (1) grand que
soit le nombre de voix qui manquent
de l'autre côté : par conséquent cela
renferme le pouvoir de faire grace à
ceux qui sont convaincus & condamnez
juridiquement, ce qui est sans doute
un privilége du Souverain, & une partie de l'Autorité Suprême, comme il
paroît par ces paroles que SENE'QUE
met dans la bouche d'un Prince : (2)
*Chacun peut tuer un autre au mépris des
Loix, il n'y a que moi qui puisse sauver
la vie à un homme, malgré les Loix.*

Pour

---

(1) Je trouve dans LUCIEN un passage, qui me semble donner à entendre cela assez clairement. Il introduit
un Disciple, qui dit à son Maître que son approbation
lui vaudra le suffrage de *Minerve*, parce qu'elle sup-
pléera parfaitement au nombre des Jugemens favorables qui pourront lui manquer pour égaler le nombre
de ceux qui lui seront désavantageux : Ὥστε ἢν σὺ καὶ
γῦν ἐμοὶ τὸ χεῖρον ψῆφον αἱ ψῆφοι ἐν τῷ λόγῳ, καὶ
ἐλάττους ὦσιν οἱ ἀμείνους σὺ τὴν τ' Ἀθηνᾶς προσθεὶς, ἀ-
ναπλήρει τὸ ἐνδέον παρὰ σεαυτῶ, καὶ τὸ ἐπατίδημα εἰ-
κεῖον σοι δέκειται. In Harmonid. Tom. I. pag. 589. E-
dit. Amst.

(2) *Occidere contra Legem nemo non potest: servare nemo,*
p. 14-

Pour revenir à *Augufte*, on ordonna (3) encore que, toutes les fois que les Prêtres & les Vierges Veftales feroient des vœux pour le Sénat & le Peuple, il fût fait mention expreffément de *Céfar*, pour le recommander auffi d'une façon particuliére à la protection des Dieux : on l'autorifa en même tems à choifir qui il voudroit pour le faire Membre des Colléges de Prêtres, même au delà du nombre fixé. L'an de la fondation de *Rome* (4) DCCXXIV. on lui donna le prénom d'*Empereur*, pour lui, pour fes Fils & Petits-fils, comme on avoit fait à *Jules Céfar*. L'année fuivante, qui étoit celle de fon (5) cinquiéme Confulat, il rendit au Sénat quelques Provinces, par un marché femblable à celui du Lion de

la

---

præter me. De Clement. *Lib. I. Cap. V.*

(3) VoIez D I O N, Lib. LI. pag. 523, 524.

(4) L'Auteur fe trompe. D I O N, *Lib. LIII. pag. 565.* B. C. rapporte ceci à l'année DCCXXV. de la fondation de *Rome*, fous le cinquiéme Confulat d'*Augufte*. Que fi nôtre Auteur a fuivi l'Ere de *Caton*, il devoit marquer l'année DCCXXIII. VoIez la *Note* fuivante.

(5) C'eft une fuite de la méprife que j'ai remarquée dans la Note précedente : car D I O N rapporte ceci expreffément au *fixiéme Confulat d'Augufte*, & non pas au *cinquiéme*, pag. 576, & *feqq.*

(1) Voiez

la Fable, & il voulut qu'on lui eût u-
ne grande obligation de ce qu'il laiſſoit
le Sénat ſans armes & ſans défenſe,
pendant que lui avoit à ſon commandement vint - cinq Légions avec un
grand nombre de Troupes auxiliaires,
& outre cela deux Flottes, (1) une à
Miſéne, l'autre à *Ravenne*, qui le rendoient maître de l'*Italie*, & dix Co-
hortes Prétoriennes, avec trois de la
Ville, par le moien deſquelles il bri-
doit. *Rome.* De ſorte que c'eſt avec
raiſon que DION CASSIUS, après
avoir raconté ce que je viens de dire,
ajoûte : (2) *C'eſt ainſi que tout le pou-*
voir du Peuple & du Sénat paſſa entre
*les mains d'*AUGUSTE. Les paroles
de cet Hiſtorien ſont d'autant plus remarquables, qu'on y voit le titre d'*Au-*
guſte, dont *Octavien* commença à ſe
parer inſolemment vers ce tems-là, je
veux

---

(1) Voiez SUETONI., *Vit. Auguſt.* Cap. XLIX.
TACIT. Annal. IV, 4. VEGETIUS, *de Re Militari*,
Lib. V. Cap. I. & JUSTE LIPSE, dans ſon Traité
De magnitudine Romana, Cap. V.

(2) Οὕτω μὲν δὴ τό, τε τῦ Δάμε κỳ τὸ τ̃ Γερεσίχε
τὸ πᾶι κρατῷ ἰς τ̃ Ἀυγκτον μετίση. Lib. LIII. pag.
581. C.

(3) Plancus *artifex ante* Vitellcium *maximus.* Natu-
ral. Quæſt. *Lib.* IV. *Præfat.*

(4) C'eſt ce que nous voions dans SUETONE, Vit.
Aug. Cap. VII.

(5) *Sch*

veux dire, pendant son septiéme Consulat. Ce fut *Munatius Plancus*, grand Orateur, mais, au jugement de (3) SENEQUE, le plus grand Flatteur qu'il y eût eu à *Rome* avant *Vitellius*; ce fut lui, dis-je, qui imagina ce titre, & qui proposa (4) au Sénat d'en orner *Octavien*; afin qu'on le regardât non seulement comme heureux avant sa mort au dessus de ce que peut être un Homme, mais encore comme Dieu pendant sa vie même, & *qu'il fût déïfié sur la terre*, ainsi que le dit FLORUS; (5) par un titre comme celui-là, qui signifie proprement *Saint, dédié, consacré, installé à quelque dignité qui emporte des hommages religieux*. L'an DCCXXX. de la fondation de *Rome*, (6) qui étoit celui de son neuviéme Consulat, on lui confirma la Puissance du Tribunat à perpétuité: on lui per-

(5) *Sed sanctius & reverentius visum est nomen* AUGUSTI, *ut scilicet, jam tum, dum colit terras, ipso nomine & titulo consecraretur.* Lib. IV. Cap. XII. num. 66.

(6) L'Auteur se trompe encore ici. Car ce fut sous le onzieme *Consulat* d'*Auguste*, & non pas sous le neuviéme, que ceci se passa; & par conséquent l'an DCCXXXI. de la fondation de *Rome*, selon l'Ere de *Varron*, que DION CASSIUS suit (*Lib.* LIII. pag. 594. B.) ou bien l'an DCCXXIX. selon l'Ere de *Caton*, qui est la plus juste.

(1) *Jus*

permit de propofer (1) ce qu'il lui
plairroit dans chaque Aſſemblée du Sénat, lors même qu'il ne feroit pas
Conful : on réfolut que (2) dans toutes
les Provinces où il fe trouveroit il auroit une Autorité Proconfulaire fupé-
rieure à celle de ceu ui les gouver-
noient, avec le privilége de n'êt e point
obligé de s'en demettre, quand il en-
treroit dans *Rome*, ni de la faire renouveller quand il en fortiroit. Deux ans
(3) après, on lui donna pouvoir de
convoquer le Sénat toutes fois & quan-
tes que bon lui fembleroit, fans en excepter

(1) *Jus relationis faciendæ quovis Senatu, qua de re
vellet* &c. C'eſt ainſi que nôtre Auteur exprime le
fens des paroles de DION, qu'il femble n'avoir pas
entenduës, ou n'expliquer pas du moins aſſez clairement : Καὶ χρηματίζειν αὐτῷ περὶ ἑνός ὅτε ἀν [il y a
dans les Editions ὅτε ἀν, ce qui eſt une faute, comme
l'a remarqué CASAUBON] ἐθελήσῃ καθ' ἑκάσην Βε-
λὴν, κἂν μὴ ὑπατεύσῃ, ἔδωκε [ἡ ἐργασία]. Lib. LIII.
pag. 594. B. Le Savant, que je viens de citer, en
même tems qu'il corrige ce paſſage (dans fon Commentaire fur SUE'TONE, *in Vit. Cæſar*. Cap. XX.) remarque très-bien, que l'Hiſtorien ne veut pas dire
qu'il feroit permis à *Auguſte* de propofer dans le Sénat tout ce qu'il voudroit & autant de fois qu'il lui
plairroit : mais feulement de faire dans chaque Séance
une propoſition unique fur quoi que ce fût qu'il trouveroit à propos. Ce ne fut qu'avec le tems, & à mefure
que la puiſſance des Empereurs s'accroiſſoit, qu'on augmenta auſſi leurs priviléges à cet égard. Et de là vint
le *Jus fecundæ relationis, Jus tertiæ, quartæ, quintæ relationis*, que l'on conféra de tems en tems aux Succeſſeurs

cepter les jours auxquels on n'avoit pas accoûtumé de s'assembler. Au bout de deux (4) autres années, on le revêtit de la charge de Censeur pour cinq ans, & de la Puissance Consulaire pour toute sa vie : on ordonna, que, lors même qu'il ne seroit pas Consul, douze Licteurs avec leurs faisceaux de verges marcheroient toûjours devant lui, & qu'il auroit toûjours la Chaise d'yvoire placée au milieu des deux Consuls : on lui donna plein pouvoir de réformer & régler toutes choses à sa fantaisie, & de faire telles Loix qu'il ju-

ge-

cesseurs d'*Auguste.* Voiez, par exemple, J U L I U S C A P I T O L I N, *in Pertinace,* Cap. V. L A M P R I- D I U S, in *Alex. Sever.* Cap. I.

(2) Τὴν τε ἀρχὴν τὴν ἀνθύτατον ἐται κα θάπαξ ἔχειν ὥςε μήτε ἐν τῇ ἐσόδῳ τῇ εἴσω τȢ πωμηρίȢ κατατιθέναι αὐτὴν, μήτ' αȢθις ἀνανεȢς· καὶ ἐν τῷ ὑπηκόῳ τὸ ϰλέον τ ἑκασαχόθι ἀρχόντων ἰσχύειν ἐπέτρεψεν. D I O N, *ubi supra.*

(3) Ce ne fut qu'un an après, sous le Consulat de *M. Claudius Marcellus Æserninus,* & *L. Aruntius,* c'est- à-dire, l'an DCCXXXII. selon l'Ere de *Varron* : car c'est sur cette année que D I O N dit : Ὡςε καὶ τὸ τὴν Βȣλὴν ἀθροίζειν ὁσάκις ἂν ἐθελήσῃ, λαβεῖν· Lib. LIV. pag. 598. A.

(4) Voici encore une méprise de nôtre Auteur sur les dattes : car depuis ce qu'il vient de raconter, jusqu'à ce qui suit, il se passa trois ans : puisque D I O N en parle pag. 60. B. sur l'an DCCXXXV. de l'Ere de *Varron,* sous le Consulat de *C. Sentius,* & *Q. Lucretius.* Il y a apparence que nôtre Auteur, en écrivant ceci, avoit rangé ses Recueils un peu à la hâte.

C   (1) Ce

geroit à propos, qui seroient appellées *Loix Augustes*, & que chacun seroit tenu de jurer. Le Grand Pontife *Marc Emile Lépide* étant venu à mourir dans ce tems-là (1), on lui conféra la dignité du Souverain Pontificat, & l'inspection des cérémonies de tous les Prêtres. C'est pourquoi DION CASSIUS (2) rassemblant tous les titres à la faveur desquels la puissance des Princes Romains s'étoit accruë, dit, Qu'en qualité d'*Empereurs*, ils lévent des Troupes, ils exigent des contributions pour l'entretien des Armées, ils font la Guerre & la Paix, ils ordonnent ce qu'il leur plaît & à *Rome*, & dans les Provinces, ils punissent même de mort dans la Ville les Sénateurs & les Chevaliers; ils font en un mot tout ce que peuvent faire des Souverains : Que, comme *Censeurs*, ils prennent connoissance de la vie & des mœurs de chacun, ils font le dénombrement des Citoiens, ils mettent qui il leur plaît dans

le

(1) Ce ne fut que six ans après, l'an de la fondation de *Rome*, selon l'Ere de *Varron* DCCXLI; comme il paroît par DION, *pag.* 619.

(2) *Lib.* LIII. *pag.* 581, & *seqq.*

(3) Cette partie de l'emploi des *Censeurs*, qui regarde le soin des Impôts & des Ouvrages Publics, n'est
pas

le Sénat & dans l'Ordre des Chevaliers, & en chaſſent auſſi qui bon leur ſemble, ils dépouillent un Citoien de ſes droits, ils baillent à ferme à prix fait tous les Impôts & les Ouvrages publics, & en (3) font rendre compte aux Fermiers & aux Entrepreneurs : Qu'entant qu'initiez à tous les *Sacerdoces*, ils ne reçoivent que ceux qu'ils veulent dans les Colléges des Prêtres, ils réglent les Cérémonies, & les Fêtes, les Sacrifices, tant publics, que particuliers, en un mot tout ce qui ſe rapporte à la Religion : Qu'en vertu de la Puiſſance du Tribunat, ils s'oppoſent à tout ce qui ſe délibére ou qui ſe fait contre leur ſentiment, ils ſont regardez comme des perſonnes ſacrées, & ils peuvent ſans autre forme de procès faire mourir, comme les plus grands criminels du monde, ceux qui ont ſimplement témoigné qu'ils penſoient un peu déſavantageuſement d'eux ou de leurs actions : Que, comme *Péres de la Patrie*

pas marquée dans le paſſage de DION, dont il s'agit : mais nôtre Auteur a eu raiſon de la ſuppléer, comme une choſe certaine par quantité de paſſages d'Auteurs Anciens. Il ſuffit de voir là deſſus JUSTE LIPSE, *De Magiſtratibus Populi Rom.* Cap. XVIII.

(1) Mr.

trie (voici, à mon avis, une abominable interprétation que de lâches Flatteurs ont donnée à un si doux titre,)
ils ont droit de vie & de mort sur les
Citoiens, de même qu'autrefois, parmi les *Romains*; les Péres avoient ce
pouvoir sur leurs Enfans. La maniére,
au reste, dont *Auguste* s'y prit pour
surmonter tous les obstacles des Loix,
& pour être déchargé de l'obligation
de s'y soûmettre, est quelque chose de
curieux, si du moins ce que DION
écrit là-dessus est (1) bien véritable;
dequoi il y a assez de sujet de douter.
L'année de son dixiéme Consulat,
comme il étoit en chemin pour revenir à *Rome*, après avoir subjugué l'*Espagne*, il promit au Peuple un présent
d'environ (a) dix Ecus par tête : mais
il déclara en même tems qu'il ne feroit
point compter la somme, & qu'il ne
donneroit point d'Edit là-dessus, jusqu'à ce que le Sénat eût consenti à
cette gratification. Quelle comédie!
Un

(a) *Cent de-
niers Ro-
mains.*

(1) Mr. NOODT, dans le Discours *sur les Droits de la
Puissance Souveraine*, qui est ci-dessous, a expliqué ce passage de DION d'une maniére à lever toutes les difficultez de
nôtre Auteur : car il y montre parfaitement bien, que le
Sénat ne déchargea pas alors *Auguste* de toutes les Loix,
& ne lui conféra pas une Souveraineté absoluë, mais le
dispen-

Un Prince, qui sans aucun scrupule s'étoit emparé de toute l'Autorité Civile en dépit & du Sénat & du Peuple, & qui gouvernoit toutes les affaires sans trouver la moindre resistance, n'ose pas, tant il est timide & modeste, distribuer aux Citoiens de leur propre bien dix Ecus par tête : il semble craindre qu'on ne l'accuse de piller le Trésor public, & de violer la *Loi Cincienne* ; il faut que le Sénat l'encourage à faire cette libéralité. Làdessus les Flatteurs proposent, pressent, font passer en délibération, de dégager *Auguste* de tous les liens de Droit : le voilà maître absolu de lui-même & des Loix, & pleinement autorisé à faire ou ne pas faire tout ce que bon lui semblera. Dites-moi de bonne foi, ne sont-ce pas-là des prérogatives Roiales, & plus que Roiales ; quoi que, dans le tems même qu'on les accordoit, on évitât avec beaucoup de soin de qualifier *Roiale* cette Ordonnance ?

dispensa seulement de la *Loi Cincienne* ; quoi que l'Historien Grec ait crû le contraire, faute d'entendre le sens des termes Latins dans lesquels étoit conçû l'Arrêt du Sénat, ou peut-être ceux dont s'étoient servis les Historiens Latins qui avoient fourni des Mémoires à DION. *Lib.* LIII. pag. 591. A.

nance ? Le Peuple ne remettoit-il pas
manifeſtement ſon pouvoir & ſa liberté entre les mains du Chef de l'Etat ;
quoi qu'on ne s'expliquât pas là-deſſus
en termes clairs & formels , & que ni
ceux qui faiſoient ce maudit préſent,
ni ceux qui le recevoient, ne vouluſſent
l'avouer ?

C'eſt ainſi que les prémiers Empereurs Romains en agirent. Leurs Succeſſeurs n'y cherchérent pas tant de
façons. A la vérité ils faiſoient auſſi intervenir l'autorité du Sénat : mais ils
n'alloient pas ſi lentement, ils ne paſ-
ſoient pas par tant de degrez , ils ne
prenoient pas tant de détours, ils n'u-
ſoient pas de tant d'artifices. Ce que
Jules Céſar & *Auguſte* avoient attiré à
eux

(1) Ils laiſſoient même , pour ſauver les appparen-
ces , quelque intervalle entre l'inveſtiture de chaque
Titre. C'eſt ce qui paroît par une reflexion que fait
Capitolin au ſujet de *Pertinax*, qui avoit été revêtu , le même jour qu'il fut déclaré Empereur , du
titre de *Pére de la Patrie*, de l'Autorité Proconſulaire,
& du droit de faire juſqu'à quatre propoſitions différentes dans chaque Aſſemblée du Sénat ; ce fut pour
lui , dit l'Hiſtorien , un préſage ſiniſtre qu'il ne regne-
roit pas long tems : *quod ominis loco fuit* Pertina-
ci. *Cap.* V. Lampridius s'étend à faire voir les
raiſons pourquoi *Alexandre Sévére* fut orné d'abord
de tous les titres & de toutes les Dignitez que l'on
ne conferoit aux Empereurs que ſéparement & à diverſes repriſes. *Hac igitur cauſſa feſtinatum eſt , ut omnia*
ſi-

eux infenfiblement & à diverfes repri-
fes, tantôt par la crainte de leur puiffance, tantôt fous prétexte de leurs
fervices, felon que les occafions fe pré-
fentoient; les autres s'en faifirent info-
lemment & le prirent tout à la fois
par un feul Arrêt du Sénat, dès l'entrée de leur régne (1). Quelques-uns
feulement refufoient certains titres ou
abfolument, ou pour un tems; comme par exemple, *Tibére* ne voulut jamais celui de *Pére de la Patrie*, (2) ne
fe fentant pas en état de foûtenir di-
gnement ce nom, dont plufieurs fe
paffèrent fans peine pendant quelque
tems, ou à caufe de leur âge peu avancé, comme (3) *Caligula* & (4) *Néron*;
ou dans l'efpérance de le mériter par
quel-

fimul Alexander, *tanquam vetus jam Imperator acciperet.*
Cap. II.

(2) Voiez SUÉTONE, dans fa Vie, *Cap.* LXVII.
TACITE, Annal. *Lib.* I. *Cap.* LXXII.

(3) DION ne dit pas que ce fut à caufe de fon âge
que *Caligula* ne voulut pas d'abord prendre ce titre;
& il dit au contraire qu'il ne tarda pas long-tems à
s'en parer. Πλὴν ρ' τ τῦ πατρὸς ὁπικλήσιας, ἐδὲν ἀλ-
λο ἀνεβάλετο· χαὶ ἐκείνην δὲ ἐκ ἐς μακρὰν ωροσεκτήσα-
το. Lib. LIX. *pag.* 736. B.

(4) *Tantùm* PATRIS PATRIÆ *nomine recufato, propter ætatem.* SUETONIUS, Vit. Neron. *Cap.* VIII.
L'Empereur *Hadrien* renvoia de prendre ce même titre, lors qu'on le lui offroit pour la feconde fois;
fous prétexte qu'*Augufte* ne l'avoit eu que fort tard.

C 4 PA-

quelque belle action. *Tibére* (1) &
Claude rejettérent le prénom d'*Empe-*
reur. Vitellius différa (2) de prendre le
furnom d'*Augufte* ; & il refufa toûjours
celui de *Céfar.* Mais pour ce qui eft
des droits & de la puiffance attachée
à ces titres, ils s'en emparoient d'a-
bord avec beaucoup d'avidité ; & lors
même qu'ils en refufoient quelques-
uns, ou qu'ils ne vouloient pas les
prendre fi tôt, ils étoient ravis qu'on
les leur offrît. Vous pouvez vous fouvenir de ce que j'ai rapporté ci-deffus
au fujet de *Tibére.* DION CASSIUS
(3) dit formellement, qu'*on lui décer-*
na, avec les autres noms, celui d'Em-
pereur : & nous avons expliqué ce
qu'emportoient de tels titres. Le même Auteur parle encore plus nettement
de *Caligula :* il dit (4) qu'en *un feul jour*
il

PATRIS PATRIÆ *nomen fibi delatum, ftatim & iterum*
poftea, diftulit ; quòd hoc nomen Auguftus *fero meruiffet.*
SPARTIAN. Cap. VI. Voiez pourtant là-deffus la
Note de CASAUBON. L'Empereur MARC ANTO-
NIN, *le Philofophe,* ne voulut pas être appellé *Pére de*
la Patrie, tant que fon Fré re fut abfent. CAPITO-
LIN. Cap. IX.

(1) Voiez SUETONE, *Vit. Tiber.* Cap. XXVI. *Vit.*
Claud. Cap. XII.

(2) SUETONE, Cap. VIII.

(3) Ψηφισθὴ γδ' αὐτῶ ϗꭹ τῦτο (Αὐτοκρέτωρ) μ τ
ἄλλων ὀρομάτων, ἐκ ἰδίξατο. Lib. LVII. pag. 690. E.

(4) "Ω-

il se saisit de tous les titres dont on s'étoit avisé peu-à-peu pour honorer AUGUSTE, & qui ne lui avoient été conférez que les uns après les autres, pendant un aussi long regne. Il nous apprend aussi, à l'égard de *Claude*, (5) que les Consuls se voiant contraints d'entrer dans le sentiment des Soldats, qui l'avoient élû Empereur, lui firent décerner les honneurs & les droits qu'on avoit accoûtumé de donner aux Chefs de l'Etat. TACITE dit, en parlant du commencement du régne de *Néron*, (6) que l'avis des Soldats fut suivi des délibérations du Sénat : & SUETONE, (7) qu'étant allé dans le Sénat, après s'être fait reconnoître par les Soldats, il accepta tous les honneurs les plus relevez dont on le combloit, à la reserve du titre de PERE DE LA PATRIE, qu'il refusa à cause de

sa

---

(4) Ὥστε πάντα ὅσα ὁ Αὔγυστος ἐν τοσούτῳ τ ἀρχῆς χρόνῳ μόλις καὶ κατ᾽ ἓν ἕκαστον ψηφισθέντα οἱ ἐδίξατο..... ἐν μία ἡμέρα λαβεῖν. Lib. LIX. pag. 736. A. B.

(5) Τότε δὴ καὶ αὐτοὶ ὡμολόγησαν, καὶ τὰ λοιπὰ ὅσα ἐς τὴν αὐταρχίαν ἥκοντα ἦν αὐτῷ ἐψηφίσαντο. Lib. LX. pag. 764. A.

(6) *Sententiam Militum secuta Patrum consulta.* Annal. Lib. XII. Cap. LXIX. num. 4.

(7) *Et inde raptim adpellatu Militibus in Curiam delatus est.... ex immensis, quibus cumulabatur, honoribus, tantum PATRIS PATRIÆ nomine recusato, propter ætatem.* Cap. VIII.

C 5   (1) Dans

fa jeuneffe. DION témoigne (1) qu'on
se hâta de conferer à *Galba* tout ce en
quoi le Chef de l'Etat avoit de la pré-
éminence : & PLUTARQUE (2) nous
apprend, *que* Titus Vinnius *arriva de*
Rome *en* Espagne, *avec quelques au-*
tres, plûtôt qu'on ne les attendoit, pour
rapporter les délibérations du Sénat. TA-
CITE dit au sujet d'*Othon*, (3) *que les*
Sénateurs accoururent, qu'ils lui décer-
nérent la Puiffance du Tribunat, le nom
d'Augufte, *& tous les honneurs des*
Chefs de l'Etat : Et au sujet de *Vitel-*
lius, (4) *qu'on lui déféra d'abord tout ce*
qu'on avoit imaginé en faveur de fes Pré-
déceffeurs, pendant leurs longs régnes :
Et enfin au sujet du vainqueur de *Vi-*
tellius, (5) que *le Sénat décerna à Vef-*
pasien *tout ce qu'on avoit accoûtumé de*
conferer aux Chefs de l'Etat. Cela paroît merveilleusement bien, à l'égard
du dernier Empereur par une Table
de

---

(1) Dans l'Abrégé de XIPHILIN : Καὶ τῷ Γάλβα
τὰ τῇ αὐτοκράτορι ἀρχῇ προσήκοντα ἐψηφίσαντο. In fine Vitæ Neron. pag. 198. A. Edit. H. Steph.
(2) Καὶ τοι τὸ τάχος ἦν ἄπισον· ἀλλὰ καὶ δυσὶ ἡμέ-
ραις ὁ Βιννιος Τίτος πολλὰ τ. ἀπὸ ςρατοπέδα μεθ' ἑτέ-
ρων ἀφίκιτο τὰ δόξαντα τῇ Συγκλήτῳ καθ' ἕκασον ἀπαγ-
γίλλαι. Vit. Galbæ, Tom. I. pag. 1056. A. Ed. Wech.
(3) *Accurrunt Patres : decernitur Othoni Tribunitia*
Poteftas, & nomen Augufti*, & omnes Principum honores.*
Hiftor.

de cuivre trouvée dans l'endroit où é-
toit autrefois le Capitole ; reste précieux de l'Antiquité , que l'on ne sauroit assez estimer , puis que , c'est un
original de la manière dont on prenoit
l'investiture d'une si haute Dignité, &
le seul monument qui soit parvenu jusqu'à nous des délibérations d'une Assemblée où l'on élisoit celui qui étoit
élevé à l'Empire de l'Univers. La longueur du tems & la barbarie des siécles passez nous a même enlevé le
commencement de ce qui étoit écrit
sur cette Table : mais il en reste assez
pour nous fournir ici de grandes lumiéres, & vous me permettrez bien de
vous le reciter ; je ne pourrois m'en
dispenser , sans trahir en quelque façon
ma cause. Le voici.

(6) *Qu'il lui soit permis [à*
Vespasien] de faire alliance avec
qui

Histor. Lib. I. Cap. XLVII.
(4) *In Senatu , cuncta longis aliorum principatibus com-*
posita , statim decernuntur. Histor. Lib. II. Cap. LV.
num. 3.
(5) *At Romæ Senatus cuncta Principibus solita* Vespasiano *decernit.* Histor. Lib. IV. Cap. III. *num.* 5.
(6) *Fædusve. cum. quibus. volet. facere. liceat. ita. u-*
ti. licuit. D. Augusto. Ti. Julio. Cæsari. Aug. Tiberio-
que. Claudio. Cæsari. Aug. Germanico.

qui il voudra , comme il a été
permis à Auguste ; à Tibére (1),
& à Claude.

Qu'il lui soit permis de convoquer le Sénat , d'y proposer
ce qu'il voudra , de le conge-
dier , & de faire des Ordonnances du Sénat en proposant
les affaires & demandant les
suf-

Utique, ei. Senatum. habere. relationem. facere. remitte-
re. Senatusconsulta. per. relationem. discessionemque. facere. liceat. ita. uti. licuit. D. Augusto. Tique. Julio.
Cas. Aug. Ti. Claudio. Cas. Aug. Germanico.
Utique. cum. ex. voluntate. auctoritateve. jussu. mandatuve. ejus. præsenteve. eo. Senatus. habebitur. omnium.
rerum. jus. perinde. habeatur. servetur. ac. si. e. lege. senatus. edictus. esset. habereturque.
Utique. quos. magistratum. potestatem. imperium. cura-
tionemve. cujus. rei. petentes. Senatui. populoque. Rom.
commendaverit. quibusque. suffragationem. suam. dederit.
promiserit. eorum. comitiis. quibusque. extra. ordinem. ratio. habeatur.
Utique. ei. fines. pomærii. promovere. cum. ex. republica. censebit. esse. liceat. ita. uti. licuit. Ti. Claud. Cas.
Aug. Germanico.
Utique. quæcunque. ex. usu. Reipublica. majestate. di-
vinarum. humanarum. publicarum. privatarumque. rerum.
esse. censebit. ei. agere. facere. jus. potestasque. sit. ita. u-
ti. D. Augusto. Tique. Julio. Cas. Aug. Tique. Claudio.
Cas. Aug. Germanico. suit.
Utique. quibus. legibus. plebeivescitis. scriptum. fuit. ne.
D. Augustus. Tive. Jul. Cas. Aug. Tique. Claudius.
Cas. Aug. Germanicus. tenerentur. iis. legibus. plebisque.
scitis. Imp. Cæsar Vespasianus. Aug. solutus. sit. quaque.
ex. quaque. lege. rogatione. D. Augustum. Tive. Julium.
Cas. Aug. Tive. Claudium. Cas. Aug. Germanicum. facere.

suffrages, comme il a été permis à Auguste, à Tibére, & à Claude.

Que lors que le Sénat se tiendra à sa volonté & par son ordre, & en sa présence, tout ce qui s'y passera ait la même force & soit observé comme si le Sénat avoit été con-

eere. oportuit. ea. omnia. Imp. Caf. Vespasiano. Aug. facere. liceat.

Utique. quacumque. ante. banc. legem. rogatam. gesta. decreta. imperata. ab. Imp. Caf. Vespasiano. Aug. jussu. mandatuve. ejus. a. quoque. facta. sunt. ea. perinde. justa. rataque. sint. ac. si. populi. plebisve. jussu. acta. essent.

S A N C T I O.

Si. quis. hujusce. legis. ergo. adversus. leges. rogationes. plebisuscita. senatusveconsulta. fecit. fecerit. sive. quod. eum. ex. lege. rogationeve. plebisuscito. Senatusveconsulto. facere. oportebit. non. fecerit. hujus. legis. ergo. id. ei. ne. fraudi. esto. neve. quid. ob. eam. rem. populo. dare. debeto. neve. cui. de. ea. re. actio. neve. judicatio. esto. neve. ea. de. re. apud. se. agi. finito.

(1) Cet Empereur est appellé ici *Tiberius Julius Cæsar,* parce qu'aiant été adopté par *Auguste,* il avoit hérité de lui par droit d'adoption, selon la coûtume de ces tems-là, les noms de *Julius Cæsar,* qu'*Auguste* lui-même avoit hérité en vertu du même droit, de son Prédécesseur. Voiez GERHARD COCCEIUS, dans son Commentaire sur DIGEST. Lib. I. Tit. IV. *De Constitutionibus Principum,* Leg. I. *princip.* p. 526, 528, & *seqq.* & THEODORE RYCKIUS, sur le *Breviarium* du I. Livre des *Annales* de TACITE.

C 7 (1) On

convoqué & se tenoit selon les loix.

Que quand il aura recommandé au Sénat & au Peuple Romain quelques-uns de ceux qui demandent une Charge, une Dignité, un Commandement, l'administration de quelque chose que ce soit, ou qu'il leur aura donné ou promis son suffrage; on y ait égard extraordinairement dans toutes les Assemblées.

Qu'il lui soit permis d'étendre les bornes de l'enceinte de la Ville aussi loin qu'il le trouvera à propos pour le bien de la République, comme il a été permis à Claude.

Qu'il ait le pouvoir & l'autorité de faire tout ce qu'il jugera avantageux à la République, & convenable à la majesté des choses divines & humaines, publiques & particulières,

res , comme l'ont eu Auguste, Tibére , & Claude.

Que l'Empereur Vespasien soit exemt de se conformer aux Loix & aux Ordonnances du Peuple , dont il a été ordonné qu'Auguste , Tibére , & Claude, seroient dispensez : & qu'il soit permis à Vespasien de faire tout ce qu'Auguste , Tibére, & Claude ont pû faire en vertu de quelque Loi.

Que tout ce qui aura été fait , exécuté, ordonné, commandé par Vespasien , & tout ce que quelcun aura fait par son ordre , avant l'établissement de la présente Loi, soit censé duement & légitimement fait, tout de même que si cela avoit été fait par ordre du Peuple.

SANCTION.

Si quelcun , pour satisfaire

à

à cette Loi , a fait ou fera dé-
formais quelque chose contre les
Loix, les Ordonnances du Peu-
.ple, ou les Arrêts du Sénat ,
ou ne fait pas au contraire quel-
que chose à quoi il étoit tenu
en vertu d'une Loi , d'une Or-
donnance du Peuple , ou d'un
Arrêt du Sénat ; que cela ne
lui porte aucun préjudice, qu'il
ne soit obligé de donner rien au
Peuple à cause de cela , que
personne n'ait action contre lui,
que personne n'en prenne con-
noissance , & ne souffre qu'on
le cite pour ce sujet devant
lui.

Voilà ce que porte le fragment de
l'Inscription. Cette piéce originale renferme très-clairement la concession d'un
Pouvoir plus que civil, & plus grand
même que celui des Dictateurs ; en
sorte qu'il faut être aveugle pour ne
pas l'appercevoir. Aussi a-t-elle fait la
ma-

(1) On trouvera les raisons pourquoi ils ont soupçonné de fausseté cette Inscription , & la réfutation
de

matiére principale des difputes entre
les Savans fur ce fujet. Les uns la re-
jettent (1) entiérement, comme un
monument fuppofé : mais c'eft cou-
per le nœud, que l'on ne peut délier,
ou plûtôt c'eft montrer que l'on eft
peu habile en ce qui regarde la connoiffance des anciennes Infcriptions.
Les autres prétendent, que la *Loi*
Roiale eft née avec l'Empire de *Vef-*
pafien, ou que, quelle que foit d'ailleurs fa prémiére origine, on la propofa de nouveau & on la confirma en
faveur de *Vefpafien*, à caufe de la baf-
feffe de fon extraction : mais c'eft ce
qui s'appelle deviner. Pour moi, je
fuis perfuadé que, depuis *Tibére* jufqu'à *Romulus Auguftule*, le dernier des
Empereurs d'*Orient*, on jouoit une
femblable Comédie toutes les fois que
le Gouvernement changeoit de main,
& qu'à l'avénement de chaque Empereur on repetoit la même Ordonnance
du Sénat, & dans les mêmes termes,
en y ajoûtant peut-être quelque petite
chofe. En voici des exemples, outre
ceux que nous avons déja alleguez.

CA-

de ces raifons, dans le Commentaire, que j'ai déja
cité, de GERHARD COCCEIUS, pag. 523. & feqq.
(1) *Alii*

CAPITOLIN dit, que *Marc An-*
tonin & *Lucius Vérus,* (1) *après que tout*
ce qui devoit se faire dans le Sénat fut
achevé, c'eſt-à-dire, les Arrêts, que
le Sénat avoit accoûtumé de donner,
s'en allérent enſemble au Camp de la
Garde Prétorienne. Lorſqu'*Antonin le*
Pieux (2) eût été adopté par *Hadrien,*
il le remercia en plein Sénat des bons
ſentimens qu'il avoit témoignez en ſa fa-
veur : il fut en même tems établi Colle-
gue de ſon Pére adoptif dans la Puiſſan-
ce Conſulaire, & *dans celle du Tribu-*
nat. Comment cela? ſi ce n'eſt de la
même maniére que tout ce qui paſſoit
en déliberation dans cette auguſte Aſſemblée, dans ce Conſeil le plus relevé de l'Univers, je veux dire, par un
Arrêt du Sénat? *Après* la mort d'*An-*
tonin le Pieux, Marc Antonin (3) par-
tagea

(1) *Aliis igitur quæ agenda fuerant in Senatu, pariter*
caſtra prætoria petiverunt. Vit. M. Anton. Philoſoph.
Cap. VII.
(2) *Adoptatus eſt quinto Kalend. Martias die, in Sena-*
tu gratias agens quod de ſe ita ſenſiſſet Hadrianus: *factuſ-*
que eſt Patri & *in imperio Conſulari,* & *in Tribunitia po-*
teſtate, Collega. CAPITOLIN. Vit. Anton. Pii,
Cap. IV.
(3) *Defuncto* PIO, Marcus *in eum omnia contulit, par-*
ticipatu etiam Imperatoria poteſtatis indulto : ſibique conſor-
tem fecit, quum illi ſoli Senatus detuliſſet Imperium. Dato
igitur Imperio, & *indulta Tribunitia Poteſtate, Proconſula-*
tûs

tagea avec *Vérus* toutes ses Dignitez, sans en excepter celle d'*Empereur*, & il l'*associa à l'Empire*, *quoi que le Sénat ne l'eût déféré qu'à lui seul. Lui aiant donc communiqué l'Empire*, & *la Puissance du Tribunat*, *comme aussi l'Autorité Proconsulaire*, *il voulut qu'on l'appellât* VÉRUS. Pertinax, le même jour qu'il fut déclaré Empereur, (4) reçût le nom de PÈRE DE LA PATRIE; & *en même tems l'Autorité Proconsulaire*, & *le droit de faire jusqu'à quatre propositions différentes dans chaque Assemblée du Sénat*. SPARTIEN nous apprend, que (5) *Didius Julien* fut déclaré Empereur *par un Arrêt du Sénat*, *qui l'aiant érigé en homme de Famille Patricienne*, *lui donna la Puissance du Tribunat*, & *l'Autorité Proconsulaire*. Le même Empereur,

---

tûs etiam honore delato, Verum *vocari præcepit*. Idem, Vit. Veri, *Cap.* III. IV.

(4) CAPITOLIN dit, que ce fut le prémier des Empereurs Romains qui reçut ainsi tout à la fois ces droits & ces titres. *Primus sane omnium*, *ea die qua* Augustus *est adpellatus*, *etiam* PATRIS PATRIÆ *nomen recepit : nec non simul etiam Imperium Proconsulare, nec non jus quarta relationis*. Cap. V.

(5) *Factoque SC. Imperator est adpellatus*, & *Tribunitiam Potestatem, jus Proconsulare, in Patriciis Familias relatus, emeruit*. SPARTIAN. in Did. Julian. *Cap.* III.

(I) Q 2 *rui*

reur, voulant aſſocier *Sévére* à l'Empire (1) *pria le Sénat de faire là-deſſus
une Ordonnance.* Lors qu'on eut appris
que *Caracalla* avoit été tué, (2) *le
Sénat flêtrit ſa mémoire, & le traita de
Tyran. Auſſi-tôt après on déféra à Macrinus l'Autorité Proconſulaire, & la
Puiſſance du Tribunat.* Après qu'*Hélio-
gabale* eût été tué, *Alexandre Sévére*
(3) *reçût le nom d'Auguſte: & de plus
il prit en un ſeul jour le titre de PE'RE
DE LA PATRIE, l'Autorité Proconſulaire, la Puiſſance du Tribunat, & le
droit de faire juſqu'à cinq propoſitions
dans chaque Aſſemblée du Sénat: tous
honneurs qui lui furent déférez par le Sénat.* CAPITOLIN rapporte, comme
une

(1) *Qvare meliore conſilio ad Senatum venit, petiitque
ut fieret Senatuſconſultum de participatione Imperii.* Idem,
Cap. VI.
(2) *Sed poſteaquam conſtitit occiſum* [Caracallam,]
*Senatus in eum, velut in tyrannum, invectus eſt. Denique
ſtatim* Macrino *& Proconſulare imperium, & Poteſtatem
Tribunitiam detulerunt.* CAPITOLIN. Cap. VII.
(3) *Auguſtumque nomen idem* [Alexander Severus] *recepit: addito eo, ut & PATRIS PATRIÆ nomen, &
jus Proconſulare, & Tribunitiam Poteſtatem, & jus quintæ
relationis, deferente Senatu, uno die adſumeret.* LAM-
PRIDIUS, Cap. I.
(4) *Intereſt ut Senatuſconſultum, quo* Gordiani *Impe-
ratores adpellati ſunt.... literis propagetur.* In Gordia-
nis, Cap. XI.
(5) *Decretis ergo omnibus Imperatoriis honoribus atque in-
ſigni-*

une chose digne d'être transmise à la Postérité, (3) *l'Arrêt du Sénat*, (4) *par lequel* LES GORDIENS *furent déclarez Empereurs.* On décerna à *Maxime* & à *Balbin*, (5) dès l'entrée de leur régne, *tous les titres & tous les honneurs des Empereurs: ils furent revêtus dès-lors de la Puissance du Tribunat, de l'Autorité Proconsulaire, du Grand Pontificat, & du nom de Pére de la Patrie.* HÉRODIEN (6) dit à peu près la même chose au sujet de ces Empereurs. VOPISQUE témoigne (7) que *Tacite* fut fait Empereur *par un Arrêt du Sénat,* (8) *auquel Tacite lui-même souscrivit de sa propre main, & qui se trouvoit encore* du tems de cet Historien

---

signibus, percepta Tribunitia Potestate, jure Proconsulari, Pontificatu maximo, Patris etiam Patriæ nomine, meruerunt imperium. CAPITOLIN. Cap. VIII.

(6) Voiez, au sujet de *Pertinax*, ce que dit cet Historien, *Lib.* II. *Cap.* III. *num.* 10. *Edit. Bæcler. Argentor.*. Au sujet d'*Alexandre Sivère*, Lib. II. Cap. XII. *num.* 9, 10. Au sujet de *Macrinus*, Lib. V. Cap. II. *num.* 1. Au sujet des *Gordiens*, Lib. VII. Cap. VII. *num.* 4. Au sujet de *Maxime* & de *Balbin*, Lib. VII. Cap. X. *num.* 7, 8.

(7) *Ex Senatusconsulto, quod in Taciti vita dicemus,* Tacitus *factus est Imperator.* VOPISC. *in Aurelian.* Cap. XLI.

(8) *Ac ne quis me Græcorum alicui vel Latinorum existimet temerè credidisse: habet Bibliotheca* Ulpia, *in Armario sexto, librum Elephantinum, in quo hæc S. C. perscriptum*

rien *dans la* Bibliothéque (1) Ulpienne, *écrit sur un Livre, dont les feuilles étoient* (2) *d'yvoire ; car* , ajoûte-t-il, *on a écrit pendant long-tems sur de tels Livres les Arrêts du Sénat qui concernoient les Empereurs.* Le même Auteur nous a conservé le discours que fit dans le Sénat, au sujet de *Probus* , le Sénateur *Manlius Statianus,* qui étoit alors le prémier à opiner : & voici comment il finit : (3) *Je lui décerne,* MESSIEURS, *selon les vœux de tout le monde , le nom de* César , *& celui d'Auguste ; j'y joins l'Autorité Proconsulaire , le titre respectable de* PERE DE LA PATRIE, *le Grand Pontificat , le droit de faire jusqu'à trois propositions dans chaque Assemblée du Sénat, & la Puissance du Tribunat.* Là-dessus on s'écria unanimement , Nous le voulons tous. *Et il en fut fait un Arrêt du Sénat.*

N'ai-

scriptum est : *cui* Tacitus *ipse manu sua subscripsit. Nam diu hæc S. C. quæ ad Principes pertinebant , in libris elephantinis scribebantur.* Idem, *in Tacit.* Cap. VIII.

(1) C'étoit la Bibliothéque de *Trajan,* ainsi appellée du nom de la Famille de cet Empereur. Voïez JUSTE LIPSE, *Syntagm. de Bibliothecis* , Cap. VII.

(2) Voïez là-dessus le Commentaire de SAUMAISE ; & le Traité de LIPSE , que je viens de citer, *Cap.* IX.

(3) Pe-

N'ai-je donc pas raison, MES-
SIEURS, de conclurre hardiment,
que ce que l'Hiſtoire nous montre tant
de fois pratiqué au commencement du
régne des Empereurs, l'a toûjours été
dans la cérémonie de leur inaugura-
tion? & que, ſi on ne trouve rien là-
deſſus à l'égard de quelques-uns, ce
ſilence ne prouve point qu'ils n'aient
pas été élevez de la même maniére au
Gouvernement de l'Empire Romain,
mais ſeulement qu'on a omis cette circonſtance, comme une choſe trop
connuë? Il y a certainement tout lieu
de croire, que l'Arrêt du Sénat, dont
il s'agit, fait, pour ainſi dire, de piéces rapportées, & compoſé de tant de
morceaux de la Pourpre des *Céſars*,
que l'on avoit peu-à-peu couſus enſemble; devint avec le tems une for-
malité ordinaire, que l'on renouvel-
loit, avec quelques petits changemens,

à

---

(3) *Poſt hæc* Manlius Statianus, *qui prima ſententia
tunc erat : .... Decerno igitur,* PATRES CONSCRIP-
TI, *votis omnium concinentibus, nomen* Cæſareum, *nomen*
Auguſtum; *addo Proconſulare jmperium,* PATRIS PA-
TRIÆ *reverentiam, Pontificatum maximum, jus tertiæ
relationis, Tribunitiam Poteſtatem. Poſt hæc adclamatum
eſt,* Omnes, omnes. *Accepto igitur hoc S. C. &c.* VO-
PISCUS, *in Probo,* Cap. XII. XIII.

(1) C'eſt

à l'inſtallation de chaque nouvel Empereur. A la fin, le nom de *Roi* aiant
ceſſé d'être odieux parmi les *Romains*,
en ſorte qu'on ne regardoit plus comme une choſe abominable, ni même
honteuſe, d'être ſoûmis à une Domination Monarchique, & que l'on pouvoit, ſans choquer perſonne, appeller
Rois les Empereurs, & qualifier *Roial*
tout ce qui avoit du rapport à eux:
les Juriſconſultes, toûjours fort ſubtils
& fort ingenieux à inventer les inſtru-
mens de leur Art, à cauſe dequoi auſſi
leurs Envieux les traitoient (1) de *ſif-*
fleurs de formules, & d'*éplucheurs poin-*
tilleux de ſyllabes ; les Juriſconſultes,
dis-

(1) C'eſt ce que l'on trouve dans CICERON : *Ita*
& tibi Juriſconſultus ipſe per ſe nihil niſi Leguleius quidam
cautus & acutus, præco actionum, CANTOR FORMU-
LARUM, AUCEPS SYLLABARUM. De Oratore,
Lib. I. *Cap.* LV. Et on n'avoit pas tout-à-fait tort de
reprocher aux anciens Juriſconſultes leurs pointille-
ries ſuperſtitieuſes & leurs vaines ſubtilitez, comme il
ſeroit aiſé de le montrer, s'il s'agiſſoit ici de cela.

(2) Voiez là-deſſus une grande Note de CASAU-
BON, ſur SPARTIEN, *in Hadrian.* Cap. XI.

(3) —— *Longamque tibi,* REX MAGNE, *juventam*
Annuit, atque ſuos promiſit Juppiter *annos.*
SILVAR. *Lib.* IV. *Carm.* I. *verſ.* 46.
Je m'étonne que nôtre Auteur ne cite point ici TA-
CITE, qui vivoit à peu près dans le même tems, & qui
lui a donné occaſion de traiter la matiére. Cet Hiſto-
rien appelle la Maiſon d'*Auguſte*, DOMUS REGNA-
TRIX, *Annal.* Lib. I. Cap. IV. *num.* 4. & la Cour.
des

dis-je , appellérent alors *Loi Roiale* , l'Arrêt du Sénat par lequel les Empereurs étoient revêtus de l'Autorité Suprême.

Je croirois aisément que ce furent les (2) *Grecs* qui commencérent à regarder les *Empereurs* comme des *Rois* , & que les *Latins* s'y accoûtumérent ensuite, à leur exemple. Entre ceux-ci , le Poëte S T A C E est le prémier qui l'ait fait , dans un Poëme composé en l'honneur de *Domitien*, à l'occasion de son dix-septiéme Consulat ; car il lui donne là le titre de (3) *Grand Roi*. On voit ensuite qu'*Hadrien* consultant un jour le Sort (4) dans quelques

---

des Empereurs R E G I A , Lib. XI. Cap. XXIX. *num.* 2. XIV; 13. *num.* I. Il se sert aussi du mot de R E G N U M , en parlant de la dignité & de la puissance des Empereurs, *Annal.* Lib. XII. Cap. LXVI. *num.* 3. & Lib. XIII. Cap. XIV. *num.* I.

(4) C'étoit une des maniéres dont on se servoit pour connoître l'avenir. On choisissoit par ci par là des vers de quelque Poëte célébre , qui contenoient des sens approchans de ce que l'on souhaittoit de savoir ; & on les mettoit dans des billets différens, que l'on tiroit ensuite au sort. Cette superstition passa même aux *Chrétiens*, & se conserva parmi eux assez long tems. Voiez C A S A U B O N sur le passage de S P A R T I E N , d'où ceci est tiré: comme aussi G A T A K E R , dans son Traité Anglois *de la nature & de l'assiege du Sort* , Chap. X. §. 10. & les *Réflexions* de Mr. L E C L E R C *sur le Bonheur & le Malheur* &c. Chap. IX. pag. 113, *& suiv.*

ques passages de VIRGILE, (1) trouva des vers de l'*Enéide*, qui signifient:
Voilà les cheveux & la barbe grise d'un
Roi Romain. Un autre (2) Empereur
usant du même genre de divination,
apprit par là, que *ses Petits-fils & leurs*
Descendans régneroient après lui. Et les
Astrologues avoient prédit, que *Julie*,
Femme de l'Empereur *Sévére*, (3) seroit *un jour mariée à un Roi.* De ces
prétendus Oracles on inféra que c'é-
toit avec l'approbation même des Dieux
que les Empereurs pouvoient être ho-
norez du titre de *Roi.* LAMPRIDIUS
(4) parlant des différens caractéres des
Em-

(1) *Quo quidem tempore, quum solicitus de Imperatoris*
ejus se judicio, Virgilianas sortes consuleret,
  Quis procul ille autem ramis insignis olivæ
Sacra ferens? nosco crines incanaque menta
REGIS ROMANI. . . . .
Sors excidit &c. SPARTIAN. *Hadri n.* Cap. II. Ces
vers font du VI. Livre de l'*Enéide*, verf. 808, *& seqq.*
  (2) *Flavius Claudius le Gothique*, qui vouloit favoir
combien de tems il seroit Empereur : *Nam quum con-*
suleret, factus Imperator, quamdiu imperaturus esset, sors
talis emersit :
  Tu qui nunc patrias gubernas oras
  REGNABUNT etenim tui minores,
  Et REGES facient suos minores.
TREBELL. POLLIO, *in Divo Claudio,* Cap. X.
  (3) *Et quum audisset esse in Sytia quamdam, quæ id ge-*
nituræ haberet, UT REGI JUNGERETUR, *eamdem*
uxorem petiit, Juliam *scilicet.* SPARTIAN. *in Vit. Se-*
ver. Cap. III.
  (4) *Nam & minus boni* REGES *fuerunt, & pessimi.*
  LAM-

Empereurs, a dit, qu'il y en a eu qui ont
été de méchans Rois, & d'autres très-
méchans. Un Poëte Anonyme de ces
tems-là, appelle Sévére (5) nôtre Roi.
Un des Trente Tyrans fut élevé à l'Empire par les Soldats (6) à cause d'un de
ses noms, qui étoit dérivé de celui de
Roi. Il s'appelloit Q. Nonius REGIL-
LIANUS. Donc, disoient les uns, il
peut être Roi. Dieu t'a donné le nom de
Roi, disoient les autres. AMMIEN
MARCELLIN n'a pas fait difficulté
(7) de qualifier Reine l'Impératrice Éu-
sebe, femme de l'Empereur Constance. SPARTIEN appelle le Palais de
l'Em-

LAMPRIDIUS, in Heliogabalo, Cap. XXXIV.
(5) Poëta vero temporum Alexandri, hæc in eum dixit:
Pulchrum quod vides esse NOSTRUM REGEM,
&c. Idem in Alex. Sever. Cap. XXXVIII.
(6) Nam quum Milites quidam cum eo cœnarent, exstitit
Vicarius Tribuni, qui diceret: REGILLIANI nomen unde credimus dictum? Alius continuo: Credimus, quod à
regno. Tum is, qui aderat Scholasticus, cœpit qsasi gram-
maticaliter declinare, & dicere: Rex, regis, regi, Re-
gillianus. Milites, ut est hominum genus pronum ad ea quæ
cogitant: Ergo potest REX esse. Item alius: Ergo potest nos regere. Item alius: Deus tibi REGIS nomen
imposuit. Quid multa? His dictis quum alia die mane pro-
cessisset, à principiis Imperator est salutatus. TREBELL.
POLL. in Triginta Tyrann. Cap. X.
(7) Inter hæc Helenæ Sorori Constantii, Juliani Con-
jugi Cæsaris, Romam adsectionis specie ductæ REGINA
tunc insidiabatur Eusebia &c. Lib. XVI. Cap. X. pag.
146, 147. Ed. Vales. Gronov.

D 2   (1) Re-

l'Empereur, (1) le *Palais Roial* ; LAM-
PRIDIUS & TREBELLIUS POL-
LION (2), la *Maison Roiale.* Il y a-
voit dans la Chambre de l'Empereur
une (3) Statuë d'or, repréſentant la
Fortune, que l'on regardoit comme
un ſymbole & un gage du bonheur
des Princes régnans, & qu'*Antonin le
Pieux*, (4) étant ſur le point de mourir, fit tranſporter dans la Chambre
de *Marc Antonin*, le Philoſophe,
comme devant être ſon Succeſſeur :
SPAR-

(1) *Regia.* L'Auteur cite ici la Vie que cet Hiſtorien
a faite d'*Ælius Verus.* Mais dans toute cette Vie il n'y
a qu'un ſeul endroit où l'on trouve le mot de *Regia*,
qui ſignifie là autre choſe : *Sepultuſque eſt* [Ælius Ve-
rus] *imperatorio funere: neque quidquam de* REGIA, *niſi
mortem, habuit,* DIGNITATE (ou, comme porte un
MS. de la Bibliothéque Palatine, *niſi mortis habuit di-
gnitatem.*) Cap. VI. C'eſt-à-dire : " Tout ce qu'il eut
„ de l'éclat de la Roiauté, ce fut la ſépulture. Ainſi
il s'agit-là de la *Dignité Roiale*, & non pas du *Palais
Roial;* comme l'a cru nôtre Auteur. Ce paſſage peut
néaumoins ſervir à ſon but par un autre endroit; puis
que la dignité d'Empereur y eſt qualifiée *Roiale.*
(2) *Et ſic eſt vellatus intra* DOMUM REGIAM.
LAMPRIDIUS, Heliogab. Cap. XXVIII. *Ad* DO-
MUM REGIAM *rediit.* TREB. POLL. Gallien. *Cap.*
IX. CAPITOLIN dit *domus imperatoria,* in Vero, *Cap.*
II. *in fin.*
(3) Volez, au ſujet de ces ſortes de Statuës, une
remarque longue & curieuſe de CASAUBON, ſur
SUETONE, *Vit. Auguſti,* Cap. VII.
(4) CAPITOLIN, *Vit. Antonin. Pii,* Cap. XII. &
M. Anton. Philoſ. Cap. VII.
(5) FORTUNAM *deinde* REGIAM, *quæ comitari
Principes, & in cubiculis poni ſolebat, geminare ſtatuerat,*

KE

SPARTIEN (5) appelle cette Statuë, *la Fortune Roiale*. Dans les Auteurs de l'*Histoire Auguste*, que je viens
de citer, on trouve aussi souvent',
quand il s'agit des Empereurs: *Une* (6)
Adoption Roiale, *un poste Roial*, les
Ornemens Roiaux, (7) un *Appareil
Roial*, une (8) *Pompe Roiale*, la *Statuë
du Roi*, le *Vestibule Roial*, le *Siége
Roial*, (9) les *Esclaves du Roi*, un *présent Roial*, un *Habit Roial*, des (10)
Funerailles Roiales, un *Monument Roial*:
Tou-

ut *sacratissimum simulacrum utrique relinqueret filiorum*.
Vit. Septim. Sever. Cap. XXIII.

(6) *Quumque ab eo Domestici quærerent, cur tristis in
ADOPTIONEM REGIAM transiret, disputavit quæ mala
in se contineret Imperium*. CAPITOLIN. *in Anton. Philosoph*. Cap. V.

(7) *Quem quidem* [Maximinum] *& purpura circumdede-
runt, REGIOQUE ADPARATU ornarunt*. CAPITO-
LIN. *in Maximino*, Cap. XI. Voiez aussi LAMPRI-
DIUS, *Alex. Sev.* Cap. XXXII.

(8) *Post hoc Carthaginem ventum cum POMPA RE-
GALI & fascibus laureatis*. CAPITOLIN. *in Gordian*.
Cap. IX.

(9) *Tunc liberè Servianum, quasi adsectatorem Imperii,
quod SERVIS REGIS cœnans misisset; quod in SEDILE
REGIO juxta lectum posito sedisset*. SPARTIAN. *in Hadrian*. Cap. XXIII.

(10) *Ac præcipue Antoninum honorabiliter sepeliret, duc-
to FUNERE REGIO*. CAPITOLIN. *in Macrin*. Cap.
V. On trouve aussi *Opes regia* dans VOPISQUE, *Aurelian*. Cap. XXXIV. & SPARTIEN, *Septim. Sever*.
Cap. IV. *Regia dignitas*, Æl. Ver. *Cap.* VI. *Regia pulcri-
tudo*, Ibid. Cap. V. *Regio more*, Hadrian. *Cap.* XI. *Regia animalia*, VOPISC. *Aurelian*. Cap. XX.

D 3   (1) Tab-

Toutes expressions que personne n'auroit laissé échapper un siècle après l'établissement de la Monarchie des Empereurs. Tant il est vrai, que (1) la longueur du tems peut causer de grandes révolutions.

Au reste, quoi que la *Loi Roïale* ne fût proprement qu'un *Arrêt du Sénat*, comme quelques-uns aussi l'appellent, cela ne doit faire aucune peine. Car on voit que l'Ordonnance, dont parle TACITE, & qu'il dit avoir été faite par le Sénat en faveur de *Vespasien*, est nommée *Loi* par trois fois dans l'Acte qui fut mis par écrit sur ce sujet, & dont nous avons rapporté les articles qui nous restent. D'ailleurs, depuis que tout ce qui se faisoit dans les Assemblées du Peuple eût été (2) remis à la disposition de Sénat, il falloit aussi que les Loix se fissent-là, & la différence qu'il y avoit autrefois entre les *Arrêts du Sénat*, & les *Loix*, à cause de la diversité des lieux où l'on délibéroit & des personnes qui don-

(1) *Tantùm ævi longinqua potest mutare vetustas.* VIRGIL. *Æneid.* Lib. III. vers. 415.
(2) Cela arriva sous *Tibère*, qui, pour se rendre plus absolu, augmentoit aussi en apparence l'autorité du

donnoient leurs suffrages, s'évanouït
alors & tomba d'elle-même par ce
changement des choses. Enfin, il est
assez conforme au génie de la Langue
Latine, de dire une *Loi Roiale :* mais
elle ne sauroit souffrir qu'on applique
l'épithéte de *Roial* à un *Arrêt du Sénat ,* & l'usage introduit par les Jurisconsultes Romains , y répugne absolument. Ces habiles Jurisconsultes , lors
que la puissance excessive d'un seul
homme ne fut plus un grand mystére ,
lors que le Peuple Romain , accoûtumé à subir le joug , n'eût plus la
moindre ombre de liberté , en eût dépouillé tout désir & perdu jusqu'à la
mémoire ; lors que personne n'avoit
honte de craindre l'Empereur ; lors
que le Prince pouvoit tout, & le Peuple rien , sans qu'il fut ni dangereux
pour le prémier qu'on y fît attention,
ni difficile à digerer pour le dernier,
sans qu'on regardât cela comme l'effèt
d'un orgueil insolent dans le Prince ,
& d'une grande lâcheté dans le Peuple ;

du Sénat , aux dépens de celle du Peuple. *Tum primum è Campo Comitia ad Patres translata sunt.* T A C I T.
Annal. I, 15. *Verum* Tiberius *vim principatûs sui fir-
mans , imaginem antiquitatis Senatui præbuit.* Idem , III, 60.

(1) C'est

ple ; lors enfin qu'on pouvoit impunément dire les choses par leur nom : ces
Jurisconsultes appellérent *Loi Roiale*,
l'acte par lequel le Peuple avoit rési-
gné aux Empereurs toute son Autorité & tout son pouvoir ; parce que,
dans le tems même (1) qu'on n'auroit
osé se servir du terme de *Roi*, les Empereurs avoient effectivement en main
une Puissance Roiale.

VOILA, MESSIEURS, ce que
j'avois résolu de dire, pour éclaircir
entiérement une question jusqu'ici assez

(1) C'est ce que CICERON avoit remarqué, dès
le commencement de la Monarchie ; puis qu'il dit en
parlant de *Jules César* : QUORUM (Sibyllinorum ver-
suum) *interpres nuper, falsâ quadam hominum fama, dic-
turus in Senatu putabatur, eum, quem* REVERA RE-
GEM HABEBAMUS, *adpellandum quoque esse Regem,
si salvi esse vellemus.* De Divinatione, Lib. II. Cap. LIV.
APPIEN fait la même reflexion dans la Préface de
son Histoire, où il dit que les Empereurs Romains
sont au fond de véritables Rois, quoi qu'on ne leur
donne pas ce titre, apparemment, ajoûte-t-il, à cause de l'ancien serment que les *Romains* firent en abo-
lissant la Roiauté, du tems des *Tarquins.* Καὶ ὅτι ἔτι
ἡ ἀρχὴ μέχρι νῦν ὑφ' ἑνὶ ἄρχοντι· οἳ ΒΑΣΙΛΕΑΣ
μὲν ἒ λέγυσιν, ὡς ἐγὼ νομίζω, ἢ ὅρκον αἰδεόμενοι τὸν πα-
λαι...‧ ΕΙΣΙ ΔΕ ΕΡΓΑ ΤΑ ΠΑΝΤΑ ΒΑΣΙ-
ΛΕΥΣ. Pag. 6. *Ed. Amstelod. Præfat.* DION CAS-
SIUS dit aussi quelque chose de semblable : Καὶ ὅυ-
τας ἐκ τύτων τὸ δημοκρατικῶν ὀνομάτων, πᾶσαν τὴν τ.
πολιτείας ἰσχὺν περιβέβληνται· ὥσι καὶ ΤΑ ΤΩΝ
ΒΑΣΙΛΕΩΝ, πλὴν τῦ φορτικῦ τ. προσηγορίας αὐτῶν, ΕΧΕΙΝ. Lib. LIII. pag. 583. A. Voiez aussi
pag. 581, C.

ſez obſcure. L'autorité de toutes les
Conſtitutions & de tous les Reſcripts
des Empereurs, eſt par là établie ſur
quelque choſe de réel & de certain,
& non pas ſur une pure chimére;
fondée ſur des Loix, & non pas uniquement ſur la force. Nous avons en
même tems ſoûtenu l'honneur des plus
illuſtres Auteurs des Loix qui compo-
ſent le Droit Civil. Je pourrois ajoûter bien des choſes, & des choſes
conſidérables, pour confirmer & étendre ce que j'ai dit: mais il y en a aſſez
pour les perſonnes intelligentes, &
l'on ſe laſſe enfin d'écouter. Je n'irai
donc pas plus loin, & je vous laiſſerai
volontiers prononcer ſur ce que vous
venez d'entendre; perſuadé que, ſi
mon opinion ne vous paroît pas bien
fondée, vous approuverez du moins
le déſir que j'ai eu de trouver la vérité, & la peine que j'ai priſe pour la
chercher.

FIN *du Diſcours ſur la* LOI ROIALE.

D 5   DIS-

DISCOURS
DU TRADUCTEUR

Sur la nature du SORT.

Occasion de ce Discours. I. *Contradiction dans la conduite de Mr.* D. J. II. *Ses maniéres peu civiles : ses efforts pour déprimer le* TRAITÉ DU JEU, *& son Auteur.* III. *Cause de son petit dépit.* IV. *Sa variation à l'égard de la maniére dont il parle des* Péres de l'Eglise. V. *Faux raisonnement qu'il fait, de même nature précisément que celui dont il m'accuse mal-à-propos. Si le silence de l'Ecriture Sainte prouve que le* SORT *n'a jamais été emploié parmi les Juifs, qu'en matiére de choses graves ; & que tout autre usage du Sort est une profanation ?* VI. *Suppression d'une restriction essentielle dans un passage de ma* Préface, *que Mr.* D. J. *cite. Ses idées outrées sur les Divertissemens. Plaisante pensée d'*ORIGÉNE, *sur les* Anges. *Que tout ce qui con-*

convient à la perfection des Etres d'un
certain Ordre, ou qui se trouvent dans
un certain état, n'est pas nécessaire
pour la perfection de ceux d'un autre
Ordre, ou qui se trouvent dans un é-
tat différent. VII. *Autre passage,
tronqué par Mr. D. J. En quel sens
il est non seulement permis, mais encore* ORDONNE *de* se divertir.
Passage de GATAKER *là-dessus.*
VIII. *Troisiéme critique, fondée sur
une suppression d'une restriction essentielle. En quel sens il suffit que l'on*
PRENNE DU PLAISIR *à une cho-
se, pour que l'usage en soit innocent.*
IX. *Que Mr.* D. J. *soûtient trop
hardiment, qu'aucun des Théologiens
qui ont condamné absolument les Jeux
de Hazard, n'a cru que* DIEU *intervient miraculeusement dans le Sort.
Passages de trois Théologiens, qui
prouvent le contraire.* X. *Désordre
& obscurité des pensées de Mr.* D. J.
Que la question du Concours de Dieu
ne fait rien ici. XI. *Embarras &
contradiction des idées de Mr.* D. J.
XII. *Que les* Loix du Mouvement
*ne doivent point être excluës de l'exa-
men de cette matiére.* XIII. *Si la*

D 6   vo-

volonté de l'Homme n'a pas quelque
part à la détermination du Sort ? In-
utilité de la distinction des deux Volontez, la Divine & l'Humaine, pour
établir quelque différence entre la Providence qui dirige les effets de l'industrie des Hommes, & celle qui intervient dans le Sort. XIV. Idées bizarres que Mr. D. J. a de la Providence. Qu'à parler physiquement les
Hommes font auſſi bien la cauſe des
événemens qu'ils procurent par une
direction aveugle, que des effets de
leur industrie & de leur prudence.
XV. Penſées inintelligibles, ou hors
d'œuvre, de Mr. D. J. XVI. L'incertitude de l'événement ne change pas
la maniére d'agir de la Providence.
Que le mot de Hazard ſe trouve dans
l'Ecriture Sainte, & cela ſans aucun
rapport à une Providence particuliére. Vaine déclamation de Mr. D. J.
XVII. Que le deſſein des Hommes,
qui uſent du Sort, ne rend pas la Providence plus immédiate & plus reſpec-
table. Que, dans le Sort commun,
il n'y a point d'arbitrage, par lequel on ſe remette à la déciſion de
Dieu. Quels ſont les effets où le Vul-
gai-

gaire croit que la Providence intervient plus particuliérement. Pourquoi on a regardé les Eclipſes &
les Cométes, comme des miracles &
des ſignes de la Colére du Ciel. D'où
vient que la Pluie, l'Arc-en-ciel,
les Vents, le Tonnerre, les Tremblemens de terre, reveillent une idée
de Providence particuliére. Raiſon
pourquoi quelques Joueurs attribuent à
DIEU les bons ou les mauvais coups.
Que le Sort pourroit avoir lieu, quand
on ſuppoſeroit qu'il n'y a point de Providence. XVIII. Si l'uſage du Sort
renferme une PRIE'RB, expreſſe ou
tacite ? Paſſage de GATAKER là-
deſſus. Qu'il y auroit ſouvent de la
profanation à prier Dieu, dans l'uſage du Sort. XIX. Si les actions de
graces qu'on eſt obligé de rendre à
DIEU, pour l'heureux ſuccès du Sort,
ſuppoſent une intervention extraordinaire de la Providence. XX. De
l'exemple des Criminels, qui tirent
aux billets. En quel ſens on peut dire,
que la déciſion du Sort eſt un effet de
la volonté de DIEU. XXI. Conſéquence abſurde qui ſuit des principes
de Mr. D. J. Exemple retorqué con-

tre lui. XXII. *Bizarrerie & incon-*
stance du Sort. Autre passage de GA-
TAKER. *On peut revoquer la déci-*
sion du Sort. Pourquoi, dans un tems
de Peste ou de Persécution, plusieurs
Ministres peuvent tirer au sort en-
tr'eux. XXIII. *De ce que le Jeu*
est un amusement, il ne s'ensuit point
qu'il y ait de la profanation à y em-
ploier le Sort. XXIV. *Le peu d'im-*
portance de la chose ne fait rien non
plus ici. Que le Sort seroit illicite,
même dans les Partages, selon les
principes de Mr. D. J. XXV. *Au-*
tre conséquence absurde. XXVI. *Du*
passage des PROVERBES, Chap.
XVI. vers. 33. XXVII. *De celui*
du même Livre, Chap. XVIII. vers.
18. *Que, parmi les Juifs, on se ser-*
voit du Sort en matiére de plusieurs
choses de peu d'importance. Que ce
sont celles où l'usage du Sort convient
le mieux. XXVIII. *Fausse raison ti-*
rée des exemples du Sort, qui se trou-
vent dans l'Ecriture. XXIX. *Sup-*
position gratuite de Mr. D. J. *sur la*
raison qui a fait établir au commence-
ment l'usage du Sort. XXX. *Histoi-*
re de l'origine & des progrès de cet
usa-

usage, conforme à ce qui nous reste des Monumens de l'Antiquité. XXXI. *Preuve tirée des exemples qu'on trouve dans* HOMÉRE. XXXII. *Réponse à l'objection qu'on pourroit faire, sur ce que, dans un de ces exemples, il y a une invocation de la Divinité. Que les* Païens *croioient, que la Divinité dirige toute sorte d'évenemens.* XXXIII. *Fausse application de l'exemple d'*Haman, *qui se trouve dans le Livre d'*ESTHER. *bevuë de Mr.* D. J. XXXIV. *D'où vient le mot de* Sorcier. *Pourquoi quelques Péres de l'Eglise ont regardé le Sort comme une chose sacrée. Que les* Païens, *lors même qu'ils faisoient un usage superstitieux du Sort en certaines choses, n'y attachoient d'ailleurs aucune sainteté dans les affaires communes de la Vie.* XXXV. *Preuve, tirée d'une Comédie de* PLAUTE. XXXVI. *Que les* Païens *ont emploié le Sort en matière de choses peu sérieuses. De la coûtume de créer par le sort un* Roi du Festin. *Antiquité des* Jeux de Hazard. XXXVII. *Explication d'un passage de* PLATON, *que Mr.* D. J. *cite*

citée à l'aventure. XXXVIII. Paſſages d'autres Auteurs Païens, qui
montrent qu'ils avoient du Sort u-
ne toute autre idée, que celle que
Mr. D. J. leur attribuë ſans preuve.
XXXIX. Autre raiſon, qui prouve
la même choſe. Là où l'uſage du Sort
étoit établi pour les Elections, on ne
laiſſoit pas d'examiner & de rejetter
quelquefois ceux qui avoient été déſi-
gnez par le Sort. XL. Paſſages de
PHILON & de JOSEPH, qui font
voir que les Juifs ne concevoient aucune ſainteté dans le Sort, ni aucune
Providence particuliére. XLI. Fauſſe imputation de Mr. D. J. au ſujet
de ce que j'ai dit de la Providence,
par rapport au Sort. XLII. Autre
endroit, où il prend mal ma penſée.
De l'exemple de Matthias, où Mr.
D. J. par une ſingularité ſans raiſon ne trouve rien que d'ordinaire.
XLIII. Fauſſe conſéquence qu'il tire
d'une façon de parler très-commune,
pour me faire regarder comme nageant
dans le doute. XLIV. Critique ridicule de ce que j'ai dit des Contracts
d'Aſſûrance, comparez avec les Jeux
de Hazard. XLV. Réponſe à une
ob-

objection frivole, tirée de ce qu'on peut jouer aux Dez ou aux Cartes sans que les Joueurs eux-mêmes les touchent. XLVI. *Autre critique absurde. Que la plûpart des Jeux d'Adresse seroient essentiellement criminels, selon les principes de Mr. D. J.* XLVII. *Déclaration de l'Auteur de ce Discours.* XLVIII. *Conclusion générale.*

C OMME j'allois faire un mot d'Avertissement sur cette seconde Edition des *Discours de Mr. Noodt*, on m'a apporté certaines (*a*) *Lettres* de Mr. De Joncourt, sur lesquelles j'ai jugé à propos de dire quelque chose, quoi que la matiére par elle-même n'aît aucun rapport avec celle du Pouvoir des Souverains, & de la Liberté de Conscience. Il y a long tems qu'on m'a-voit donné avis, que ces Lettres étoient sous la presse, & que l'Auteur m'y attaquoit de compagnie avec Mr. La Placette. J'attendois fort patiemment de les voir ensin éclorre; & sur ce que je savois de la maniére dont l'Auteur s'y prenoit contre moi,

&

(*a*) *Quatre Lettres sur les Jeux de Hazard, imprimées à La Haie, en 1713.*

& du jugement qu'en avoient fait quelques perfonnes à qui il avoit communiqué fon Ouvrage, j'étois bien perfuadé que je pourrois me difpenfer d'y répondre dans les formes. La lecture du Livre même n'a fait que me confirmer dans cette penfée : & s'il n'étoit tombé entre mes mains dans un tems de Féries, & précifément lors que je me difpofois à envoier aux Imprimeurs la Traduction que je redonne ici au Public, je ne crois pas que de ma vie il me fût venu dans l'efprit de prendre la plume pour rien écrire contre un homme qui m'attaque avec tant de fierté & fi peu de jugement. Je tâcherai, en le repouffant comme il le mérite, de dire des chofes qui dédommagent le Lecteur de certaines difcuffions peu agréables, où je me vois obligé d'entrer malgré moi : & j'efpére que dans ce Difcours, on trouvera, avec une jufte idée de *la Nature du Sort*, bien des reflexions qu'on ne fera pas fâché de lire.

§. I. J'AI été furpris, (& tout le monde, à mon avis, l'aura été comme moi) de voir qu'un homme, qui a tant déclamé contre les myftiqueries
de

de certains Théologiens en matiére de
choses spéculatives, & qui en les atta-
quant sans beaucoup de nécessité, s'est
exposé à être repoussé par une sorte
d'armes bien plus efficace que les raisons; qu'un tel homme, dis-je, vienne aujourd'hui débiter avec emphase
& avec chaleur une des plus grandes
mystiqueries que l'on puisse imaginer
en matiére de Morale: Il est sans doute incomparablement plus dangereux
de proposer aux Chrétiens, par rapport à leurs Devoirs, de misérables
raisons, qui rendent inutile tout ce
que l'on dit de bon, telle qu'est la
prétendue profanation dans l'usage du
Sort appliqué au Jeu; que de donner
des plications typiques ou allégori-
ques de plusieurs endroits de l'Ecriture, où il n'y a rien que de simple &
de litéral. D'ailleurs, le même tour
d'esprit qui enfante les derniéres, produit aussi les prémiéres; & cela fait
un plaisant contraste dans la conduite
du Ministre de *la Haie.*

§. II. IL ME donne par-ci par-
là, dans sa *Troisiéme Lettre,* dont la
moitié est contre moi, des éloges que
je ne mérite point, & dont je l'aurois
assû-

aſſûrément tenu quitte. On y ſent
d'ailleurs quelque choſe de forcé, &
on voit bien qu'il a voulu par là ou
relever l'éclat de ſon triomphe imaginaire, ou peut-être même adoucir en
quelque façon les airs peu modeſtes &
peu civils qu'il ſe donne. Il n'oublie
rien pour me faire regarder comme un
(a) Pag. 101. Ecrivain *peu exact* (a) *dans ce que j'é-*
cris, dans les principes que je poſe, dans
les conſéquences que je tire. Il prétend
(b) Pag. 111, 112. (b) que *je contredis mille fois dans mon*
gros Ouvrage les maximes & les reflexions
ſages, que j'avois établies d'abord,
quoi qu'ailleurs il veuille bien recon-
(c) Pag. 113. noître que (c) *les choſes bonnes & ſages*
que je dis dans *une infinité de remarques*
& de reflexions ſur les inconvéniens &
ſur le danger de toutes ſortes de Jeux,
font les trois quarts de mon Ouvrage. Il
(d) Pag. 98, 109, 172. inſinuë autant qu'il peut, (d) que je
ne ſuis que l'écho de Mr. *La Placette,*
qui n'a jamais eu deſſein, comme moi,
de donner un Traité complet ſur le
Jeu, & qui, à ce que je crois, ne ſera pas plus en ceci du ſentiment de
Mr. *D. J.* qu'au ſujet de la nature du
Sort. Pour empêcher néanmoins que
je ne tire avantage de cette conformité

té avec un si célébre Théologien, il a soin d'avertir le Lecteur, que (a) *ma* (a) *Pag.140.* *Morale est moins exacte, moins chaste, & moins Evangélique ;* & que je (b) *ne* (b) *Pag.167. suis pas fort rigide.* Ce qu'il y a de plaisant, c'est que, pour mettre dans un faux jour l'économie de mon Ouvrage, il (c) s'avise de le réduire à un (c) *Pag.112.* Abrégé sec, étranglé, & mal entendu ; comme si je n'en avois pas moi-même donné le plan dans ma Préface, & comme si ce Livre étoit écrit à bâtons rompus, tels que sont ceux dont Mr. *D. J.* a regalé le Public. Il va jusqu'à me reprocher plus d'une fois (d) (d) *Pag.* la grosseur de mon Livre ; il marque *112, 139.* avec soin (e) en deux endroits le nom- (e) *Pag. 98,* bre des pages qu'il contient : cet arti- *139.* cle lui tient au cœur, je ne sai pourquoi, & j'en laisse chercher les raisons à ceux qui le connoissent de près.

§. III. M r. *D. J.* à cela près qu'il (f) lâche quelques traits contre (f) *Voyez* Mr. L a P l a c e t t e au sujet des *pag. 28, 29, distinctions abstraites & métaphysiques* *32, 47, 48,* dont il l'accuse ici mal à propos, mé- *64.* nage d'ailleurs assez ce Moraliste fameux : mais avec moi il ne garde au-

cu-

cune mesure, quoi que je n'aie jamais
dit de lui ni bien, ni mal. Cette différence ne vient pas seulement de ce
que Mr. *La Placette* est Ministre: il y
a une autre raison qui l'a mis de mauvaise humeur contre moi, & il la fait
assez connoître dès l'entrée de sa Lettre. J'ai témoigné, dans ma Préface du
TRAITE' DU JEU, que j'étois peu
content de l'exactitude des *Prédicateurs de nos jours* à traiter des points de
Morale : il n'en falloit pas davantage
pour piquer un Prédicateur, c'est un
crime impardonnable. Je n'avois pourtant rien dit là-dessus que de fort vague, rien que personne pût s'appliquer, si ce n'est ceux qui se sentent
coupables d'un défaut qui n'est que
trop commun & trop connu. Mr. *D.F.*
a donc cru, que, pour venger son
honneur & celui de ses semblables, il
falloit à quelque prix que ce fût trouver dans mon Livre bien des *inexactitudes*, les grossir autant qu'il pourroit,
& les étaler avec toute sa mauvaise
Rhétorique.

§. IV. LA *prémiére inexactitude* (a)
qui l'a frappé, comme celle qui a le
plus de rapport avec la principale cause

(a) *Pag.* 101, *& suiv.*

se de son petit dépit., c'est l'exemple
que j'ai allegué, dans ma Préface, des
exaggérations excessives qu'employent
au sujet du Jeu (a) ST. CYPRIEN &
ST. CHRYSOSTÔME deux Prédicateurs des prémiers Siécles. Il y reconnoît lui-même quelque chose d'outré : cependant il voudroit que je leur
eusse donné une interprétation favorable, qui se réduisît à regarder le *Sort*,
ainsi que fait Mr. *D. J.* comme une
chose sacrée, & par conséquent les Jeux
de Hazard comme une *profanation*.
Mais c'est cela même qui m'auroit o-
bligé encore plus à traiter les pensées,
dont il s'agit, de pitoiables raisons,
peu propres à faire quelque impression
sur ceux qui jouent. Et qui croiroit
que Mr. *D. J.* fût si jaloux de l'honneur des *Péres*, lui qui a dit il n'y a
que six ans, (b) que *ce seroit un vrai*
plaisir pour lui d'avoir un Recueil exact
& fidéle D'UNE INFINITÉ DE BA-
DINERIES QUE LES PÉRES DE
L'EGLISE ET LEURS ENFANS
ONT DÉBITÉES *sous le vénérable*
nom de mystéres. On seroit étonné, ajoû-
te-t il, *du* RIDICULE *qu'on trouve*
souvent dans les Ecrits de la plûpart de
ces

(a) Ou plû-
tôt un Au-
teur an-
cien, qui a
emprunté
le nom de
ce Pére.

(b) *Entre-*
tiens sur les
différentes
méthodes
d'expliquer
l'Ecriture &
de prêcher
&c. pag.
99, 100.

ces *Docteurs*, *qui sont en possession de nô-*
tre respect. Il en allégue lui-même
deux exemples, & s'il vouloit faire à
l'égard des *Péres* ce qu'il a fait par
rapport aux *Coccéiens*, il pourroit à
peu de frais donner au Public plusieurs
gros Volumes. Mais ce que l'on par-
donne aux anciens Prédicateurs, en
faveur du Siécle où ils ont vécu, n'est
pas pardonnable à ceux d'aujourd'hui,
& j'en appelle à Mr. *D. J.* lui-même, qui remarque au même endroit,
(a) que *les libertez*, *ou les petits égare-*
mens, *qui étoient* VENIELS *dans les*
Anciens, *sont devenus* INTOLERA-
BLES *dans les Philosophes de nos jours.*

§. V. MR. *D. J.* ne (b) *sauroit as-*
sez s'étonner que je me fasse une raison,
pour légitimer les Jeux de Hazard, *de*
ce que les Ecritures du V. & du N. Tes-
tament ne les défendent pas. Mais je
parle là (c) de tous les Jeux en général, & non pas seulement des Jeux de
Hazard : Mr. *D. J.* qui croit être si
exact, ne devoit pas ainsi tronquer ma
pensée. De plus, il suppose mal à propos, & ici & (d) ailleurs, que j'allégue ce silence de l'Ecriture comme u-
ne chose qui seule prouveroit l'inno-
cen-

(a) *Ibid.*
pag. 102.

(b) *Lettres*,
pag. 105.

(c) *Traité du*
Jeu, Liv. I.
Chap. I.
§. 9.

(d) *Lettres*,
pag. 117.

cence des Jeux de Hazard confidérez
en eux-mêmes ; au lieu que je ne
m'en fuis fervi que comme par fura-
bondance de droit, & après avoir démontré que ni la Raifon, ni l'efprit de
la Religion, ne nous infinuent rien de
contraire; comme il paroît par les paroles fuivantes, qui finiffent le Chapitre: *De ce profond filence des Ecrivains
Sacrez ,* JOINT *à tout ce que j'ai dit
dans ce Chapitre , on peut conclurre certainement* &c. Mr. *D.J.* prétend que je
devois tirer du filence de l'Ecriture
Sainte une conféquence diamétralement
oppofée à celle que j'en ai tirée: mais
affûrément je ne le prendrai pas pour
mon Maître en Logique, & je ne penfe pas que perfonne le faffe, quand on
verra que tout ce qu'il dit (a) fe réduit (a) Pag. 10*.
à fuppofer gravement ce qui eft en
queftion , pendant qu'il m'accufe de
*n'avoir pas apporté toute l'attention de
mon bon efprit.* Cela eft d'autant plus
ridicule, qu'il tombe lui-même dans
le défaut dont il me blâme fans caufe , puis que, de ce que tous les
exemples du Sort qu'on trouve dans
l'Ecriture Sainte regardent des chofes
graves & importantes, il conclut har-

E   di-

(a) Pag. 61. &c. diment (a) que jamais on ne s'est servi du Sort, parmi le Peuple de Dieu, en matiére de chofes peu férieufes & peu confidérables, comme le Jeu. Ici il eft clair que le filence ne prouve, par lui-même, ni que le Sort n'ait jamais été emploié, parmi les *Juifs*, à d'autre ufage; ni, quand cela feroit vrai, que tout autre ufage foit illicite. Pour tirer légitimement la prémiére conféquence, il faudroit montrer par de bonnes raifons, que les Ecrivains Sacrez ont eu quelque occafion inévitable de parler de ces chofes peu férieufes & peu confidérables, où l'on auroit dû néceffairement emploier le Sort, fuppofé qu'on eût cru pouvoir le faire fans profanation. Or c'eft ce que Mr. D. J. ne prouvera jamais. Mais, encore même qu'il fût certain que les *Juifs* ne fe font jamais fervis du Sort qu'en matiére de chofes graves & importantes, il ne s'enfuivroit de cela feul autre chofe, fi ce n'eft qu'ils ne s'étoient pas avifez d'en faire ufage pour des bagatelles; de même qu'il y avoit bien d'autres Coûtumes qui ne s'étoient point introduites parmi eux : mais on ne pourroit pas en inferer que

Dieu

DIEU leur eût fait entendre d'une
manière ou d'autre, qu'il y avoit de
la profanation à user du Sort en matiére de choses peu graves & peu importantes, ni même qu'ils se le fussent
mis dans l'esprit sur quelque autre fondement. Il y a plus, & je soûtiens qu'il
pourroit se faire que les *Juifs*, prévenus de quelque fausse idée, eussent
conçû dans le Sort une espéce de sainteté, qu'il n'a pas, sans que Mr. *D. J.*
en pût tirer aucun avantage. Ce ne
seroit pas la seule chose en quoi ce
Peuple, si grossier & si enclin à la Superstition, auroit eu des pensées peu
conformes à la nature des choses, même en matiére de Religion. Et rien
n'auroit obligé la Sagesse de Dieu à
desabuser les *Juifs* d'une erreur inno-
centé, tant qu'elle ne seroit point allée
jusqu'à regarder le Sort comme un O-
racle, comme un moien propre &
constant de connoître la volonté de celui qui dirige toutes choses. Ici donc l'argument tiré du silence ne conclut rien:
il faut quelque chose de plus, pour
prouver & l'usage, & la défense. Mais
quand il s'agit d'établir une simple permission, pour peu que la chose ait été

en ufage, le filence eft de grand
poids, & il faut des raifons très-fortes
tirées ou de la nature même de la chofe, ou de quelque déclaration expref-
fe en matiére d'autres fujets femblables, pour avoir lieu d'inferer que la
chofe eft du nombre des défenduës.
Or les Jeux de Hazard étoient certainement connus parmi les *Juifs*, du
tems de JESUS-CHRIST & de fes
Apôtres : & la Synagogue ne les défendoit point à caufe de la fainteté du
Sort, mais à caufe des abus communs
à toutes fortes de *Jeux*. Mr. D. J.
n'a qu'à voir SELDEN & HYDE.

§. VI. IL SE moque fort du commencement de mon Livre ; il trouve
étrange (a) *qu'un début fi beau & fi grave foit fuivi d'un Plaidoier en faveur
des Divertiffemens en général, & en particulier en faveur de l'innocence des Jeux
de Hazard. On me prendroit, à ce qu'il
dit, pour un des plus févéres Moralif-
tes, fi je n'avois pas averti dans ma Préface*, que J'AI EU TOUS LES E'-
GARDS QU'ON PEUT AVOIR
POUR LA FOIBLESSE DES HOM-
MES. Pour moi fi Mr. D. J. n'avoit
pas malicieufement retranché dans
les

(a) *Pag.*
110, 112.

lés dernières paroles les mots fuivans,
SANS PRÉJUDICE DE LA VERI-
TÉ ET DE LEUR DEVOIR: s'il
n'avoit pas, dis-je, fupprimé cette ref-
triction, à deffein de me faire regarder comme un Cafuifte relâché, de
mon propre aveu, j'aurois laiffé paffer
fon Arrêt décifif, dont je ne redou-
te guéres les conféquences. Chacun
peut lire mon Livre, & voir, d'un
côté, fi les reflexions, qui en com-
pofent le prémier Chapitre, ne font
pas néceffaires & bien afforties ; de
l'autre, fi ce que l'on appelle *un Plaidoier en faveur des Divertiffemens* eft
mal raifonné. Nôtre Prédicateur, malgré fes airs de fuffifance, paroît favoir
fi peu ce que c'eft qu'écrire méthodiquement & raifonner jufte, qu'il n'eft
nullement à craindre que fes vaines
cenfures & fes froides exclamations nui-
fent à perfonne. Ce qu'il (a) dit en fa- (a) *Pag.* 115,
veur de PASCAL, ne fert qu'à faire 116, 151, &
voir la conformité de fon caractére a- *fuiv.*
vec celui de ce fameux Auteur, non
pas pour la beauté du génie ni par rapport à l'efprit géométrique qu'il avoit
d'ailleurs, mais à l'égard de ce tour
myftique en matiére de Religion & de

Mo-

Morale, que l'on voit quelquefois bi-
zarrement affocié avec un jugement
exquis fur d'autres fujets. Mr. *D. J.*
me renvoie (a) aux *Anges*, qui *n'ont
pas befoin*, dit-il, *de fe divertir*, &
auxquels les Divertiffemens ne font *ni
néceffaires ni permis*, comme une occu-
pation baffe & au deffous d'eux. Je
m'étonne qu'il ne fe foit pas avifé de
refuter férieufement ORIGENE, qui,
fur un paffage du DEUTERONOME
(b) mal entendu, a dit (c) que les Anges, dans le Ciel, tirent au fort, pour
favoir de quelle Nation ou de quelle
Province chacun d'eux aura le foin, &
de quelle perfonne il fera le Gardien:
car il pourroit bien être que quelcun,
plein de refpeſt pour les penfées de cet
ancien Doſteur de l'Eglife, demande-
roit à Mr. *D. J.* qui lui a dit que les
Anges n'ufent pas du Sort en matiére
d'autres chofes moins importantes, &
par maniére de recréation. Mais, rail-
lerie à part, j'avois prévenu la belle
objeſtion de Mr. *D. J.* en (d) difant
de ceux qui fe font ici des idées myf-
tiques de Vertu & de Pieté; *Permis
à eux d'afpirer à un état de perfeſtion*
DONT LA NATURE HUMAINE
N'EST.

(a) Pag. 115.

(b) Chap.
XXXII, 8.
(c) *In Je-
fuam,* Hom.
XXIII.

(d) *Traité
du Jeu,* Liv.
I. Chap. I.
§. 6.

N'EST PEUT-ETRE POINT CA-
PABLE, *qui est du moins au dessus de
la portée du certain* DES HABITANS
DE LA TERRE &c. Faut-il apprendre à Mr. *D. J.* qu'il y a divers degrez de perfection dans les differens
Ordres d'Etres Intelligens, sur tout selon les divers états où ils peuvent se
trouver ; & qu'à cause de cela telle
chose qui seroit indigne de ceux d'un
certain Ordre ou d'un certain état,
n'est pas indigne de ceux d'un autre,
comme n'aiant rien d'incompatible a-
vec le degré de perfection qui leur convient, lequel, quoi qu'inferieur par
rapport à celui des autres Etres plus
parfaits ou qui sont dans un autre état,
est en eux le plus haut point de sageffe ? Les *Hommes* sans contredit sont
faits de telle maniére, qu'ils trouvent
nécessairement du plaisir à mille chofes auxquelles les *Anges* ne pourroient
& ne devroient pas être sensibles. Prétendre donc que ce qui nous frappe a-
gréablement ici bas, & qui n'a d'ailleurs rien de contraire à la constitution de nôtre nature, soit, par rapport
à nous, *un bas amusement, un plaisir
faux & trompeur,* c'est une imagination,

tion, qui, quelque air de dévotion
qu'elle puisse avoir pour certains Efprits, tend par elle-même à blâmer le
Créateur, qui a ainsi fait les Hommes. On défie Mr. *D. J.* & tous les
semblables, de prouver que l'Homme
le plus sage, que le meilleur Chrétien
du monde, ne puisse pas aimer en
quelque sorte un Jeu, même de Hazard, & s'y divertir innocemment,
sans déroger à son caractére. Je crois
avoir détruit de fond en comble les
idées fausses & outrées que Mr. *D. J.*
suit ici, dans cette espéce de digres-
sion longue, mais necessaire, qui com-
pose le Chapitre III. du I. Livre de
mon *Traité du Jeu*, & qui, si j'ose le
dire, est un des morceaux de l'Ouvrage que les (a) Connoisseurs ont le plus
approuvé; quelque jugement qu'en
puisse porter le Ministre de *la Haie*,
qui en faisant semblant de le louer, (b)
tâche indirectement d'en donner mauvaise opinion à ceux qui ne l'ont pas lû.

§. VII.

(a) Voiez
les *Nouvel-
les de la Rép.
des Lettres*,
Août 1709.
pag. 179.
(b) *Lettres*,
pag. 137.

(1) Ce sont les propres termes, dont je me suis
servi; & il est bon de les remarquer parce que Mr.
D. J. suppose que je n'ai rien dit de semblable, puis
qu'il parle ainsi, *pag.* 117. *Mais je crois qu'ON DOIT
AJOÛTER, que les Recreations... doivent être séantes
à des Créatures raisonnables... & sur tout n'avoir rien de
vi-*

§. VII. J'avois (a) soûtenu, que, *bien loin que la Morale ou la Religion défendent toute sorte de Divertissement*, *on peut dire au contraire qu'elles* NOUS ORDONNENT D'EN PRENDRE QUELCUN D'HONNETE ET DE CONVENABLE, *lors que cela est nécessaire pour reparer nos forces épuisées par le travail.* Mr. D. J. appelle cela (b) *se donner du large*, ou, comme il s'exprime un peu plus haut, *relâcher* (c) *les cordeaux de la sevérité.* Il veut que je lui produise là-dessus *une Ordonnance de la Morale & de la Religion Chrétienne*, en bonne & duë forme. Mais s'il est vrai, comme (d) Mr. D. J. l'accorde, qu'il est permis de se divertir, à dessein de vaquer en suite à quelque chose de sérieux; en faut-il davantage pour conclurre sûrement, que la Morale & la Religion *veulent qu'on prenne quelque Divertissement* (1) *honnête & convenable*, lors que, faute d'user de ce moien innocent, on courroit

(a) *Traité du Jeu,* Liv. I. Chap. I, §. 5.

(b) *Lettres,* pag. 116, 117.

(c) *Pag.* 114.

(d) *Pag.* 117.

vicieux & de criminel. Ce seroit un terme trop doux, que d'appeller cela *inexactitude.* Il y a une malignité d'autant plus grossiére, que dans la page précédente, Mr. D. J. a lui-même rapporte tout du long le passage de mon Livre, où se trouvent les paroles qui ont donné lieu à cette remarque.

E 5   G A.

roit rifque d'être moins en état de bien vaquer à fes occupations ferieufes ? N'eft-ce .pas là une conféquence, qui fuit manifeftement de la nature de la chofe même ? Un homme qui, pour ne fe donner aucun relâche, pour ne fe permettre aucune recréation, tomberoit dans une noire mélancholie, ou s'attireroit quelque fâcheufe incommodité; feroit-il tout-à-fait excufable, & ne pourroit-on pas dire qu'il *fait mal*, quand ce ne feroit qu'à caufe que par là il fe rend moins capable de travailler affidûment & avec fuccès à ce qui eft de fa vocation ? Mais il faut citer à Mr. *D. J.* un Savant Théologien, dont l'autorité fera pour le moins d'auffi grand poids que la fienne : c'eft THOMAS GATAKER, dans un Traité Anglois (a) *de la nature & de l'ufage des différentes efpéces de Sort*; Ouvrage Hiftorique & Théologique, que Mr. *La Placette* (b) dit avoir cherché par tout inutilement, & qui eft heu-

(a) Il eft *in quarto*, & imprimé à Londres, l'an 1619.
(b) *Traité des Jeux de Hazard*, Chap. I. pag. 198.

___

(1) GATAKER cite ici ces paroles d'un Pére de l'Eglife : Καὶ τὸ καλὸν μὴ καλὸν, ὅταν μὴ καλῶς γίνηται, ὅταν μὴ εὐκαίρως, ˮ Les chofes même belles &

heureusement tombé entre mes mains depuis l'impression de mon *Traité du Jeu*. *Tout* (a) *le monde*, disoit il y a près de cent ans cet Auteur célébre, TOUT LE MONDE CONVIENT *que la Recréation en général est suffisamment autorisée par la* (b) *Parole même de Dieu, comme une chose* (c) NON SEULE-MENT PERMISE, MAIS ENCO-RE PRESCRITE, *sinon directement & expressément, du moins* PAR UNE JUSTE CONSÉQUENCE. Il s'ex-prime ailleurs encore plus fortement: (d) *En matiére*, dit-il, *de toutes sortes de choses, il importe beaucoup de les fai-re à propos: car il y a* (e) *un tems pour toutes les occupations légitimes, sérieuses ou non, sacrées ou civiles. Une bonne ac-tion* (1) *n'est pas bonne, lors qu'elle n'est pas faite en son tems; & une chose de moindre importance ne peut pas être omi-se sans péché, lors qu'il est tems de la faire, encore même qu'on ne la néglige que pour vaquer à une autre plus impor-tante par elle-même.* C'EST QUEL-

QUE-

(a) Chap. VI. §. 10. pag. 138.

(b) Il cite ici *Ecclésiaf-te*, III, 4. *Zacharie*, III, 10. & VIII, 5.

(c) *As a thing both allowed by permission, and injoyned by precept* &c.

(d) Chap. VIII. §. 2. pag. 188.

(e) *Ecclef.* III, 1.

,, louables ne le font pas, lors qu'on ne les fait pas ,, comme il faut, & en leur tems. GRÉGOIRE DE NAZIANZE, *ad Ennem.* Serm. I.

E 6

(1) It.

QUEFOIS (1) UN PECHE', QUE
DE NE PAS SE DIVERTIR. *On ne
péche pas feulement en faifant un moindre bien, lors qu'on pouvoit & qu'on devoit en faire un plus grand ; mais encore
lors qu'on s'attache à une chofe d'ailleurs
meilleure, dans le tems qu'on eſt appellé
à une autre moins bonne. C'eſt ainſi, par
exemple, qu'un Domeſtique feroit mal de
ſe mettre à lire un bon Livre, fût-ce la
Bible, au moment qu'il doit fervir à la
Table de fon Maître.* Voilà des raifonnemens d'un Théologien judicieux &
éclairé. Mr. D. J. en critiquant ce que
j'ai dit fur ce principe, montre clairement qu'il ignore & les prémiers élé-
mens de la Morale, & ce principe de
Logique ou de Metaphyſique ſi commun & ſi inconteſtable, *Que tout Etre
ſage qui veut une fin, veut auſſi les
moiens néceſſaires pour y parvenir.*

§. VIII. IL COMPTE pour *la
plus grande* (a) & *la plus générale de
mes inexactitudes, que preſque par tout
je mets dans un même rang les Jeux de
pure induſtrie & les Jeux de Hazard.*
Mais, quoi qu'il en diſe, je ne croi-
rai

(a) *Lettres,*
pag. 117,
118.

(1) *It is a ſinne for a man ſometime not to recreate him-
ſelf &c.* On cite ici ce mot de THOMAS D'AQUIN.
In

rai pas qu'on doive y mettre aucune
différence, à les confiderer, comme
je fais, en eux-mêmes & indépendamment des abus qui les accompagnent
par accident; je ne les diftinguerai
pas, dis-je, à cet égard, jufqu'à ce
qu'on m'ait prouvé par de bonnes raifons, que les Jeux de Hazard font de
leur nature plus criminels, que ceux
d'Adreffe; ce que perfonne, à mon
avis, ne fera jamais, & Mr. *D. J.*
moins que tout autre, comme il paroîtra par l'examen de fes fauffes & bizarres idées fur la nature du Sort. Dans
l'endroit où il me reproche cette inexactitude énorme à fes yeux, il s'eft
laiffé lui-même fi fort aveugler à la paffion, qu'il m'impute la plus infigne
des fauffetez. Il n'a pas honte de dire,
(a) que *je permets également* tous les
Jeux & tous les Divertiffemens, s o u s
L A S E U L E C O N D I T I O N, Q U' O N
Y P R E N N E D U P L A I S I R; & là-
deffus il repéte avec un air triomphant,
que *je ne fuis guéres exact, puis que je
ne demande* D' A U T R E P A S S E P O R T
pour les Jeux, S I C E N' E S T *qu'on y*
pren-

(a) Pag.
118.

In ludi defectu poteft effe peccatum. S U M M. Part. II. 2.
Q. 168. a. 4.

E 7

prenne du plaisir. Quelcun qui n'aura jamais lû mon Livre, n'aura-t-il pas lieu de s'imaginer, s'il veut bien en croire Mr. *D. J.* que je ne distingue point entre l'usage & l'abus, & que, pourvû qu'on *prenne du plaisir* à une chose, de quelque maniére que ce soit, cela suffit, selon moi? Mais, quand tout mon Ouvrage ne donneroit pas un démenti perpétuel à cette noire & grossiére calomnie, les paroles mêmes que Mr. *D. J.* cita, ne sont-elles pas immédiatement précedées de celles-ci:

(a) *Traité du Jeu, Liv. I. Chap. I. §. 8.*

(a) *Il est permis, pour se donner du relâche, de goûter quelque Divertissement* OÙ IL N'Y AÎT RIEN D'AIL-LEURS QUI LE RENDE ILLE-GITIME. On aura de la peine à croire que ce soit par une pure inadvertence, toûjours entiérement inexcusable, que Mr. *D. J.* a supprimé une restriction si essentielle. Outre que, comme nous l'avons vû, il a usé du même artifice en deux autres endroits, il s'exprime ici d'une maniére (b) à

(b) *Tout ce que je me permettrai de dire là-dessus, c'est &c. Lettres, pag. 118.*

donner à entendre que l'épithéte qu'il me donne d'Ecrivain *peu exact*, est de beaucoup trop douce, & qu'il me fait grace sans doute de ne pas m'appeller

le

le plus relâché des Moralistes. Mais,
pour dire un mot sur la pensée, dont
il s'agit, prise dans son sens vrai &
complet, & sans les tours de passe-pas-
se de Mr. D. J. je voudrois bien savoir si, quand il est dans un Repas,
& qu'il mange d'un certain *Mets* ou
qu'il boit d'un certain *Vin* qui est de
son goût, il lui faut *d'autre passeport*,
si ce n'est qu'il y *trouve du plaisir* ; &
s'il ne s'en donne pas alors au cœur
jole, *sans s'en enquérir pour la Conscience* ? Je suppose qu'il veuille jouer aux
Echecs, plûtôt qu'à la *courte Boule*, (il
semble aimer le prémier de ces Jeux,
dont il fait l'apologie (a) en homme (a) Pag.
qui y prend quelque intérêt) lui fau- 162, 163,
dra-t-il alors *d'autre passeport*, si ce n'est
qu'il *trouve du plaisir* à montrer *son attention*, & *sa dextérité*, dans *les plans
& les projets raisonnez* qu'il forme pour
vaincre l'autre Joueur ? Lors que, las
de lire ses Lieux Communs, ou quelque Commentaire, qui lui fournissent
la matiére de ses Sermons, ou lors
qu'après avoir long-tems feuilleté les
Livres des *Coccéiens*, pour en extraire
des explications typiques ou allégori-
ques de l'Ecriture, il prend un *Poëte*,
un

un Livre de *Voïages*, un *Ouvrage de
Bel Esprit*, pour s'amuſer à une lecture plus agréable, lui faut-il pour cela
d'autre *paſſeport*, ſi ce n'eſt qu'il y *trouve du plaiſir?* Malgré donc tout le fra-
cas de Mr. *D. J.* qui, par un effet ordinaire de l'eſprit de haine & de diſpute, ſe précipite dans de terribles extrémitez, je dirai avec le Théologien
Anglois, déja cité ci-deſſus, (a) que
*tant que l'uſage du Sort eſt dégagé de tou-
te Superſtition & de toute Impiété, &
qu'il n'y a rien d'injuſte ni de deshonnête, il ne doit pas plus être banni des re-
créations d'un Chrétien, que toute autre*
(b) *Créature ou toute autre Coûtume qui
a un pouvoir naturel de nous D I V E R-
T I R & de nous D O N N E R D U P L A I-
S I R de cette maniére.*

§. IX. I L E S T vrai que Mr. *D.
J.* voudroit rehabiliter l'opinion aujourd'hui ruinée ſans reſſource, de
ceux qui ont crû, qu'il y a de la profanation dans l'uſage du Sort en matiére
de Jeux & de Divertiſſemens. C'eſt ici
ſur tout qu'il ſe félicite, qu'il *ſe fait de
fête*, qu'il *ſe délecte*, pour me ſervir de
quelques-unes de ſes expreſſions favori-
tes. Il croit avoir triomphé, non ſeu-
le-

(a) *Gataker,
of the na-
ture and u-
ſe of Lots,
Chap. VI. §.
7. pag. 134,
135.*

(b) *Than any
other Creatu-
re or Ordi-
nance what-
ſoever &c.*

lement de moi, mais encore de Mrs.
LA PLACETTE & VAN DER
MEULEN, par les *grands & sublimes
efforts de son imaginative.* Il affecte
bien, pour se mettre à l'abri du grand
nombre & pour épouvanter par là ses
Adversaires, de dire en plusieurs endroits, qu'il ne fait que soûtenir le
sentiment commun des Théologiens.
Mais il ne manque pas de nous avertir,
que (a) *les Théologiens n'ont pas mis en* (a) *Lettres,*
œuvre tout ce qui pouvoit servir à fonder pag. 33.
leur sentiment, & à le mettre dans une
suffisante lumière. Il ne sauroit (b) *dire* (b) Pag. 59.
si tous ceux qui ont condamné ou qui con-
damnent les Jeux de Sort, se sont suffi-
samment expliquez: mais, pour lui, gui-
dé par son petit sens, il A DEVINÉ *sans*
peine la raison pourquoi *ils ont rapporté*
la détermination du Sort à une direction
particuliére de la Providence.

J'avouë, à l'égard des Théologiens
qui, avant Mr. *D. J.* ont absolument
condamné les Jeux de Hazard, que
leurs idées étoient fort embrouillées &
fort confuses; le parti qu'ils avoient
pris sur cette question ne leur permettoit guéres d'en avoir d'autres: ainsi il
est souvent assez difficile de savoir ce
qu'ils.

qu'ils penſoient. J'ai donné, comme
fait Mr. LA PLACETTE, à l'opinion de ces Théologiens, le ſens le
plus raiſonnable dont elle eſt ſuscepti-
ble, pour qu'elle ait quelque apparence de fondement : & comme je ne ſuis
pas devin, je n'avois garde de ſonger
aux belles idées que Mr. *D. J.* a ima-
ginées. Il ne devoit donc pas tant s'é-
(a) *Pag.* 119. tonner, de ce que (a) *je ne me ſuis pro-*
poſé aucune des choſes qu'il a alléguées
quatre ans après la publication de mon
(b) *Pag.* 121. Livre. Il me défie, de (b) *lui citer un*
Théologien entre mille, qui ait dit que la
détermination d'un Dé eſt un miracle, &
(c) *Pag.* 59. cependant il *avoue* (c) *qu'il n'a jamais*
lû aucun Caſuiſte ſur cette matiére.
Comment donc peut-il aſſûrer ſi hardiment un fait qu'il n'a point exami-
né ? Auſſi eſt-il très-facile de lui en
faire voir la fauſſeté : car, ſans aller
chercher bien loin pour cela, GA-
TAKER ſeul nous fournit des paſſages
de divers Auteurs, où l'on voit clairement l'idée que Mr. *D. J.* ſe plaint
qu'on attribue aux partiſans de ſon o-
pinion. BALMFORD, par exemple,
raiſonne ainſi : (d) *Nous ne devons pas*
TENTER LE TOUT-PUISSANT,
par

(d) Dans
ſes Dialo-
gues An-
glois ſur les
Jeux de Ha-
zard, Dial.
II. Raiſon
2. apud Ga-
tak. Cap.
VI. §. 6.

par un vain défir qu'il MANIFESTE
SA PUISSANCE ET SA PROVI-
DENCE PARTICULIE'RE ; *Or
dans les Jeux de Hazard, on fait cela ;
Donc ils sont illicites.* LAMBERT
DANEAU, dans un Ouvrage Latin
sur les Jeux de Hazard, soûtient auffi
que (a) c'est TENTER DIEU, *& se
moquer de lui, que de le prendre pour
Juge sans néceffité, afin qu'il* DIRIGE
EXTRAORDINAIREMENT *une bagatelle comme le Jeu.* FENNOR,
Théologien Anglois, (b) appelle le
Sort *un* ORACLE *de Dieu.* En voilà
trois pour un que Mr. D. J. demande ; & je les ai pris presqu'à l'ouver-
ture du Livre de GATAKER ; j'en
trouverois bien d'autres & là, & ailleurs, si je voulois me donner la peine de les chercher. Mais ce n'est pas
dequoi il s'agit : il faut voir si Mr. D.
J. a inventé quelque chose de plus sa-
tisfaisant, que ceux qui l'ont précedé,
pour prouver que l'usage du Sort est
par lui-même illicite dans le Jeu.

§. X. J'AI lû & relû tout ce que
nôtre Prédicateur débite là-dessus dans
ses *quatre Lettres*, avec son stile précieux & ses repétitions ennuieuses : mais
je

(a) *De Ludo Alea*, Cap. IX. rat. I. *apud Gataker. ubi supra.*

(b) Dans son *Traité des Divertiffemens*, II. Part. Régle IV. Raison 4. *apud Gatak. ubi supra* §. 9. pag. 156.

je crois pouvoir dire hardiment, que
c'est un des plus grands galimatias qui
aient jamais été publiez ; & j'en appelle au jugement de tout Lecteur attentif. Il sera très-facile de faire toucher au doit la foiblesse de ce que l'on
peut démêler dans le désordre & l'obscurité des pensées de Mr. *D. J.* qui
semble les avoir jettées au hazard,
comme si alors il eût joué aux Jeux
qu'il condamne sans reserve. Nous allons le voir, à mesure que nous par-
courrons le reste des *inexactitudes* qu'il
me reproche.

Après avoir copié la réponse générale que je fais à l'objection tirée de
ce que DIEU, selon les Théologiens
qui condamnent les Jeux de Hazard,
préside sur le Sort & le dirige d'une
façon particuliére, il (1) dit que *je me
donne des airs de triomphe, & que je
traite mes Adversaires en Ecoliers.* Mais,
quelque matiére de triomphe qu'il y
eût là pour un homme qui aimeroit
autant à triompher que Mr. *D. J.* je
demande à toute personne qui lira cet
endroit, si l'on peut alleguer ses raisons

(1) *Lettre*, pag. 159. Il a eu soin de mettre cela
comme un chef remarquable, dans les sommaires des
ma-

sons plus simplement & plus modeste-
ment que j'ai fait; à moins que le tour
interrogatif dont je me suis servi, ne
soit, selon la Rhétorique de nôtre Prédicateur, qui l'emploie souvent lui-
même, une marque de mépris & de
vanité. Je ne crois pas qu'aucun autre, que Mr. *D. J.* aît trouvé dans
mes expressions la moindre chose qui
sente ces airs de hauteur qu'il m'attribue, lui qui les prend par tout si gros-
siérement.

Il voudroit (a) me promener dans (a) *Pag.* 120.
les espaces de sa *Théologie*, c'est-à-dire, des Lieux Communs Scholastiques, entre lesquels & la *Religion* ou la
vraie Théologie je mets une très-grande différence. Il cherche à m'engager
dans les Disputes de l'Ecole sur le *Con-*
cours de Dieu, à quoi je suis bien assûré que les Ecrivains Sacrez n'ont jamais pensé. Mais, outre que je ne suis
pas assez téméraire pour sonder les
voies d'une Providence infinie, il ne
prend pas garde que cette question est
ici absolument inutile. Car, de quelque maniére que les événemens, tant
for-

matiéres: *Il se donne, dit-il, des airs de triomphe, dont*
on profite.

fortuits qu'absolument nécessaires, dépendent de la Providence, quelque
part qu'elle ait aux effets des Causes,
tant inanimées qu'intelligentes, il s'agit
de savoir si dans le Sort il y a tou-
jours une attention & une direction
particulière de la Providence, toute
différente de celle qui regarde les choses où il n'entre point de Sort ? Or
c'est ici qu'on peut assûrer que Mr. D.
J. ne sait ce qu'il dit, ni ce qu'il
veut.

§. XI. IL EXCLUT de l'usage
ordinaire du Sort la *direction extraor-*
(a) Pag. 191. *dinaire & miraculeuse*, il dit que (a)
DIEU *ne déroge à aucune Loi Natu-*
(b) Pag. 188. *relle* : & néanmoins il prétend (b)
Voiez aussi
Pag. 79. qu'AUCUNE CAUSE SECONDE
N'A AUCUNE INFLUENCE *sur la*
détermination de l'événement, qui dé-
(c) Pag. 191. pend (c) UNIQUEMENT DE LA
VOLONTÉ ET DU CONCOURS IM-
MÉDIAT DE DIEU; il regarde le
(d) Pag. 17. *Sort* comme la (d) *seule voie que nous*
aiyons pour connoître la volonté de DIEU
dans les cas d'équilibre, depuis que *nous*
n'avons PLUS DE PROPHETES NI
D'AUTRES MOIENS EXTRAOR-
DINAIRES. Peut-on voir une con-
tra-

tradiction plus palpable? Car qu'est-ce
que *Miracle*, si ce n'est un événement dans lequel, selon la définition
de Mr. *D. J.* lui-même, (a) D I E U (a) *Pag. 192.*
déroge aux *Loix Communes de la Natu-*
re? Et par tout où *les Causes Secon-*
des n'ont aucune influence, par tout où
D I E U agit (b) *sans l'intervention* D'U- (b) *Ibidem.*
N E A U T R E V O L O N T E' E T D'U N E
A U T R E V E R T U *que la sienne*, n'y
a-t-il pas une opération extraordinaire
& miraculeuse? Ce qui est un moien
de *connoître la volonté de Dieu*, au défaut de Prophétes & d'autres moiens ex-
traordinaires, comment le conçoit-on
si ce n'est comme un *Miracle*? & quel
autre nom peut-on lui donner?

Ainsi Mr. *D. J.* en même tems qu'il
se contredit, montre par là que, pour
soûtenir avec quelque apparence de
raison le parti désespéré qu'il embrasse,
il faut, bon gré malgré qu'on en ait,
en venir à l'idée d'une intervention
miraculeuse, qu'il tâche néanmoins
d'éloigner autant qu'il peut. En effet,
il n'y a point ici de milieu : ou Dieu
fait tout dans le Sort, ou il n'agit pas
plus là, que dans tout autre événement
fortuit ou nécessaire ; & par conséquent
                                          la

la Providence n'est pas plus particuliére
& immédiate, pas plus sainte & respectable dans ce qui dépend du Sort, que dans
ce qui n'en dépend point.

§. XII. Mr. D. J. voudroit fort
écarter les *Loix du Mouvement*, comme étant ici hors d'œuvre. Ces Régles si merveilleuses & si constantes,
établies par le Créateur Tout-sage &
Tout-puissant, qui y fait lui-même si
rarement des exceptions, incommo-
dent fort nôtre Prédicateur; peu s'en
faut qu'il ne les abolisse de sa pure autorité, pour donner quelque couleur à
son Systême. Mais il a beau faire, elles
ne s'évanouiront pas & ne changeront
pas à sa fantaisie. Il sera toûjours vrai
que, par une suite nécessaire des Loix
naturelles du Mouvement, le Dé tombe infailliblement (a) sur tel ou tel
point, selon la maniére dont on l'a
jetté, & selon la disposition du plan
où il a roulé; à moins que Dieu, par
un effet extraordinaire de sa Toute-
puissance, ne veuille suspendre ou augmenter la force des Causes Secondes,
pour le faire tomber d'un autre sens.
Ainsi & dans les Jeux de Hazard, &
dans tout autre usage ordinaire du
Sort,

(a) Voïez
Gataker,
Chap. VII.
§. 4. & ce
que dit Mr.
Bernard,
Rép. des
Lett. *Août*
1709. *pag.*
184, 185.

Sort, la *Providence ne détermine pas
plus* S E U L E *l'événement*, que dans les
Jeux d'Adreſſe, dans les Exercices
corporels, dans les Ouvrages Mécha-
niques &c. puis que, dans les uns &
dans les autres, l'effet eſt également
une ſuite des Loix invariables du Mouvement.

§. XIII. M A I S, dit Mr. D. J. (a) Pag. 57.
(a) *dans les événemens qui réſultent de
la force & de l'induſtrie des Hommes, il
y a* DEUX VOLONTEZ *qui concou-
rent* ; au lieu que *dans ceux qui naiſſent
du Sort jetté, il n'y en a qu'*U N E *qui les
dirige, & qui les détermine.* C'eſt-là ſe
jouer ſur l'équivoque des mots de *diriger* & *déterminer.* Car on peut *diriger* & *déterminer* un événement ou a-
vec délibération & en ſuivant certaines
Régles, ou ſans un choix éclairé &
ſans aucune régle. Un Joueur *dirige* &
détermine le *Sort* de la prémiére manière, & à cet égard l'effet du Sort éma-
ne de ſa volonté : ainſi il y a là deux
volontez, celle de l'*Homme*, qui produit originairement l'effet, puis que,
ſi elle ne s'étoit pas déterminée à mêler les Cartes ou remuer les Dez de telle ou telle maniére, il en auroit réſul-

F   té

té un autre point; & celle de D I E U, qui laiſſe aller les choſes leur train, tant qu'elle n'intervient pas miraculeu-ſement, comme elle le pourroit, ce que Mr. *D. J.* ne veut pas qui arrive dans l'uſage ordinaire du Sort. Mais qu'importe qu'il y aît deux volontez, ou qu'il n'y en aît qu'une; & que cel-le de l'Homme agiſſe aveuglément, ou non? Cela ne fait rien ici. Il s'agit de ſavoir, ſi l'influence de la volonté de Dieu eſt toute autre dans ce qui provient du Sort, que dans ce qui n'en dépend point : car ſi elle eſt la mê-me, ſi elle ne concourt pas autrement avec les Cauſes Secondes; quelque part que la Volonté Humaine aît ou n'aît pas à l'événement, on n'a aucu-ne raiſon de ſuppoſer une Providence particuliére & immédiate, qui agiſſe *ſeule*, & qui doive être plus reſpectée, que celle qui intervient dans les effets de l'induſtrie & de la force des Hom-mes.

§. XIV. L'A C T I O N (a) *de* D I E U, dit Mr. *D. J. qui eſt mêlée avec celle des Hommes, dans ce qu'il exécute par leur miniſtére, par leur ſageſſe, par leur force, par leur induſtrie, eſt alors plus*

(a) PAG. 94.

ca-

cachée, & la leur paroît plus à nos sens, & nous frappe davantage. De là vient qu'on dit, *un tel Général* a gagné une telle Bataille, a forcé les Lignes des Ennemis, a pris une telle Ville; *un tel Orateur* a fait *un discours fort éloquent*; un tel Prédicateur a fait *une Prédication fort touchante. Mais ce que Dieu exécute seul, & qu'il ne partage avec personne, lui est attribué à lui seul. Or la détermination du Sort est de ce dernier ordre* &c. Il paroît par cet endroit, & par plusieurs autres, que Mr. D. J. a des idées bien bizarres & bien singuliéres de la Providence. (a) Selon lui, la production de tous les évenemens est comme partagée entre DIEU & les *Hommes*, en sorte que tout ce qui n'est pas l'effet de la liberté, de la force, de l'industrie, & de la prudence des Hommes, ou, comme il parle lui-même, *de leur* (b) *espéce de Providence*, est (b) *immédiatement & uniquement du ressort de* DIEU. Il semble quelquefois exclurre toutes les Causes Secondes, qui ne sont pas mises en mouvement par les Hommes, ou leur ôter du moins toute vertu & toute efficace propre, & réduire ainsi tout

(a) Voiez pag. 20, & suiv.

(b) Pag. 21,

F 2　　　　l'orl'ordre de l'Univers à un jeu de Marionnettes. De là vient qu'il prétend que DIEU *détermine la route d'un Navire avec un Pilote, mais qu'il détermine* (a) SEUL *la Foudre*, comme si la Foudre n'avoit pas des (b) Causes naturelles & nécessàires, aussi bien que le mouvement du Navire! ou comme si la chûte de la Foudre étoit toûjours un miracle! Il dit ailleurs, que (c) DIEU *détermine par des* VOLONTEZ LIBRES ET PARTICULIE´RES *toutes les choses que nous appellons casuelles & indéterminées.* Cependant il ne veut point entendre parler de *miracle* dans l'uſage ordinaire du Sort, il accorde qu'il y a là (d) *des Loix générales du Mouvement, que Dieu ſuſpend quand il lui plaît, mais qu'il laiſſe ordinairement les maîtreſſes de la détermination des Corps qui ſe meuvent.* La contradiction régne ainſi par tout & revient de tous côtez. Il eſt faux d'ailleurs que *l'action de Dieu ſoit moins cachée* dans le *Sort* & dans les autres *événemens fortuïts,* que dans ceux qui dépendent d'une direction éclairée des Hommes: & ſi Mr. *D. J.* la découvre plus ſenſiblement, il faut qu'il aît les

yeux

(a) Pag. 94.
(b) Voiez les *Reflex. ſur le Bonheur & le Malheur,* &c. par Mr. *Le Clerc,* pag. 102. & ſuiv.
(c) *Lettres,* pag. 21.

(d) Pag. 129, 130.

yeux faits tout autrement que le reſte des Hommes. Que ſi, dans le langage ordinaire, on attribuë aux Hommes d'une façon particuliére, ce qui provient d'un uſage libre & éclairé de leurs Facultez, par oppoſition aux événemens qu'ils procurent ſans le ſavoir & ſans les diriger avec connoiſſance : c'eſt par rapport à la *moralité*, à *la louange ou au blâme*, comme Mr. *D. J.* le dit (a) lui-même, & non pas à parler *phyſiquement*, ou à cauſe de la *différente maniére dont la Providence agit.* Car à ce dernier égard, un *Général* qui jouë aux Dez eſt auſſi bien *cauſe* du point qu'il a amené, que de la Bataille qu'il a gagnée : & on ne peut pas plus dire, que Dieu eſt l'*auteur unique* de la *détermination du Sort*, qu'on ne peut dire que Dieu a *fait* le Livre de Mr. *D. J.* ou que Dieu a *prêché*, quand Mr. *D. J.* deſcend de Chaire. De la maniére que Mr. *D. J.* raiſonne, on diroit que la Providence, lorſqu'elle agit *ſeule*, ou ſans la direction des Hommes, a plus de peine à regler les choſes, & à procurer les événemens, que lorſqu'elle concourt avec la force & la prudence des Hommes.

(a) *Pag.* 20, 21.

F 3 §. XV.

§. XV. Ce n'eſt donc qu'un mi-
ſérable verbiage, de dire, comme fait

(a) Pag. 58. Mr. D. J. *Que* (a) *par rapport aux ef-*
fets de nôtre induſtrie, Dieu déclare les
événemens par ſa volonté *précédente,*
qui nous a donné cette induſtrie; au lieu
que, dans le *Sort, Dieu tient ſa volon-*
té cachée, & ne la déclare que par les
événemens: Que dans les prémiers nous
abordons la volonté de Dieu avec lumié-
re, & le flambeau à la main; au lieu
que *dans l'autre nous la cherchons à tâ-*
tons & en aveugles: Que la détermina-

(b) Pag. 14. *tion du Sort* (b) *eſt au deſſus du pouvoir*
& de la volonté de l'Homme, & qu'au
deſſus de l'Homme nous ne pouvons con-
cevoir que la volonté & le pouvoir de
Dieu: Que dans le Sort extraordinaire

(c) Pag. 35. (c) *Dieu a manifeſté les événemens* par
ſa volonté; *au lieu que dans le* Sort ordinaire *il manifeſte ſa volonté* par l'événement: *Qu'il n'y a pas deux Providen-*

(d) Pag. 60. *ces diſtinctes, mais* (d) *ſeulement deux*
manières de répondre à la diſpoſition des
Hommes, ſelon qu'ils ſe prévalent des
dons & des faveurs de Dieu, ou qu'ils y
renoncent & s'en deſſaiſiſſent &c. On
trouvera par tout, dans les *Lettres* de
nôtre Prédicateur, de ſemblables penſées

fées inintelligibles , ou hors d'œuvre.

§. XVI. L a vérité est, que toute la différence réelle qu'il y a entre
les *événemens qui dépendent du Sort*, &
ceux qui n'en dépendent point, c'est l'in-
certitude du succès; & il semble que ce
soit-là ce qui a engagé Mr. *D. J.* dans
toutes les fausses conséquences qu'il tire, & dans tous les égaremens où il se
jette. Mais cette incertitude, qui n'est
que pour les Hommes, ne sauroit en aucune façon changer la maniére d'agir de
la Providence, ni la rendre plus respectable. Qui ne sait d'ailleurs, qu'en matiére
de bien des choses où les Hommes font
usage de leur force & de leur prudence, ils ne peuvent pas plus être assûrez
de l'événement, qu'un Joueur d'avoir
beau jeu & de gagner ? Si Mr. *D. J.*
ne veut pas m'en croire , il en croira
sans doute S A L O M O N , qui a dit, (a) (a) *Eccles.*
Que la Courfe n'est point pour ceux qui IX, 11.
font agiles, ni la Bataille pour les Forts,
ni le Pain pour les Sages, ni les Richef-
fes pour les perfonnes intelligentes, ni la
Faveur pour les gens habiles ; mais qu'il
y a un tems & un H A Z A R D *qui E-*
CHET A' TOUS , *ou dans toutes cho-*
fes. Ce paffage est d'autant plus remar-
qua-

quable, qu'on y voit le mot de *Ha-zard*, emploié, selon l'usage naturel & innocent de toutes les Langues, pour désigner simplement & sans aucun rapport à une Providence particuliere, quelque événement produit par le concours de certaines causes inconnuës ou imprevûës & sans une direction éclairée de celui par rapport auquel il arrive fortuïtement. GATAKER, qui (a) a remarqué cet usage du terme Hébreu dans plusieurs (b) endroits de L'Ec-CLESIASTE, & en d'autres (c) passages du Vieux Testament, ajoûte qu'un mot Grec (d) qui y répond, se trouve aussi emploié par N. S. Je-sus-CHRIST lui-même, dans la Parabole du Samaritain. D'où il paroît que c'est une pure déclamation, de dire, comme fait Mr. *D. J.* que (e) *ce je ne sai quoi qu'on appelle Hazard, si on prétend le séparer de la direction de* DIEU (c'est-à-dire, selon lui, d'une vûë distincte de quelque Providence particuliére & immédiate) *ce n'est* rien, *c'est une* chimére, *&* RIEN, ajoûte-t-il, *ne sauroit faire la détermination de* QUELQUE CHOSE. *Ad populum phaleras.*

(a) *Chap.*11. §. 1. *pag.* 10.

(b) *Chap.*11. 14, 15. III. 19. IX, 2,3.

(c) I. *Rois*, V, 4. *Ruth.* II, 3.

(d) Κατὰ συγκυρίαν. Luc, X, 31.

(e) *Lettr.* pag. 16.

§. XVII.

§. XVII. Si l'incertitude de l'événement, dans les choſes fortuïtes, n'emporte par elle-même aucun changement dans la nature des choſes ni dans la maniére d'agir de la Providence; le *deſſein des Hommes*, qui conviennent entr'eux d'attacher quelque effet de droit au ſuccès d'un tel événement incertain; ce deſſein, dis-je, aura-t-il la vertu de faire intervenir DIEU d'une maniére plus immédiate & plus reſpeƐable ? N'eſt-ce pas une choſe ridicule, de vouloir nous perſuader, que, lors qu'un Homme étant ſeul jette deux Dez ſur une Table, ou ſans deſſein, ou ſimplement pour voir quelles combinaiſons de points il aménera, il *faſſe* (a) *une aƐion naturelle, qui répond à la Providence générale, & qui n'a aucune conſéquence, non plus qu'une Pierre, qu'on pouſſe du bout du pied*; mais que, dès que deux Hommes jettent tour-à-tour deux Dez, pour voir qui aura quelques ſols qu'ils ont voulu ſe donner réciproquement, au cas que l'un d'eux amenât un point plus haut, *on doive alors raporter cette Convention à une Providence particuliere ?*

(a) *Lettres*, pag. 21, 22.

F 5   C'eſt

(a) *Pag.* 192.   C'eſt en vain que Mr. *D. J.* (a) prétend, que, la *Convention morale* (je
voudrois bien ſavoir où il a trouvé des
Conventions Phyſiques) que la *Convention,*
dis-je, dans laquelle il fait conſiſter
l'*eſſence* du *Sort*, emporte une ſoumiſ-
(b) *Pag.* 20. ſion à (b) *une déciſion de plus haut que
de nôtre raiſon & de nôtre induſtrie*, un
compromis par lequel on ſe remet à l'arbitrage de D I E U *ſeul* ; une *petite con-
ſultation à* D I E U, *le ſeul Directeur,
le ſeul Maître du Sort* ; une eſpéce de
priére, au moins tacite, par laquelle on
lui demande *à qui il veut donner le gain
que deux perſonnes déſirent également, &
qui ne peut être qu'à une ſeule*. Tout cela n'a pas la moindre apparence de ſolidité. Car, afin que le *Sort* pût être
regardé comme un arbitrage dans lequel on ſe remet à la déciſion de
D I E U, il faudroit que ce fût-là une
ſuite néceſſaire ou *de la nature même
de la choſe*, ou du moins de *l'intention
de ceux qui uſent du Sort*. Ce n'eſt pas
une ſuite néceſſaire de la *nature même
de la choſe*, puis que, comme nous
l'avons vû, on ne ſauroit alléguer la
moindre raiſon vraiſemblable, pour
prouver qu'il y aût dans les événemens
qui

qui dépendent du Sort une Providence particuliére & immédiate, qui agiffe *feule* & indépendamment des Caufes Secondes. Ce n'eft pas non plus u-
ne fuite néceffaire de l'*intention* de ceux
qui ufent du Sort, puis qu'on peut
fort bien s'en rapporter à quelque événement cafuel fans penfer & fans être
obligé de penfer en aucune façon à u-
ne direction toute particuliére de la
Providence, qui doive *feule* décider
de l'affaire dont il s'agit ; les Caufes
Secondes fuffifant, quelque inconnuës
qu'elles nous foient, pour produire l'effet qu'on a en vûë, & la décifion qu'on
y a attaché foi-même par fa pure volonté. Que fi les Hommes, en ufant
du Sort, *renoncent* (a) *à leur propre vo-*   (a) Pag. 188.
lonté & à leur propre induftrie ; il ne
s'enfuit point de là qu'ils s'en rappor-
tent dès-lors à la volonté & à l'arbi-
trage de DIEU, & qu'*ils* (b) *s'aveu-*   (b) Pag. 130.
glent volontairement fur les moiens qui
font emploiez dans le Sort. Il n'y a que
des Efprits fuperftitieux, ou prévenus
de fauffes idées, comme celles de Mr.
D. J. qui ne mettent point de milieu
entre les événemens produits par une
direction éclairée des Hommes, &

ceux

ceux qui dépendent uniquement d'une
direction particuliére & immédiate de
Dieu. Quelque confuses que soient les
idées que le Vulgaire a du Hazard,
tout Joueur sait assez que c'est lui qui
mêle les Cartes , & qui jette le Dé ;
& que , selon qu'il remuë les prémiéres , & qu'il laisse aller le dernier , il
gagnera ou perdra : chacun conçoit
assez qu'il y a des événemens fortuits,
sans penser à une Providence qui les
dirige plus particuliérement , que les
événemens absolument nécessaires , ou
que ceux dont on peut prévoir le succès avec plus ou moins de certitude.
Les effets où le Commun des Hommes reconnoît le plus le doit de Dieu,
ce sont ceux dans lesquels il y a quelque chose qui frappe les Sens d'une
maniére éclattante, ou effraiante. De
là vient que les *Eclipses* & les *Comètes*
ont été autrefois regardées par tout,
& le sont encore aujourd'hui par bien
des gens , comme des espéces de miracle , & des signes de la colére du
Ciel ; quoi que rien n'aît des causes
naturelles plus constantes & plus invariables. De là vient encore , que la
Pluie, l'*Arc-en-ciel*, les *Vents* , & sur
tout

tout le *Tonnerre*, & les *Tremblemens de terre*, reveillent souvent l'idée de la Providence, & d'une Providence toute particuliére, dans l'esprit de quantité de personnes, qui semblent croire que Dieu a toûjours la main à l'œuvre pour diriger immédiatement ces Phénoménes, selon qu'il veut favoriser ou punir les Hommes. Mais, dans les choses qui dépendent du Sort, il n'y a rien de tel, qui se fasse vivement sentir, ou qui inspire de la fraieur : & le mouvement des Causes Secondes, d'où dépend l'effet, y est très-sensible, de sorte que l'obscurité de la détermination de ces Causes ne fait d'ordinaire que laisser l'Esprit dans l'incertitude du succès. Que s'il y a des Joueurs, qui semblent indirectement & confusément rapporter à une Providence particuliére les bons & les mauvais coups, comme je l'ai remarqué (a) dans mon Livre, je leur interdis absolument les Jeux, même ceux d'Adresse, à l'égard desquels ils ne sont guéres moins prévenus de cette erreur qui paroît par là n'avoir pas uniquement sa source dans l'idée qu'ils ont de la nature du Sort. Mais la prévention

(a) *Traité du Jeu*, Liv. III. Chap. V, §. 21.

F 7   tion

tion de ces gens-là, non plus que celle de Mr. *D. J.* n'empêche pas que
ceux qui jouent, ou qui usent du Sort
de quelque autre maniére, sans avoir
la moindre penfée de s'en rapporter à
une direction particuliére & immédiate de la Providence, commettent aucune profanation; puis que cette intervention extraordinaire êst une fausse
fuppofition, qu'ils ne font nullement
obligez de faire. Il eft fi peu nécessaire, dans l'ufage du Sort en général,
d'y joindre quelque idée de Dieu, que
l'on peut dire avec (a) GATAKER,
qui le dit lui-même après (b) THO-
MAS D'AQUIN, que *le Sort ne laiffe-
roit pas d'avoir lieu, & d'être de quelque ufage, quand même par impoffible on
fuppoferoit qu'il n'y a point du tout de Providence qui le dirige.*

§. XVIII. De là il s'ensuit,
que l'ufage du Sort ne renferme nullement par lui-même *une efpéce de Priére, au moins tacite.* GATAKER répondant à quelques Théologiens de
fon tems, qui foutenoient la même
chofe, & qui comparoient le *Sort*, à
cet égard, avec le Serment, fait là-
deffus des reflexions, que je vais rap-
por-

(a) Liv. I. Chap. II. §. 4.
(b) *De Sor-tilus*, Cap. V.

porter, d'autant plus volontiers, qu'elles servent à montrer encore mieux
l'abſurdité d'une penſée qui n'a en elle-même aucun fondement. On citoit
l'exemple de *Saül*, (a) qui prenant le
ſilence de l'Oracle ordinaire parmi le
Peuple de Dieu, pour une marque
qu'il y avoit quelcun qui s'étoit rendu
coupable d'un crime digne de mort,
pria Dieu de le faire connoître par le
Sort ; & on y joignoit l'exemple des
Apôtres, qui avant que de jetter le
Sort pour l'élection d'un nouvel Apôtre, à la place de *Judas* adreſſérent à
D I E U une priére, que S T. L U C (b)
nous a conſervée. " Ces paſſages, dit
" G A T A K E R (c), ne concluent
" rien. Ils prouvent ſeulement que l'on
" a quelquefois prié Dieu (& même
" dans un (d) des deux exemples la
" priére étoit faite ſans foi, n'y aiant
" point de parole ni d'ordre de Dieu
" qui l'autoriſât) que l'on a, dis-je,
" quelquefois, dans le *Sort extraordi-*
" *naire* où l'on attendoit un effet de la
" Puiſſance & de la Providence ex-
" traordinaire de D I E U, fait préce-
" der la Priére, pour le ſupplier de
" vouloir bien diriger l'événement; la
                                    " cho-

(a) I. *Sa-*
muel, XIV,
41.

(b) *Act.* I,
24, *& ſuiv.*

(c) *of the*
nature and
uſe of Lots,
&c. Chap.
VII. §. 8.
(d) Celui
de Saül,
I. *Sam.*
XIV, 41,

„ chofe, dont il s'agiſſoit alors, étant
„ telle, que le Sort n'étoit pas capa-
„ ble de la déterminer par aucun pou-
„ voir naturel ou de la Créature qui
„ jettoit le Sort, ou de celle qui étoit
„ employée à cet uſage. Mais une tel-
„ le priére n'a point de lieu, & n'eſt
„ pas même légitime, dans le *Sort or-*
„ *dinaire*, ou ſimplement de partage.
„ Par exemple, quand on aſſignoit ou
„ qu'on mettoit à part la dixme (a)
„ pour les *Lévites*, il n'étoit pas per-
„ mis, moins encore néceſſaire, de
„ prier Dieu qu'il dirigeât le Sort a-
„ fin que chaque Agneau ou chaque
„ Chevreau, qui ſe trouvoit le dixié-
„ me à meſure qu'ils ſortoient les uns
„ après les autres, ſe préſentât certai-
„ nement ou conſtamment de cette
„ maniére. Du reſte, les exemples
„ qu'on allégue de la Priére emploiée
„ dans le Sort, ne prouvent point
„ qu'elle faſſe partie du Sort, ou
„ qu'elle ſoit renfermée dans l'uſage
„ du Sort, comme elle fait partie du
„ Serment, dans lequel elle eſt toû-
„ jours renfermée, ſelon la définition
„ commune de cet acte religieux.
„ Dans l'élection aux Charges, tant
„ Ci-

(a) *Levit.* XXVII, 32.

„ Civiles qu'Ecclésiastiques , la Prié-
„ re est emploiée ordinairement , ou
„ doit du moins l'être : il ne s'ensuit
„ pourtant pas de là, qu'elle fasse par-
„ tie de l'élection , ou que l'élection
„ suppose de sa nature une Providen-
„ ce particuliére , ou une présence de
„ Dieu qui la détermine. Voilà comment raisonne ce savant & judicieux
Théologien. J'ajoûterai ici, que, bien
loin que le Sort soit toûjours accompagné d'une Priére , expresse ou tacite , il y auroit le plus souvent une espéce de profanation à faire intervenir
la Priére dans l'usage du Sort le plus
incontestablement reconnu pour légitime. Si un *Lévite* avoit *élevé* (a) *son*
cœur vers Dieu , pour lui demander la
grace de diriger la sortie fortuïte des
Agneaux ou des Chevreaux , de maniére que tous ceux qui se trouvoient
les dixiémes fussent les plus beaux &
les plus gras du Troupeau ; n'auroit-
ce pas été-là une priére de goinfre, ou
de gourmand , ou d'homme souverai-
nement intéressé ? A la place d'un *Lé-*
vite , mettons un *Ministre* , qui se trou-
vant en concurrence avec un autre auroit à tirer au sort pour savoir qui des
deux

(a) *Lettres*
pag. 16.

deux feroit, par exemple, Pafteur de *la Haie*, plûtôt que de *Middelbourg* :

(a) *Ibid.* diroit-on qu'il lui *fied très-bien* (a) *d'é-lever fon cœur à Dieu*, pour le fupplier inftamment de faire en forte que la Cure de grand revenu ou la plus honorable lui échée, plûtôt que l'autre ? Or de telles Priéres pourroient-elles aboutir à autre chofe, & ne ferviroient-elles pas par conféquent à nourrir l'Avarice, la Senfualité, l'Ambition, & autres mauvaifes difpofitions. Il faut dire la même chofe de prefque tous les Partages en matiére d'affaires civiles ; car il n'y a guéres que quelque paffion, finon vicieufe, du moins très-mal affortie avec la Priére, qui puiffe faire fouhaitter d'avoir telle ou telle portion, plûtôt qu'une autre. De forte que Mr. *D. J.* en voulant rendre le *Sort* une *chofe facrée*, en fait véritablement une occafion prefque infaillible de *profanation*.

Ainfi tombe tout ce que Mr. *D. J.*

(b) *Pag.* 74. dit *d'une* (b) *efpéce de facrifice & d'hom-mage* qu'il veut que l'on *faffe à* DIEU dans le Sort ; de la prétenduë *moque-

(c) *Pag.* *rie* par laquelle on (c) *proftituë la Pro-
135, 138. vidence*, & des *décifions qui ne vien-nent*, felon lui, *que de* DIEU *feul*,

enco-

encore même (a) *qu'on ne songe point à la* (a) Pag. 83.
Providence; de l'idée de Dieu, & de sa
présence, qu'il prétend que l'on (b) rè- (b) Pag. 75.
veille *davantage dans le Sort,* que dans
les événemens non fortuïts; de la comparaison du (c) *Sort* avec le *Jurement,* (c) Pag. 76.
& avec *l'abus* (d) *des Passages de l'E-* & suiv.
criture Sainte. (d) Pag. 97.

§. XIX. IL N'Y a pas plus de fon-
dement dans la raison qu'il tire (e) de ce (e) Pag. 16,
que l'on doit rendre graces à Dieu de 17.
l'heureux succès du *Sort.* Car il ne s'ensuit nullement de là, que la Providence
aît presidé sur le Sort, autrement qu'elle
ne préside sur les autres événemens.
DIEU est la prémiére Cause de tout le
bien qui nous arrive, entant que toutes
les facultez des Etres, tant Spirituels,
que Corporels, viennent de lui : & d'ailleurs il auroit pû, s'il l'eût voulu, faire en sorte, par un acte de sa Providence extraordinaire, que les choses
eussent tourné d'une toute autre maniére, contre leur disposition naturelle. Ainsi nous devons le remercier de
tout, de ce qui nous arrive par l'effet
certain d'une Cause nécessaire, aussi
bien que de ce qui nous arrive par un
cas entiérement fortuït. GATAKER
avoit

avoit répondu d'avance à cette foible raison. *J'avouë*, disoit-il, (a) *que* ST. AUGUSTIN (1) *regarde les choses é-chuës par le Sort, comme un effet de la libéralité de Dieu ; selon ce que dit le Psalmiste ;* (b) Les cordeaux me sont échus en un lieu agréable, & j'ai un bel Héritage; j'en louë Dieu. *Paroles néanmoins, qui doivent être entenduës dans un sens métaphorique, & non pas dans un sens propre, comme il paroît par celles-ci, qui précédent :* (c) L'Eternel est la portion de mon Héritage & de ma Coupe, & celui qui maintient mon lot. *Mais on voit aussi que toutes sortes de* (d) *Biens, soit qu'ils nous viennent* (e) *par la mort de nos Amis, ou que nous* (f) *les aiyons gagnez par nôtre travail & nôtre industrie, ou aquis, de quelque autre maniére, le Repos même* (g) *& le Sommeil, une* (h) *bonne Femme, &* (i) *des Enfans ; nous sont représentez dans l'Ecriture Sainte comme autant de présens de Dieu, & comme venant tous de celui qui* (k) *donne toutes choses à tous, & qui* opére (l) *toutes choses pour tous,* & (m) *en tous.*

§. XX.

(a) Chap. II. §.3. pag. 17.

(b) Pseau. XVI, 6, 7.

(c) Ibid. verf. 5.

(d) Proverb. X, 22.

(e) Proverb. XIX, 14.

(f) Deuter. VIII, 18.

(g) Pseaum. CXXVII, 2.

(h) Proverb. XIX, 14.

(i) Pseaum. CXXVII, 3. Gen. XXX, 1, 2. Josué, XXIV, 3, 4.

(k) Act. XVII, 25. I. Timoth. VI, 17.

(l) Esaie, XXVI, 12.

(m) Ephes. I, 11. Hébr. XIII, 21.

(1) *Solent, quæ sorte dantur, divinitus dari.* DE Geneſi ad lit. *Lib. X. Cap. XVIII.*

§. XX. Mr. *D. J.* croit nous é-
blouïr par l'exemple de (a) *plusieurs Cri-* (a) *Lettres*
minels qui *tirent aux billets, lors qu'on veut* pag. 17.
se contenter de faire valoir sur un seul les
droits de la Justice. Mais ici même autre chose est d'*oublier la Providence, &*
de ne parler que du hazard & du bon-
heur des Dez ; & autre chose, de reconnoître que D i e u *a conduit & dé-*
terminé le Sort d'une façon extraordinaire & immédiate. Le prémier est
sans doute un effet d'*ignorance* & d'*in-*
gratitude : mais l'autre n'est point une
suite nécessaire de la Reconnoissance la
plus éclairée & la plus parfaite: Celui
qui a été délivré par le Sort du danger de perdre ignominieusement la
vie, doit savoir qu'il ne tenoit qu'à
D i e u de faire tomber sur lui le billet
de condamnation, & qu'il faut toûjours remonter à cet Etre Souverain,
comme à la Cause prémiére de tous
les Biens. Mais il ne sait point, & il
ne peut savoir, si la Providence est in-
tervenuë d'une façon extraordinaire,
pour diriger, prémiérement la disposition & le mouvement des billets, &
ensuite le bras du Criminel, qui a porté la main sur l'un, plûtôt que sur l'autre.

tre. Il ne fait pas non plus fi la Providence avoit quelque raifon particuliére d'être attentive à fa confervation, plûtôt qu'à celle du Criminel malheureux ; & quand il en foupçonneroit quelcune, fi la difpofition des Caufes Secondes, que Dieu prévoioit certainement, ne concouroit pas avec fes vuës, & ne lui épargnoit pas la néceffité d'intervenir extraordinairement. Pourquoi donc cet homme fonderoit-il fes actions de graces fur une fuppofition incertaine, & dont il lui eft impoffible de s'éclaircir avec la moindre certitude ? Pourquoi s'amuferoit-il à rechercher de quelle maniere il eft redevable au Confervateur des Hommes, de ce qu'il a évité une mort ignominieufe ? Et pourquoi ne fe contenteroit-il pas d'un mouvement fincére de Reconnoiffance, produit en vuë de l'idée générale d'une Providence, toûjours fouverainement admirable & digne de tous nos hommages, de quelque maniére qu'elle influë fur ce qui nous arrive de bien ? En un mot, on n'a

(1) *Non fit aliquid , nifi Omnipotens fieri velit , vel finendo, vel ipfe faciendo.* Augustin. Enchirid. Cap. XCV. Je cite ce paffage, après Gataker, qui l'allé-

n'a aucune raison de croire que D I E U
préside autrement à ce Sort, qui déci-
de de la vie de ceux qui tirent les billets,
qu'il ne préside à la conservation de
ceux qui ne sont point attaquez d'une
maladie contagieuse & épidémique,
qui régne dans le lieu où ils demeurent, ou à la guérison de ceux qui a-
voient été attaquez d'une maladie, dont
plusieurs autres sont morts.

Ce n'est pas non plus proprement le
but du Sort dans le cas dont il s'agit,
ni l'intention de ceux qui l'ordonnent,
de (a) *se rapporter à Dieu de la vie &* (a) *Lettres,*
de la mort des Criminels atteints & pag. 17.
convaincus du même crime, & de
connoître par cette voie *sa volonté.* On
sait bien qu'il n'arrivera rien ici, non
plus qu'en (1) toute autre rencontre,
que ce que D I E U aura *voulu,* puis
que s'il n'avoit pas voulu que les choses tournassent de telle ou telle maniére, il avoit mille moiens en main pour
l'empêcher. Mais, comme l'on suppose qu'il n'y a pas plus de raison de
faire grace à l'un des Criminels, qu'à
tout

lègue à la fin de son *Chap.* V, en raisonnant sur le même principe, que moi.

tout autre ; on a recours au Sort dans
cette occasion, ainsi que dans les autres où il n'y va pas de la vie, comme
à une voie impartiale, qui ne laisse
aucun sujet de plainte à celui qui
souffrira le supplice qu'il n'avoit pas
plus mérité, que les autres qui se verront à couvert de l'effet de la Sentence commune. Voilà ce qu'on se propose principalement & directement. Que
s'il y entre quelque considération de la
Providence, on ne suppose point pour
cela, qu'elle intervienne alors *extraor-*
dinairement ; on n'a du moins aucune
raison de le supposer. J'avouë encore
que le Criminel malheureux doit se
soûmettre à la volonté de Dieu, &
regarder en quelque façon la décision
du Sort comme un Arrêt du Ciel :
mais ce n'est qu'entant qu'il n'a pas
plû à Dieu de diriger *extraordinaire-*
ment le Sort pour lui sauver la vie,
comme il l'auroit pû, s'il l'eût voulu :
de même que ceux qui périssent dans
un Naufrage, dans un Incendie, ou
dans quelque autre péril commun, doivent se soumettre à la volonté de Dieu,
qui n'a pas jugé à propos de leur fournir quelque moien de se sauver, qu'il
ne

ne 'tenoit qu'à lui de leur faire trouver, aussi bien qu'aux autres.

§. XXI. S i la *volonté* que D i e u,
selon Mr. *D. J. manifeste par l'événement* dans l'usage ordinaire du *Sort*, é-
toit une volonté plus particuliére &
plus positive; s'il dirigeoit toûjours le
Sort d'une maniére immédiate, avec
une attention & une opération, pour
ainsi dire, plus appliquée; si le Sort
étoit toûjours un Oracle, comme Mr.
D. J. nous le représente : il faudroit
l'emploier presque par tout, & s'en remettre à sa décision pour la plûpart
des affaires, tant civiles, que sacrées,
quelque susceptibles qu'elles soient d'u-
ne direction humaine. Car il n'y en a
guéres, où l'on puisse compter sûrement sur la force & la prudence des
Hommes : on y remarque presque toûjours quelque mélange de doute &
d'incertitude. Et là même où la direction des Hommes paroît avoir le
plus d'efficace, ne vaudroit-il pas
mieux laisser faire celui qui peut sans
contredit conduire les choses mieux
que ne feront jamais de foibles Mortels, avec toutes leurs lumiéres & leurs
mesures les mieux concertées ? Plus

G   l'afl'affaire feroit importante , & plus on auroit raifon de renoncer à fa force, & à fa prudence, pour s'en rapporter au *Sort*, où DIEU *agit feul*, felon Mr. *D. J.* Ainfi un Juge , qui trouveroit quelque embarras dans une Caufe , devroit imiter le (a) Juge *Bridoie*, qui *fentencioit les Procès au fort des Dez.* Et l'exemple du (b) Général, que Mr. *D. J.* allégue mal-à-propos pour rendre ridicule l'opinion qu'il combat, feroit très-jufte dans fon Syftême.   Ce Général pourroit dire : *J'ai appris,* SIRE , *de quelques Prédicateurs, que la Providence dirige le Sort* AUTRE-MENT *que les Batailles : Que dans les Batailles il concourt avec la force & le courage des Soldats, avec la fituation des lieux, & autres chofes femblables, dont l'effet eft fort fujet à être traverfé par mille cas imprévûs ; mais que, dans le Sort,* DIEU *agit* SEUL ET SANS L'INTERVENTION DES CAUSES SECONDES, *qu'il le dirige d'une façon particuliére & immédiate. J'ai donc cru, qu'il étoit infiniment plus fûr de prendre cette voie, & de m'en remettre à* L'ARBITRAGE *& à la* DIREC-TION IMMÉDIATE *de Dieu, que*

de

(a) *Rabelais,* Liv. III. Chap. XXXVII. (b) *Lettres,* pag. 63, 64.

de m'expofer au danger d'une Batail-
le.

§. XXII. VOILA' qui fuit du principe de Mr. *D. J.* s'il fignifie quelque chofe. Et cependant y a-t-il rien de plus abfurde? rien qui fût plus capable de bouleverfer toutes les affaires de la Vie ? Il ne faut d'ailleurs que confiderer la variation & la bizarrerie prodigieufe des décifions du Sort, pour conclurre qu'elles ne partent pas d'une direction immédiate & d'une volonté pofitive de DIEU; & qu'on ne peut les lui attribuer fur ce pié-là fans faire tort à fa Sageffe. Voici encore là-deffus une reflexion judicieufe de GATAKER: (a) ,, Si dans l'affaire d'*Ha-* ,, *can*, (dit-il) on eût jetté le Sort plu- ,, fieurs fois, ou que diverfes perfon- ,, nes l'euffent jetté en même tems, ,, felon l'ordre de DIEU; le Sort fe- ,, roit tombé conftamment & invaria- ,, blement fur la Tribu de *Juda*; & ,, dans cette Tribu, fur la Famille des ,, *Zérachites*; dans la Famille des *Zé-* ,, *rachites*, fur la maifon de *Zabdi*; & ,, dans cette Maifon, fur la perfonne ,, d'*Hacan*. Mais il n'y a rien de plus ,, incertain & de plus variable, que le

(a) *Chap.* VII. §. 10, *pag.* 159, 160.

G 2 ,, Sort

„ Sort commun : à chaque coup qu'on
„ remuë le Vaſe ou le Cornet, on a u-
„ ne nouvelle ſentence. Suppoſons,
„ par exemple , qu'entre cent Miniſ-
„ tres de *Londres*, on veuille en choi-
„ ſir un par le Sort , pour viſiter les
„ Peſtiferez, & que l'on jette le Sort
„ quatre ou cinq fois de ſuite avec les
„ plus grandes ſolemnitez du monde ;
„ croit-on qu'il tombera toûjours ſur
„ le même Miniſtre ? Ou ſuppoſons
„ qu'il y aît en divers lieux quatre ou
„ cinq Aſſemblées parmi leſquelles, a-
„ près avoir prié Dieu de vouloir pré-
„ ſider à une Election pour un Em-
„ ploi vacant, on jette le Sort entre
„ les mêmes Prétendans ; eſt-il, je ne
„ dirai pas certain , mais ſeulement
„ vraiſemblable, que, dans toutes ces
„ Aſſemblées, la même perſonne ſera
„ toûjours déſignée par le Sort ?

Le même Théologien fait une autre reflexion, qui montre encore clairement, que la déciſion du Sort commun ne ſauroit être regardée comme
un Oracle , ni comme un Arrêt du
Ciel. „ Après, dit-il, (a) que le Sort
„ eût été jetté entre *Matthias* & *Bar-*
„ *ſabas* , le prémier , ſur qui le Sort
„ étoit

(a) *Ibid.*
pag. 162.

,, étoit tombé, n'auroit pas pû se dé-
,, charger de l'Apostolat, & y renon-
,, cer en faveur de l'autre, par un ac-
,, cord fait entr'eux. Mais si le Minis-
,, tre choisi par le Sort pour visiter
,, les Pestiferez, venant à être saisi de
,, fraieur & d'épouvante, un autre
,, plus courageux offroit volontaire-
,, ment de prendre sa place, ne pour-
,, roit-on pas légitimement accepter
,, les offres du dernier ? & seroit-on
,, sagement de presser l'autre, qui se
,, sent si fort incapable de cette dan-
,, gereuse fonction ?

De là il paroît que, dans cet exem-
ple, qui est un de ceux qu'allégue (a) (a) *Lettres,*
pag. 48.
Mr. *D. J.* le but du Sort n'est pas
d'avoir une décision du Ciel, & ne
suppose d'ailleurs aucune direction particuliére & immédiate de la Providence. Mais la difficulté de choisir entre
plusieurs Ministres, également tenus
par leur Charge à visiter les Pestiferez, oblige de prendre ce parti, qui
ôte tout sujet de plainte à ceux qui
croiroient avoir de meilleures raisons
de refuser une telle fonction, que les
autres qu'on en voudroit dispenser.
GATAKER dit aussi, en parlant

G 3   d'un

d'un tems de Perſécution, (a) que l'on peut tirer au Sort *quels Paſteurs du Peuple demeureront, & quels ſe retireront & ſe reſerveront pour de meilleurs tems; afin que, par ce moien, ceux qui reſtent ne puiſſent point être accuſez de préſomtion, ni ceux qui ſe retirent, de lâcheté.*

§. XXIII. LA grande raiſon pourquoi Mr. *D. J.* prétend que l'on ne peut ſans profanation emploier le Sort dans le Jeu, c'eſt qu'il s'agit (b) d'un *amuſement* & d'une *bagatelle*. De là vient qu'il a oſé avancer, (c) que PLUS IL Y A A GAGNER ET A PERDRE, MOINS LES JEUX SONT PROFANES; dequoi les grands Joueurs, qui riſquent de groſſes ſommes, ne manqueront pas de le remercier, comme il le mérite. Mais ce qu'il dit de l'*amuſement*, va à rendre illicites les Jeux d'Adreſſe, auſſi bien que ceux de Hazard. Car puis que la Providence dirige les prémiers, auſſi bien que les derniers, n'eſt-ce pas la faire *miniſtre de nos amuſemens & juge de nos conteſtations pueriles*, que de l'obliger à intervenir dans ces ſortes de Jeux? Qu'importe qu'elle agiſſe *ſeule*, ou

(a) *Chap.* IV. §. 3. pag. 12.

(b) *Lettres*, pag. 49, 96. &c.

(c) *Pag.* 19.

ou *avec nous?* Tout ce qui s'enfuivroit
de là, ce feroit qu'il y auroit un peu
moins de profanation dans les Jeux d'A-
dreffe, que dans les Jeux de Hazard;
mais il y en auroit toûjours affez pour
devoir empêcher Mr. *D. J.* de jouer ou
de permettre que l'on joue aux *Echecs;*
exercice néanmoins qu'il *patrocine*, pour
lui renvoier une belle expreffion qu'il
emploie gravement (a) en parlant de (a) Pag:
fes Adverfaires. 196, 197.

§. XXIV. A L'EGARD de la *ba-*
gatelle, ou du *peu d'importance de la*
chofe fur quoi on s'en remet à la décifion du Sort, Mr. *D. J.* qui permet
le Sort dans les Partages, où il eft
auffi emploié le plus fouvent, n'a pas
pris garde que ce dont il s'agit là &
dans les autres affaires de la Vie Civile où l'ufage du Sort eft généralement
reconnu pour légitime, eft pour l'ordinaire très-peu de chofe. Quand on
tire au fort pour ce fujet, les portions
font auffi égales qu'il eft poffible, parce que c'eft l'égalité de droit & de
prétenfions fur les chofes à partager,
qui oblige d'affigner à chacun fa part
de cette maniére; car ceux qui pré-
tendroient avoir quelque prérogative,

n'aun'auroient garde de confentir à la voie du Sort, qu'après avoir tiré ce qui leur revient de plus qu'aux autres. Ainfi ce qu'il s'en faut qu'une portion ne foit auffi confidérable que l'autre, eft ordinairement de très-peu d'importance; & par conféquent, felon les principes de nôtre Prédicateur, ce feroit une *profanation*, que de *proftituer* ainfi, pour des bagatelles, la *direction particuliére & immédiate* d'une Providence qui agit *feule*. Il a beau dire que c'eft *pour le bien de la paix* qu'on tire au fort : car cela n'empêche pas qu'il ne s'agiffe au fond de peu de chofe : & ainfi ou les intéreffez devroient tous s'accorder de bonne grace, pour ne pas profaner une *chofe facrée* comme le Sort ; ou, fi quelcun n'en faifoit aucun fcrupule, les autres devroient plûtôt relâcher de leur droit, & laiffer le choix aux moins religieux.

§. XXV. APRE's tout, de quelque maniére que la Providence intervienne dans le Sort, il eft certain que les Hommes tirent au fort quand il leur plaît, & que DIEU ne fait point de miracle pour les en empêcher. Si donc il y avoit dans le Sort une Provi-

vidence, telle que Mr. *D. J.* la conçoit, il ne tiendroit qu'aux plus che-
tifs Mortels d'obliger D I E U malgré
lui, pour ainſi dire, à être le *Miniſtre*
de leurs amuſemens, & l'*Arbitre de*
leurs conteſtations puériles, dont il ne
peut (a) *refuſer de ſe mêler*, ſelon nô- (a) *Pag.* 19.
tre Prédicateur, du moment que le
Sort y entre pour quelque choſe.

§. XXVI. I L Y auroit ici bien
d'autres choſes à dire : mais en voilà
plus qu'il ne faut, pour faire toucher
au doit le peu de ſolidité d'un Syſtême,
qui n'étant appuié ſur rien, eſt d'ailleurs expoſé à de ſi abſurdes conſéquences. Après cela il n'y a nulle apparence, que Mr. *D. J.* puiſſe trouver aucune reſſource dans l'Ecriture
Sainte, qui certainement ne nous enſeigne jamais des abſurditez. Il cite le
fameux paſſage des (b) P R O V E R B E S (b) *Chap.*
de S A L O M O N ; mais il n'a garde de XVI. *verſ.*
refuter les raiſons que j'ai alléguées a- 33.
près Mr. L E C L E R C , pour faire
voir que ce paſſage ne prouve rien. Il
eſt vrai que ce ſont des raiſons critiques, dont un Prédicateur du caractè-
re de Mr. *D. J.* ne s'embarraſſe guéres : il ne connoît d'autre régle pour

in-

interprêter les Ecrivains Sacrez , que son imagination & ses Lieux Communs, ou les idées métaphysiques dont il s'est entêté , & qu'il regarde comme des inspirations : voilà tout le fondement de (a) la paraphrase & de l'explication que donne Mr. *D. J.* Je n'y veux opposer que celle du Savant Théologien, que j'ai déja cité plusieurs fois, & qui avoit ruiné de fond en comble il y a près de cent ans , tout l'avantage que les *Joncourts* de son tems prétendoient tirer de la sentence de SA-LOMON. " Ces paroles , dit-il, (b) " de l'Esprit de Dieu , prononcées " par le Sage , signifient seulement, " comme les expliquent divers (c) " Théologiens célébres & judicieux, " qu'encore que rien ne semble & ne " soit effectivement plus casuel , que " le Sort , lors qu'il est tel qu'il doit " être ; cependant il y a une Providen-" ce Divine dans la disposition du " Sort , de même que dans tous les " autres événemens , de quelque na-" ture & de quelque qualité qu'ils " soient. Aussi voions-nous , que ce " qui est dit ici du *Sort* , est dit ail-" leurs (d) de toutes les *pensées* & de " tou-

(a) *Lettres*, Pag. 91, 202.

(b) *Chap.*11. §. 3. Pag. 16, 17.

(d) Il cite en marge, *Junius, Lavater, Malderus , Rodolph. Bain.* &c.

(d) *Proverb.* XIX, 21. & XVI, 1, 9. & X, 24. & XXI, 30, 31.

„ toutes les *voies* des Hommes, de
„ leurs *paroles*,' de leurs *ouvrages*, de
„ leurs *conseils*, des *mesures* qu'ils pren-
„ nent; parce que tout cela est à la
„ disposition de Dieu, & qu'il n'est
„ pas (a) absolument en nôtre pouvoir (a) *Jeremi*
„ de procurer le succès tel que nous X, 23.
„ le souhaitterions....... (b) Il y a (b). *Gataker*
„ mot pour mot dans l'Original : *Pour* pag. 144.
„ *ce qui* (1) *est du Sort, il est jetté au*
„ *giron, & tout son jugement*, ou tou-
„ te sa disposition, EST DE DIEU:
„ ce que l'on peut traduire, MAIS
„ *tout son jugement* &c. de la même
„ manière qu'il est dit ailleurs : (c) (c) *Proverb.*
„ *Plusieurs cherchent la face*, ou la fa- XXIX; 26.
„ veur, *des Grands, mais tout juge-*
„ *ment de l'Homme est de* DIEU. *Le*
„ (d) *Cheval est préparé pour le jour de* (d) *Proverb.*
„ *la bataille:* MAIS *le Salut est de* XXI, 31.
„ *Dieu*, ou appartient à Dieu. Sur
„ ce pié-là, le Sage ne veut dire au-
„ tre chose, si ce n'est qu'il y a une
„ Providence de Dieu en toutes cho-
„ ses, même dans les moindres, dans
„ les plus casuelles, & entr'autres dans
„ le

(1) *Eth haggoral.* GATAKER cite ici deux exemples
du sens qu'il donne à la particule *Eth, Numbr.* XXVI,
35. *Nehem.* IX, 32.

G 6

„ le Sort. Ainſi il n'attribuë ici rien
„ de plus au Sort, que ce qui eſt at-
„ tribué ailleurs à toutes les autres
„ choſes caſuelles, & même à toutes
„ les penſées, à tous les deſſeins, à
„ toutes les paroles & les actions, à
„ tous les conſeils & toutes les entre-
„ priſes des Hommes..... En tradui-
„ ſant même comme on fait ordinai-
„ rement : *Le Sort eſt jetté au giron,*
„ *mais toute ſa diſpoſition,* ou *tout ce*
„ *qui en provient,* eſt de l'Eternel ; on
„ peut auſſi bien dire, & cela en ver-

(a) *Pſeaum.* „ tu de pluſieurs (a) autres paſſages de
XXXIII, „ l'Ecriture, que tout le ſuccès, tou-
10--20. „ te l'iſſuë, de toutes choſes, gran-
XXXVII, 6, „ des ou petites, plus ou moins im-
7,9,12--16. „ portantes, vient de Dieu. Ce qui
CXXVII, 1, „ n'exclud pourtant pas les moiens,
2. *Proverb.* „ par leſquels ou avec leſquels Dieu
X, 22. XVI, „ opére dans la plûpart de ces choſes,
3, 3, 9, 33. „ & n'emporte point une Providence
XIX, 21. „ qui agiſſe toûjours immédiatement :
XX, 24. „ mais le but de SALOMON eſt de
XXI, 30, „ faire voir qu'il dépend uniquement
31. *Eſaïe,* „ de Dieu, de régler l'événement &
XXVI, 12. „ l'iſſuë de toutes choſes, & de les (b)
XXXIV,15. „ traverſer ou de les laiſſer aller leur
16. *Jerem.* „ train, comme il le juge à propos.
X, 23. *Matth.*
VI, 26, 30.
X. 29, 30.

(b) *To croſſe*
or give way
to them &c.

                    §. XXVII.

§. XXVII. Un autre paſſage
de l'Ecriture Sainte, que Mr. D. J.
allégue en faveur de ſon opinion, c'eſt
(a) celui où SALOMON dit, Que (b)
le Sort fait ceſſer les Procès, & fait les
partages entre les Puiſſans. Mr. D. J.
n'oſe ſoûtenir que le Sage diſe-là en
autant de mots, que le Sort ne SERT
POINT A AUTRE choſe: néanmoins
il paroît aſſez, ſelon lui, tant par la
grandeur de ce qui y intervient, que par
l'eſprit de ce paſſage, qu'il ne doit ſervir
qu'à cela, ou à des choſes de même nature, qui intéreſſent conſidérablement la
paix des Hommes &c. GATAKER
répondra (c) encore ici. " Le terme
" Hébreu, dit-il, quoi que, ſelon ſa
" propriété originale il ſignifie un
" Procès, s'étend néanmoins dans l'u-
" ſage commun à toute ſorte de diſ-
" putes & de démêlez, ſoit qu'ils
" roulent ſur des choſes de grande ou
" de petite importance. Et la prati-
" que du Peuple de Dieu, telle que
" nous la voions dans l'Ecriture, mon-
" tre aſſez que les moindres choſes é-
" toient ordinairement déterminées
" par le Sort. En matiére de Dîmes,
" par exemple, n'étoit-ce pas une
G 7   " cho-

(a) Lettres, pag. 97.
(b) Proverb. XVIII, 18.
(c) chap. VI. §. 4. pag. 128, 129.

„ chofe fort peu importante, que tel
„ ou tel Agneau fût donné à un *Lévi-*
„ *te,* pourvû qu'il eût un Agneau de
„ dix, deux de vint &c. cependant
„ le Sort (a) en décidoit. Il importoit
„ peu à quelle Porte du Temple tels
„ ou tels *Lévites* fe tinffent : (je ne
„ veux pas dire que ce fût une chofe
„ peu confidérable en elle-même, d'ê-
„ tre Portier de la Maifon de D I E U,
„ quoi que le Pfalmifte (b) femble fai-
„ re regarder cette fonction comme
„ une des moindres qu'on pouvoit a-
„ voir dans ce Lieu Sacré) mais que
„ telle ou telle Troupe de *Lévites* fût
„ à telle ou telle Porte, plûtôt qu'à
„ l'autre, à celle du *Nord* ou à celle
„ du *Midi*, pour recevoir les libérali-
„ tez du Peuple à l'occafion de quel-
„ que Collecte, ce n'étoit pas certai-
„ nement une chofe de grande confé-
„ quence ; & cependant on tiroit (c)
„ au Sort pour cela. Il n'étoit pas non
„ plus fort important, quel des Prê-
„ tres offrît l'encens, ou accommodât
„ les Lampes &c. pourvû que ce fût
„ quelcun d'entr'eux qui le fît : tout
„ cela néanmoins étoit réglé par (d)
„ le Sort. Puis donc que le Sort peut
                           „ être

(a) *Levit.*
XXVII, 32.
fur quoi
l'Auteur
renvoie aux
Notes de
Junius.

(b) *Pfeaum.*
LXXXIV,
10.

(c) I. *Chron.*
XXVI, 13,
14.

(d) *Luc,*
I, 9.

„ être légitimement emploié dans les
„ autres affaires communes de la Vie,
„ la Parole de Dieu l'autorifant en gé-
„ néral, & n'en reftreignant nulle part
„ l'ufage à aucune chofe particuliére,
„ la pratique des Gens-de-bien l'éten-
„ dánt aufli jufqu'aux chofes les moins
„ confidérables (car ce n'étoíent pas
„ les Charges elles-mêmes qu'on affi-
„ gnoit par le Sort, mais feulement
„ les diverfes fonctions & les divers
„ poftes entre ceux qui exerçoient la
„ même Charge :) je ne vois pas pour-
„ quoi le Sort devroit être banni de
„ nos Divertiffemens, plûtôt que de
„ toute autre affaire civile, quoi que
„ férieufe. Si d'ailleurs nous confidé-
„ rons bien la nature du Sort & fon
„ extrême incertitude, nous trouve-
„ rons que des chofes peu importan-
„ tes, comme celles-là, font celles
„ où il eft le mieux appliqué, & que
„ l'ufage au contraire n'en eft du tout
„ point convenable, quand il s'agit de
„ chofes tant foit peu importantes. A
„ caufe dequoi ceux qui l'emploient
„ en des affaires férieufes, ont accoû-
„ tumé de prendre toutes les précau-
„ tions imaginables, pour difpofer les
„ cho-

„ choſes de telle maniére, qu'il n'im-
„ porte point de quelle maniére le
„ Sort tombe, ou que ce dont on lui
„ remet la déciſion ſoit auſſi peu con-
„ ſidérable qu'il eſt poſſible. Car quand
„ il eſt de quelque conſéquence que
„ le Sort tombe de telle ou de telle
„ maniére, plûtôt que d'une autre
„ (je ne parle pas des cas où l'injuſti-
„ ce d'autrui peut forcer quelcun à
„ accepter cette voie, comme le moin-
„ dre de deux inconvéniens) il n'y a
„ point d'Homme ſage (a) qui remît
„ volontiers au hazard du Sort un in-
„ térêt comme celui-là...... ” Il
„ faut expliquer, dit (b) ailleurs Ga-
„ tarer, ce paſſage de Salo-
„ mon, de la même maniére que ce-
„ lui de l'*Epître aux* Hebreux, où
„ l'Apôtre aſſûre que (c) *le Serment*
„ *eſt, parmi les Hommes, la fin de tou-*
„ *te ſorte de conteſtations.* Il y a ſans
„ contredit d'autres uſages légitimes
„ du *Serment*, comme celui de don-
„ ner des aſſûrances de l'accompliſſe-
„ ment d'une Promeſſe ou d'une Con-
„ vention. Quelle diſpute y avoit-il
„ entre *Jonathan* & *David*, lors qu'ils
„ jurérent (d) l'un à l'autre ? Ou en-
　　　　　　　　　　　　　　　„ tre

(a) Voiez *Xénophon,* Choſes mémora- bles de *Socrate*, Lib. I. Cap. II. §. 9. *Ed. Oxon.*
(b) *Chap.* VII, §. 15. pag. 172, 173.
(c) *Hébr.* VI, 16.

(d) I. *Sam.* XX, 16, &c.

„ tre DIEU (a) & *Abraham?* ou en-
„ tre *David* (b) & DIEU? Est-ce
„ pour terminer quelque différent que
„ ceux qui entrent dans quelque Char-
„ ge Eccléſiaſtique ou Politique, prê-
„ tent ſerment? De même SALO-
„ MON ne veut pas borner ou reſ-
„ treindre l'uſage du Sort à la déci-
„ ſion des différens, moins encore à
„ la déciſion des ſeuls différens qui
„ roulent ſur des choſes de grande im-
„ portance, ou de ceux qui ſurvien-
„ nent entre les perſonnes puiſſantes,
„ quoi qu'il faſſe mention expreſſé-
„ ment de ces ſortes de différens. Mais
„ il parle de toute ſorte de conteſta-
„ tions en général : & au fond pour-
„ quoi eſt-ce qu'un petit Héritage ne
„ pourroit pas être partagé par le Sort
„ entre de pauvres gens, auſſi bien
„ qu'un gros Héritage entre des Ri-
„ ches? Ou ne voit-on pas ſouvent s'é-
„ lever des diſputes entre les Grands
„ pour des bagatelles? Le but du paſ-
„ ſage, dont il s'agit, eſt donc d'en-
„ gager toute ſorte de perſonnes à ter-
„ miner leurs démêlez, grands ou pe-
„ tits, par une voie auſſi aiſée & auſſi
„ impartiale que le Sort, plûtôt que
                                    „ de

(a) *Geneſ.*
XXII, 16,
17.
(b) *Pſeaum.*
CXIX, 106.
CXXXII, 2,
3.

„ de s'expofer, par des pourfuites ar-
„ dentes en Juftice, à de plus fâ-
„ cheux inconvéniens. Le Sage don-
„ ne en même tems à entendre, que
„ les perfonnes de baffe condition doi-
„ vent d'autant plus volontiers pren-
„ dre cet expédient, qu'ils voient les
„ Grands eux-mêmes fe foumettre fou-
„ vent à la décifion du Sort. A ces
judicieufes penfées du Théologien Anglois, j'ajoûterai que, lors même que
le Sort eft employé dans ce qui fe rapporte en quelque maniére à la Religion, on ne s'en fert pas comme d'u-
ne *chofe facrée*, mais comme d'un expédient aifé, court, & commode,
pour régler des chofes que l'on pourroit régler autrement, fi l'on vouloit;
comme il paroît par les exemples allé-
guez. Ainfi c'eft en vain que Mr. *D.*
J. dit, (a) que les *Juifs* auroient *man-*
qué de refpect pour leur Religion, s'ils
euffent *employé à jouer ridiculement quel-*
ques fols, le *Sort qu'on avoit employé*
dans le Sanctuaire pour choifir le Bouc
Hazazel; *dont David & Salomon s'é-*
toient fervis pour régler les Emplois & les
Domiciles des Sacrificateurs, & des au-
tres Miniftres du Temple &c. Autant
vau-

(a) *Lettres*, pag. 106.

vaudroit-il dire, que les *Juifs* ne pouvoient fans profanation fe fervir d'*huile*
dans les Feftins ou dans quelque Illu-
mination faite pour fe réjouïr, parce
qu'on brûloit de l'huile dans les lampes
du Sanctuaire, & qu'on s'en fervoit pour
oindre les Sacrificateurs fous l'ancienne Loi.

§. XXVIII. Mr. *D. J.* croit tirer auffi un fort argument, de ce que
(a) *l'on ne trouve le Sort emploié dans* (a) Pag. 193.
tous les exemples des Saintes Écritures, Voiez auffi
que dans des occafions ou religieufes, ou pag. 68. 80,
du moins graves. Mais j'ai déja dit là- 107.
deffus ce qu'il falloit ; & nôtre Prédicateur fe refute lui-même, lors qu'il
dit (b) en un autre endroit : *jamais,* (b) Pag. 73.
QUE NOUS SACHIONS, *en des ba-*
gatelles de l'ordre de celles qui font fi
fort en vogue aujourd'hui parmi nos
Joueurs. Puis qu'il n'en fait rien, pourquoi tire-t-il de là quelque conféquence?

§. XXIX. Nous allons le voir
maintenant faire le docte. Il veut per-
cer l'antiquité la plus reculée, pour y
découvrir l'origine du Sort, telle qu'il
la lui faut pour maintenir fon Syftême.
Ce Savant homme a trouvé, par fes
gran-

(a) *Pag. 173.* grandes & curieuſes recherches , (a) *Qu'au commencement l'uſage du Sort a é-té regardé comme ſacré parmi tous les Peuples.* Nous attendions là-deſſus des preuves de fait : nous aurons des rai-ſons de convenance, & Mr. *D. J.* ne ſe démentira point. Il avouë *qu'on ne*

(b) *Pag. 66.* (b) *ſauroit découvrir par l'Hiſtoire ni Sa-crée, ni Profane , la prémiére inſtitution de cet uſage : il ne croit pas non plus qu'on puiſſe déterminer aiſément s'il a paſſé de la Religion dans les affaires Ci-viles , ou des affaires Civiles dans celles de la Religion.* Il *tient* néanmoins *pour certain,* qu'il *n'a été mis en œuvre dans ſes commencemens, que par rapport à des choſes graves.* Pourquoi ? Parce qu'*il*

(c) *Pag. 49,* (c) *ne ſauroit imaginer autre choſe,* ſi
50. ce n'eſt que ceux qui les prémiers ſe ſont aviſez de l'uſage du Sort, ont voulu par là *ſe rapporter de leurs in-térêts à un Arbitrage au deſſus d'eux, & ſe remettre à Dieu, ou aux Dieux, Auteurs des biens, d'en faire la diſtribu-tion.*

§. XXX. D'AUTRES, ſans être ſi déciſifs ſur le but primitif d'un uſa-ge, dont Mr. *D. J.* avouë qu'*on igno-re la prémiére inſtitution,* diront pour
le

le moins avec autant de raifon & de
vraifemblance , qu'ils conçoivent fort
bien , que les Hommes n'ont d'abord
fait ufage du Sort qu'en badinant , &
fans y chercher aucun myftére. Un
Berger , en gardant fon Troupeau ,
mettoit dans fa main quelques Cail-
loux, & la tenant fermée, difoit pour
rire à fon camarade: *Pair, ou non:* ou
bien il prenoit deux brins d'herbe, ou
deux pailles , & en donnoit une à tirer à l'autre, pour voir s'il rencontre-
roit la plus longue. Par là & par diverfes autres maniéres de Sort , dont
on pouvoit aifément s'avifer , on ne
cherchoit qu'à s'amufer & on n'avoit
garde de penfer en aucune façon à
DIEU ou aux *Dieux , Auteurs des
biens.* Dans la fuite, comme on avoit
quelquefois de la peine à s'accorder fur
certaines chofes , où plufieurs prétendoient avoir un droit égal (par exemple , on ne pouvoit pas tous demeurer
en un même endroit, faute d'une affez
grande quantité de pâturages ; on s'é-
toit emparé de quelque coin de Terre , qu'on ne vouloit pas cultiver en
commun ; des Enfans avoient à partager les Troupeaux & les autres biens
                                    qu'ils

qu'ils héritoient également de leur Pére &c. il vint dans l'esprit, que, pour
éviter l'embarras des discussions, &
pour terminer le différent, en sorte
que personne ne pût raisonnablement
se plaindre, il n'y avoit qu'à tirer à la
courte paille, qui iroit ailleurs paître
ses Troupeaux, ou qui auroit (1) tel
ou tel morceau de Terre, pour le cultiver & en jouïr seul ; ou qui auroit
telle ou (2) telle portion de plusieurs
faites en gros. Ainsi le Sort s'établit
dans les affaires sérieuses : on en inven-
ta mille maniéres ; & on l'étendit enfin jusqu'à certaines choses qui se rap-
portoient à la Religion. D'où il arriva
avec le tems, que l'Ignorance & la
Superstition, sources fécondes de chi-
méres, firent regarder le Sort comme
un moien extraordinaire de connoître
le bon ou le mauvais succès des entre-
prises, ou la volonté des Fausses Divinitez.

§. XXXI.

_____

(1) C'est un des usages du Sort le plus ancien, &
dont on trouve le plus d'exemples. Voïez le Scholias-
te d'Homère, sur *Iliad.* O, vers. 498. Gataker,
Chap. IV. §. 12. & Mr. Le Clerc, dans son Commentaire sur *Génes.* XXV, 18. & *Nombr.* XXVI, 55.
(2) De là vient qu'en Grec le mot Κλῆρος signifie
très-souvent un *Héritage.* Chacun sait que l'ancienne
His-

§. XXXI. Je laiſſe aux perſonnes judicieuſes, qui connoiſſent un peu l'Antiquité, à examiner ſi cette courte hiſtoire de l'origine & des progrès du Sort n'eſt pas infiniment plus conforme aux Monumens qui nous reſtent, que celle que Mr. *D. J.* a imaginée. Prenons HOME'RE, le plus ancien des Auteurs Profanes, celui où l'on voit de plus grandes traces de la ſimplicité des prémiers tems, & qui certainement n'eſt rien moins que chiche de faire intervenir *Deum ex machina.* Nous y trouvons le Sort emploié dans le partage (a) des biens paternels; dans le (b) choix des Enfans d'une même Famille qui devoient aller à la Guerre, ou des (c) Guerriers qui devoient entrer en lice avec quelque Ennemi redoutable, dans les Combats ſinguliers, pour voir (d) quel des deux Champions lanceroit le prémier le Javelot; dans les Voiages, (e) lors qu'il fal-

(a) *Odyſſ.* Lib. XIV. vers. 208, 209.
(b) *Iliad.* Lib. XXIV. vers. 400.
(c) *Iliad.* Lib. VII. vers. 171, & ſeqq.
(d) *Iliad.* Lib. III. vers. 316, 317.
(e) *Odyſ.* Lib. X. vers. 206.

Hiſtoire, deguiſée par le mélange des Fables, parle d'un tel partage fait par le Sort entre les trois fils de *Saturne,* qui étoient des plus anciens Rois de la Gréce, & qui vivoient apparemment vers le tems d'*Abraham.* Voiez LACTANCE, Inſtit. Divin. *Lib.* I. Cap. XI. §. 30. & ſeqq.

(1) 2t0

falloit envoier quelcun pour reconnoître une Ile voiſine ; dans quelque autre entrepriſe périlleuſe, comme quand
il s'agiſſoit d'aller (a) crever l'œüil au
Cyclope ; dans (b) les Jeux de prix,
pour régler l'ordre des Exercices , &
de ceux qui devoient y diſputer de force ou d'adreſſe &c. Que Mr. *D. J.*
cherche, tant qu'il voudra, il ne nous
fera voir en tout cela aucune idée de
ſaînteté, que les Héros du Poëte, d'ailleurs très-ſuperſtitieux , paroiſſent a-
voir attachée au Sort, ni d'aucune intervention particuliére de la Divinité, qu'ils cruſſent y préſider plus qu'à
toute autre choſe indépendante du
Sort.

(a) *Odyſſ.*
Lib. IX.
vers. 331.
(b) *Iliad.*
XXIII.vers.
352,& ſeqq.
861, 862.

§. XXXII. IL Y A à la vérité un
de ces exemples , où l'on trouve une
invocation de la Divinité : & je m'i-
magine que Mr. *D. J.* triomphera là-
deſſus , comme ſi je lui avois fourni
moi-même des armes ; ſur tout quand
il lira l'endroit dans la Traduction de
Madame DACIER. C'eſt celui du
VII. Livre de l'ILIADE, où en même tems que les Héros Grecs , qui
*prétendoient tous à la gloire de combattre
contre Hector , remettent ce choix au
ſort ;*

*Sort ; toutes les Troupes levant leurs mains
aux Dieux , & attachant leurs regards
au Ciel , font cette priére :* " Grand
„ JUPITER, qui tenez en vos mains
„ tous les Sorts, & qui les gouvernez
„ comme il vous plaît, accordez à nos
„ vœux , ou *Ajax* , ou le fils de *Ty-
„ dée* , ou même le Roi de *Mycé-
„ nes.* " Il pourroit bien arriver, que
Mr. *D. J.* fur cette verfion , s'écrie-
ra d'abord : *Ne voila-t-il pas une
Priére , & une Priére où l'on reconnoît
formellement , que* LA DIVINITE'
TIENT EN SES MAINS TOUS
LES SORTS, ET LES GOUVER-
NE COMME IL LUI PLAÎT? Mais
rien n'eft plus facile que d'enlever à
nôtre Prédicateur ce fujet de joie.
Il n'y a (1) pas un mot , dans l'O-
riginal , de ces derniéres paroles, que
la Savante Interprête a ajoutées de
fon chef : & quand elles y feroient,
elles ne feroient rien en faveur de
Mr. *D. J.* car elles prouveroient feulement qu'on croioit que la Divinité
étoit

(1) Ζεῦ πάτερ, ἢ Ἄιαντα λαχεῖν, ἢ Τυδέος υἱὸν,
Ἢ αὐτὸν βασιλῆα πολυχρύσοιο Μυκήνης.
Iliad. VII, 179, 180.
H

étoit (1) abfolument maîtreffe de tous
les événemens, & qu'elle pouvoit faire tourner à fon gré les chofes les plus
fortuïtes, auffi bien que celles qui ont
des Caufes néceffaires. C'eft fur ce
fondement que la Priére eft emploiée,
dans HOMÉRE, pour obtenir un
heureux fuccès dans toutes fortes d'affaires : & Mr. *D. J.* n'a qu'à lire un
peu plus bas, dans l'endroit même
dont il s'agit, il y trouvera cette autre
Priére, faite après la décifion du Sort
en faveur d'*Ajax : En même tems les
Troupes adreffent leurs priéres au Fils de
Saturne, & levant les mains au Ciel,
elles s'écrient :* " Pére des Dieux &
„ des Hommes, puiffant J U P I T E R,
„ qui êtes adoré fur le mont *Ida*, &
„ dont le thrône eft environné de ma-
„ jefté & de gloire, la victoire (2) dé-
„ pend de vous, accordez-la au vail-
„ lant *Ajax :* & fi vous aimez *Hector*,
„ & que fa vie foit précieufe à vos
„ yeux

_____

(1) —— Θεοὶ δὲ τε πάντα δύνανται.
HOMER. Odyff. Lib. X. vers. 306.
Γίνοιτο μὲν τ' ἂν πᾶν, Θεῖ τεχναμῦον.
SOPHOCL. Ajac. flagellif. vers. 86.
—— Immenfa eft, finemque potentia cœli
Non habet, & quidquid Superi voluêre, peractum eft.
OVID. Metam. VIII, 618, 619.
                                    (2) Δὶς

„ yeux, au moins qu'*Hector* ne triom-
„ phe point d'*Ajax*, & que ces deux
„ Héros fortent de ce combat aveo un
„ égal avantage. Voilà fans doute une
de ces chofes où la Providence n'agit
pas feule, & où elle *concourt avec la*
force & l'induftrie des Hommes. Les
Grecs prient *Jupiter* de diriger les efforts des deux Combattans, comme
ils l'ont prié de diriger de telle maniére le Sort, que le caillou ou le morceau de bois qu'on tireroit le prémier
du Cafque d'*Agamemnon*, après l'avoir
bien remué, fût celui qui portoit la
marque d'*Ajax*, ou de *Dioméde*, ou
d'*Agamemnon*. Ils ne regardent pas
plus le Sort *comme une chofe vénérable*
& comme une décifion divine, que la
victoire d'*Ajax*.

§. XXXIII. Mr. *D. J.* eft affû-
ré (a) qu'il pourroit *trouver cent exem-* (a) *Lettres,*
ples dans les Hiftoriens Profanes, pour pag. 70,
fe convaincre que les Paiens confideroient
le

---

(2) Δὶς τλευτ 'Αιαντι' χαὶ ἀγλαὸν ἰδ'χ῾Θ῾ ἀριϑ῾.
   H o m e r. ubi fupra, vers. 203.
   J'ai fuivi dans tout ce paffage la verfion de Madame
Dacier ; quoi qu'il y ait quelques endroits où elle
femble ne pas fuivre fon Original auffi exactement
qu'elle l'auroit pû. Mais cela eft peu important pour
mon but.

le *Sort* comme un moien vénérable de remettre à la décifion de la *Divinité*, ce
qu'ils ne vouloient par refpect, ou n'o-
foient déterminer eux-mêmes. Cependant il ne nous cite qu'un exemple tiré de l'Ecriture Sainte, (a) & un exemple où il s'agit du *Sort extraordinaire*. Car pourquoi eft-ce qu'*Haman* jettoit le Sort pour chaque Mois de l'Année l'un après l'autre, & pour tous les
Jours de chaque Mois, fi ce n'eft afin
de favoir par avance le fuccès de l'en-
treprife cruelle qu'il méditoit contre
les *Juifs*, & pour confulter là-deffus
fes fauffes Divinitez? C'étoit donc un
Sort divinatoire, femblable à celui par
lequel un des Lieutenans (1) de CE-
SAR fut expofé à être brûlé, par ordre d'*Ariovfte*, entre les mains de qui
il étoit tombé. Et Mr. *D. J.* n'a-t-il
pas bonne grace de prétendre donner
ainfi le change au Lecteur, lui qui dé-
clame par tout contre fes Adverfaires,
comme s'ils confondoient le *Sort commun* avec le *Sort extraordinaire?*

§. XXXIV. IL EST certain que
le Sort étoit un des moiens dont la Su-
per-

(a) *Efther*,
III, 7.

(1) *Is* [Caius Valerius Procillus] *fe préfente, de fe ter
Sortibus confultum dicebat, utrum igni ftatim necaretur, au
in*

perstition s'est beaucoup servie pour
tâcher de connoître l'Avenir, & la volonté des Dieux. Et de là vient, comme l'a (a) très-bien remarqué Mr. LE
CLERC, que l'on a ensuite nommé
en Latin *Sortes* toutes sortes d'Oracles,
& *Sortilegi* ceux qui se mêloient de déviner par le Sort ou autrement ; d'où
tire aussi son origine nôtre mot François *Sorcier*, qui signifie un Devin &
un Magicien. Cet usage superstitieux
passa même dans le Christianisme, où
malheureusement il n'y a eu que trop
de gens qui ont conservé des idées &
des pratiques Paiennes. On n'a qu'à
voir là-dessus (b) GATAKER, (c)
VANDALE, & les *Réflexions* de (d)
Mr. LE CLERC, que j'ai citées.
D'où il paroît assez, que, si les Péres
de l'Eglise, & leurs Disciples, ont regardé le Sort en général comme une
chose sacrée, c'étoit un reste de Paganisme, qui s'est perpétué jusqu'aux
Théologiens Scholastiques, & à Mr.
D. J. En quoi il semble même que
les *Chrétiens* sont allez plus loin que
leurs prémiers Maîtres. Car, quelque

ver-

(a) *Reflex.
sur le Bon-
heur & le
Malheur,
&c. Chap.
IX. pag.
112.*

(b) *Of the
nature and
use of Lots,
&c. Chap.
X.*
(c) *De Ora-
culis,
Cap. XIV.*
(d) *Chap.
IX.*

*in aliud tempus reservaretur ; sortium beneficio se esse inco-
lumem.* De Bello Gallic. *Lib. I. Cap. LIII.*

H 3   (1) ST.

vertu que les *Paiens* conçussent dans
le Sort, lors qu'ils s'en servoient en
certains lieux, & avec certaines cérémonies, pour savoir si le succès d'une
entreprise seroit heureux ou agréable à
leurs fausses Divinitez ; il ne paroît
pas que hors de là quand ils l'em-
ploioient dans l'usage ordinaire de la
Vie, ils le regardassent autrement que
comme une voie commode & impartiale de décider certaines choses, &
qu'ils s'y figurassent une Providence plus
particuliére, que dans toute autre sorte d'événement.

§. XXXV. JE vais le montrer par
un exemple sensible. Il est tiré d'une
Comédie, c'est-à-dire, comme chacun sait, d'une de ces Piéces où les
idées communes & les mœurs des anciens tems, sont le mieux dépeintes.
Dans la *Casina* de PLAUTE, deux
Esclaves disputent entr'eux qui aura
pour femme une Jeune Fille reputée
de condition servile, à cause du malheur qu'elle avoit eu d'être exposée
dans son enfance. La Maîtresse de la
Fille voiant que son Mari souhaittoit
fort que cette Fille fût accordée à l'un
des deux Esclaves, qu'il avoit à sa dis-
po-

pofition, & foupçonnant là-deffus a-
vec raifon quelque infidélité de la part
& de l'Efclave & du Maître ; s'obfti-
noit à vouloir que l'autre Efclave é-
poufât la Fille, & faifoit fort valoir
le droit qu'elle prétendoit avoir fur elle, comme l'aiant élevée avec beaucoup de foins & de frais. Le Mari
n'aiant pu obtenir de bonne grace le
confentement de fa Femme pour la
préférence de l'Efclave, dont les intérêts étoient mêlez avec les ficns, &
par politique ne voulant pas ufer de
toute fon autorité, s'avife enfin d'une
nouvelle batterie, dont le fuccès, quoi
qu'incertain, étoit la feule reffource
qui lui reftoit, dans le deffein où il é-
toit de ne pas faire de violence à fa
Femme, c'eft de faire tirer au fort les
deux Efclaves concurrens. Mais on ne
voit pas-là le moindre indice d'où l'on
puiffe inferer qu'il eût recours au Sort,
comme à une *chofe facrée* & qu'il vou-
lût engager fa Femme à y confentir,
comme à un Oracle du Ciel que le
refpect pour les Dieux ne lui permettoit pas de recufer: il paroît feulement
qu'il prit ce parti pour fournir à fa
Femme jaloufe & opiniâtre un moien

H 4　　　　de

de ceder fans peine & fans honte , &
un moien qui lui laiſſoit encore quelque eſpérance de voir arriver ce qu'elle ſouhaittoit. Quand il lui en fait la
propoſition, il lui parle ainſi: (1) *J'ai
raiſon de croire que* C'EST LE MEIL-
LEUR ET LE PLUS JUSTE EX-
PÉDIENT. *Si ce que nous ſouhaittons
arrive, nous en ſerons bien aiſes ; ſinon,
à la bonne heure, nous nous en conſole-
rons.* Voilà à quoi ſe réduiſoit le deſſein de ceux qui jettoient dans un Seau
ou dans une Urne de petites boules de
bouis ou de terre graſſe : ils n'y enten-
doient pas plus de myſtére , qu'on ne
fait aujourd'hui , quand on tire aux
billets ou à la courte paille : c'étoit la
ſortie fortuïte des petites boules, qu'ils
prenoient pour arbitre ; & nullement les Dieux , auxquels ils ne penſoient point du tout en cette occaſion. S'ils y euſſent penſé, je ſuis ſûr
que le Poëte leur auroit mis dans la
bouche des diſcours qui le donne-
roient

_____

(1) ST. *Optimum atque æquiſſimum iſtud eſſe , jure judico.*
*Poſtremo , ſi illud , quod volumus , evenit , gaudebi-
mus :*
Sin ſecus , patiemur animis æquis. tene ſortem tibi.
Act. II. Scen. VI. vers. 23 , & ſeqq.
(2) Les

roient à connoître en quelque forte.

§. XXXVI. Mr. *D. J.* prétend (a) *Lettres,* pag. 68. encore, que l'on n'emploioit le Sort que *dans des occasions graves, qui don- noient lieu à en faire un usage vénéra- ble & respectueux.* Il *défie que dans tou- te la Bible, qui contient l'Histoire d'en- viron quatre mille ans, & qui rappor- te souvent beaucoup de folies des* Na- tions Paiennes, *on lui marque un seul exemple du Sort emploié à quel- que bagatelle de l'ordre des badineries qui sont aujourd'hui si fort en vogue par- mi les Joueurs.* Mais ici il paroîtra clairement, combien est fausse la rai- son qu'il tire du silence de l'Ecriture Sainte, pour prouver que ni les *Juifs,* ni les *Paiens* même, pendant l'espace d'environ quatre mille ans, ne se sont servis du Sort qu'*en matière de choses graves.* Ignore-t-il, que parmi les an- ciens *Grecs* & *Latins,* lors qu'on se re- galoit les uns les autres, on faisoit un (2) Roi du Festin, qui étoit choisi par

le

_____

(2) Les *Grecs* l'appelloient Συμποσίαρχ⊙, Βασι- λιὺς, Στρατηγὸς; & Plaute a même latinizé le dernier mot, *Strategus, Stich.* Act. V. Scen. IV. vers. 20. Les *Latins* disoient, *Modimperator, Arbiter bibendi, Dictator, Magister* &c. & Ciceron parle de cette forte de Roiauté; comme d'un usage fort ancien: *Ille vero*

H 5

le Sort? coûtume qui s'est en quelque
façon conservée parmi les *Chrétiens*,
où chacun a vû tant de fois faire le
Roi de la Fêve. Nôtre Prédicateur
a-t-il oublié ces vers d'HORACE,
qu'il a apparemment appris dans le bas
Collége :

(a) *Horat.*
Lib. I. Od.
IV, 18.

(b) *Idem.*
Lib. II. Od.
VII, 25, 26.

(a) *Nec regna vini sortiere talis.*

· · · · · · · ·

—————— ——— (b) *Quem Venus arbitrum*
Dicet bibendi. —— ——

Il ne manque pas d'exemples d'autres
choses peu sérieuses, où les *Paiens* faisoient usage du Sort. Mais les *Jeux*
même de Hazard ne sont-ils pas si fort
anciens, que les Savans jusqu'ici n'ont
pû en découvrir ni le vrai Auteur, ni
la prémiere origine ? Mr. *D. J.* a pû
(c) *Pag.* 20. lire dans mon (c) *Traité du Jeu*, un
passage de PLATON, où l'invention
de ces sortes de Jeux est attribuée au
fameux *Mercure* des *Egyptiens*. Ho-
ME'-

vero & Magisteria delectant A' MAJORIBUS INSTITU-
TA &c. *De Senectute*, Cap. XIV. Voiez JUSTE LIP-
SE, *Antiqu. Lect. Lib.* III. *Cap.* I. HADR. JUNII
Animadverf. Lib. II. *Cap.* V. GATAKER, *of the na-*
ture and use of Lots, Chap. VI. §. I. OCTAV. FER-
RAR. *Elector. Lib.* I. *Cap.* XVI, &c. On tiroit auffi
au

MERE (a) fait mention du Jeu des Offelets, comme d'un Divertiffement commun depuis fort long tems: & un (b) Savant Théologien Anglois foûtient que rien n'empêche que ce Jeu ne foit auffi ancien, & plus ancien même, que le Déluge. A quoi penfe Mr. D. J. de fonder fes pauvres raifonnemens fur des faits dont il n'a aucune connoiffance, & fur des chofes dont il eft fi facile de lui démontrer la fauffeté?

§. XXXVII. IL NE réüffit pas mieux à chercher déquoi appuier fon opinion, dans l'autorité des *Sages du Paganifme.* Il (c) a *trouvé citées,* je ne fai où, des paroles de PLATON, qu'il nous donne en François ainfi traduites: *Il eft néceffaire d'emploier quelquefois dans la République l'égalité du Sort, pour prévenir le tort que bien des gens croiroient leur être fait autrement:* CAR PAR CE MOIEN NOUS FAISONS CONNOÎTRE QUE NOUS INVO-

(a) *Iliad.* Lib. XXIII. vers. 88.

(b) *Thomas Hrde,* De Ludis Oriental. *Lib.* II. *pag.* 172.

(c) *Lettres,* pag. 70.

au Sort les portions que chacun devoit avoir de chaque mets. Voiez GATAKER, Chap. IV. §. 12. pag. 78. Voiez encore ce que dit SAUMAISE, au fujet des *Sortes convivales,* dans fon Commentaire fur LAMPRIDIUS, in Vit. Heliogabali, *Cap.* XXII.

VOQUONS LA DIVINITÉ & *la bonne Fortune, & les prions de diriger le Sort à ce qui est le plus juste.* Là-dessus il conclut d'un air triomphant, que PLATON & *ses semblables* regardoient l'élection faite par le Sort *comme un hommage qu'ils rendoient à la Divinité, en la prenant pour Arbitre;* & qu'ils *prenoient cette idée dans la même source où Néhemie & les autres Sages d'Israël avoient puisé,* selon Mr. *D. J.*

Mais cette citation ne servira qu'à faire voir combien il est ridicule à nôtre Prédicateur de s'ériger en redresseur des *inexactitudes* d'autrui. Il appuie un fait considérable, une opinion commune, selon lui, chez les Philosophes Paiens, sur un seul passage de PLATON, qu'il a pris au hazard dans un Livre de quelque Auteur Moderne, sans daigner recourir à l'Original, dont apparemment il n'a jamais vû que la couverture. Aussi a-t-il eu le sort de ceux qui citent aveuglément sur la foi d'autrui. Le passage dont il s'agit, n'est

(1) Τὴν δὲ ἀληθιςάτην καὶ ἀρίςην ἰσότητα ἔπιτι ῥάδιον παντὶ ἰδεῖν· Διὸς γὰ δὴ κρίσις ἔςι. καὶ τοῖς Ἀνθρώποις ἀεὶ σμικρὰ μὲν ἐπαρκεῖ· πᾶν δὲ ὅσον ἂν ἐπαρκίον πόλισιν ἢ καὶ ἰδιώταις, πάντ' ἀγαθὰ ἀπιργάζεται. τῷ μὲν

n'est point, comme il le cotte, *du Livre de la République, dans le V. Dialogue*; mais du Traité *des Loix*, Livre VI. Et ce paſſage doit être rendu tout autrement que ne fait Mr. *D. J.* qui l'aiant trouvé mal traduit, l'a peut-être gâté & tordu encore lui-même, pour le ramener à ſes idées; ainſi que font tous les jours les Prédicateurs de ſa ſorte, en expliquant des Livres bien plus conſidérables que les Dialogues de PLATON. Voici le vrai ſens du Philoſophe. Il parle de l'*Egalité* que les Conducteurs de l'Etat doivent toûjours avoir en vuë, & dans laquelle il fait conſiſter la *Juſtice* du Gouvernement. Cette *Egalité* eſt, ſelon lui, de deux ſortes. L'une, (1) *véritablement telle & excellente en ſon genre*, laquelle demande une juſte diſtribution des honneurs & des autres avantages, à proportion du mérite de chacun: *Il n'eſt pas facile*, dit-il, *de découvrir cette Egalité, & il n'y a que la Divinité qui puiſſe la bien connoître.*

Les

---

(1) γῆς' μείζονι πλείω, τῷ δὲ ἐλάττονι σμικρότερα νέμιι, μέτρια διδοῦσα πρὸς τὴν αὑτῶν φύσιν ἑκατέρῳ. De Legibus, Lib. VI. Tom. II. pag. 757. B. C.

H 7 (1) Δυοῖν

Les Hommes la rencontrent rarement; & par tout où ils ont le bonheur de l'établir, elle est une source féconde de biens, tant pour le Public, que pour les Particuliers. Mais l'autre sorte d'Egalité est très-sensible & très-aisée à pratiquer. Elle se réduit à une distribution (1) égale, selon le nombre, le poids & la mesure, sans aucun égard à la qualité des personnes. Et quoi que souvent elle soit presque directement opposée à la première, il n'y a pas moien de s'empêcher de la mettre en usage quelquefois, & d'emploier pour cet effet le Sort, si l'on veut prévenir les Séditions. C'est une espéce (2) d'indulgence nécessaire ; & toute indulgence emporte quelque adoucissement, par lequel on s'éloigne un peu de la Justice exacte, & l'on relâche quelque chose du Droit rigoureux. *C'est pourquoi,* ajoûte PLÁ-TON, (3) *il est peut-être nécessaire de*

se

(1) Δυοῖν γὸ᾽ ἰσότητοιν ἔσαιν, ὁμωνύμοιν μὲψ, ἔργῳ δὲ εἰς σολλὰ σχεδὸν ἐναντίαιν· τὴν μὲψ ἐτέραν εἰς τὰς τιμὰς ᾆσα πόλις ἱκανὴ σαραγαγεῖν, κỳ ᾆς νομοθέτης, τὴν μίτρω ἴσην, κỳ σαθμῷ, κỳ ἀριθμῷ, κλήρῳ ἀπευθύνων εἰς τὰς διανομὰς αὐτὴν. Ibid. B.

(2) Τὸ γὸ᾽ ἐπιεικὲς κỳ σύγγνωμον τῇ τελέῳ κỳ ἀκριβὲς, παρὰ δίκην τὴν ὀρθήν, ὅτι σαρατίθεκυσμὲνον, ὅταν γίγνηται, Ibid. D, E, J'ai exprimé le sens & la

liai-

se servir de l'égalité du Sort, pour ne pas choquer le Peuple : ET ALORS MEME *il faut prier la Divinité & la Bonne Fortune, de diriger le Sort à ce qui est le plus juste.* Je demande à tout Lecteur, qui a le sens commun, s'il entrevoit-là rien qui approche des Idées de Mr. *D. J.* & si au contraire on n'y sent pas d'abord que le Philosophe regardoit le Sort purement & simplement comme un moien d'établir l'égalité dans sa République, & de ne donner aucun lieu aux murmures sur la préférence en matiére des choses auxquelles chacun croiroit avoir droit de prétendre également. Bien loin de concevoir ici quelque intervention particuliére de la Divinité, ou un arbitrage du Ciel auquel on se remette, par une suite même de la nature du Sort ; il fait regarder le Sort comme une voie sujette à bien des inconvéniens, comme une décision aveugle, à laquel-

---

liaison de ces paroles, que ni *Marsile Ficin*, ni *De Serres* n'ont pas compris. Le dernier sur tout donne entiérement à gauche.

(3) Διὸ τῷ τῇ κλήρῳ ἴσως ἀνάγκη προσχρήσασθαι, δυσκολίας τ' πολλῶν ἕνεκα, Θεὸν καὶ ἀγαθὴν Τύχην ΚΑΙ ΤΟΤΕ ἐν εὐχαῖς ἐπικαλεῖσθαι, ἀπορθῶν αὐτὸς τ' κλῆ-ρον πρὸς τὸ δικαιότατον, Ibid. E.

(1) Ἀπ᾽

quelle on n'a & on ne doit avoir recours que quand on ne peut faire autrement, & *autant qu'il eſt poſſible, lorsqu'il ne s'agit que de choſes* (1) *de très-
petite importance.* C'eſt pour prévenir
les effets pernicieux qui en pourroient
reſulter, qu'il veut qu'on implore le
ſecours de *la Divinité & de la Bonne
Fortune*, afin qu'elles préſident extraordinairement au Sort: ET ALORS
MEME IL FAUT &c. Car il entend
apparemment ici la *Divinité Suprême,*
qui *gouverne toutes choſes*, & quelque
Puiſſance inférieure qu'il concevoit
confuſément ſous le nom de *Bonne
Fortune,* comme *gouvernant toutes* (2)
les affaires humaines avec DIEU, celles
qui dépendent de l'induſtrie des Hommes, auſſi bien que celles où il entre
du hazard. De ſorte que rien n'eſt
plus éloigné de la penſée de PLA-
TON, que de regarder l'uſage du Sort
comme emportant par lui-même une
Prié-

(1) Ὡς δ' ἔτι μάλιϲα [χρηϲίον] ἐπ' ἀληϲεῖϲ τῇ ἰϲί-
ᾳ, τῇ τ τύχηϲ δεοιμήη. Pag. 757. E. & 758. A.
(2) Ὡς Θεὸϲ μὲν ΠΑΝΤΑ, καὶ μετ Θεῦ Τύχη καὶ
Καιρὸϲ ΤΑΝΘΡΩΠΙΝΑ διακυβιρνῶϲι ΣΥΜΠΑΝ-
ΤΑ. De Legib. Lib. IV, pag. 709. B.
(3) Κλῆρϲι δὲ τινϲϲ, ἔιμαι, ϖτιπτἰιϲ κομψοὶ, ὥϲτϲ τ
φαῦλον ἐπιϲίνϲι ἀιτιαῶϲ ἐφ' ἰκάϲηϲ ϲυνέρξιωϲ τύχηϲ, ἀλλὰ
μὴ

Priére. Il y joint au contraire la Priére, comme un acceſſoire qu'il croioit devoir ſuppléer en cette occaſion aux inconvéniens des déciſions du Hazard.

Cela paroît encore par une choſe que l'on trouve en deux autres endroits de ſes Dialogues. Il veut que les Nôces des Citoiens de ſa République ſe faſſent par une eſpéce de Sort, que les (3) Conducteurs de l'Etat aient ſoin de diriger par quelque artifice, de maniére qu'il ne tombe que ſur ceux qu'ils jugeront à propos; & que cependant l'artifice ſoit ſi bien caché, que ceux qui ſe croiront mal aſſortis, ne s'en prennent qu'au Hazard & à la Fortune. Ce Philoſophe auroit-il voulu faire ſervir le Sort à tromper, quoi qu'innocemment, les Hommes, s'il y eût conçû quelque choſe de ſacré?

Lors donc qu'il établit une page après le paſſage de queſtion (car je veux indiquer moi-même à Mr. *D. J.* tout ce

μὴ τὲς ἄρχοντας. De Republic. *Lib.* V. pag. 460. A.
ͅις τὲς ἄρχοντας ἴραυῴ κỳ τὰς ἀρχύτας δῖιν ἴις τὴν ᴅ γάμων ούνοφξιν λάθεχ μηχανᾶῶς κληρῖς τιςιν, ὅπως εἰ κακοὶ χωεῖς εἴτ' ἀγαθοὶ τᾶῖς ἐμοίαις ἰκάτιοͅι ξυλλίξϗν
ται, κỳ μὴ τις αὐτῖις ἰχθεχ διὰ ταῦτα γίχηται, τύχην ᴄ̇χͅωϸϗιι αἰτίαν τ᷇ ξυλλίξιας. Iu Timæo, *Tom.* III, pag. 18. D. B.

(1) Τὰ

ce dont il croiroit pouvoir tirer quelque avantage) lors, dis-je, qu'il établit pour régle dans sa République, de
choifir par le fort un certain nombre
de *Prêtres*, (1) & de *laiffer ainfi à la
Divinité le foin de diriger l'événement,
comme elle le jugera à propos :* Et lors
que traitant des différentes maniéres
d'aquérir de l'autorité fur les autres
Hommes, il met au dernier rang le
Sort, dont il appelle la décifion, une
(2) *voie agréable à la Divinité, & une
chofe qui eft l'effet du bonheur :* Cela fignifie feulement, que la Divinité, qui
conduit toutes chofes, peut, quand elle
le juge à propos, intervenir extraordinairement pour faire tomber le fort
de telle ou telle maniére, & qu'elle ap-
prouve, en certaines occafions, qu'on
prenne cette voie impartiale pour régler des chofes, qui autrement don-
neroient lieu à bien des conteftations.

§. XXXVIII. ARISTOTE, Dif-
ci-

(1) Τὰ μὲν ἐν τ̔ ἱερῶν, τῷ Θιῷ ὅπιτρίποντα αὐτῷ τὸ
κἰχαειφμέκον γίγνεϑ̇, κλῆρον ἔτα τῇ θιᾷ τύχῃ ἀποδί-
δοντα. De Legg. Lib. VI. pag. 759. C.
(2) Θιοφιλῆ δέ γι καὶ εὐτυχῆ τινα, ἑβδομὴν ἀρχὴν εἰς
κλῆρον τινα προάγομϑν· καὶ λαχόντα μὲν, ἀρχειν, δυσ-
κληρϑντα δὲ, ἀρχϑς, τὸ δικαιότατον εἶναι φαμϑν. De
Legg. Lib. III. pag. 690. C.
(3) Ἐν μὲν γὸ τῇ κληρῶτει τὴν τύχην βασιλεύειν. In
A-

ciple de *Platon*, parle en plufieurs (a) endroits de l'ufage du Sort : mais jamais il ne dit la moindre chofe qui donne à entendre, qu'il le conçoive autrement que comme un événement cafuel auquel on fe rapporte, pour maintenir l'égalité, & pour prévenir les plaintes fur la préférence. C'étoit-là veritablement l'idée qu'en avoient les Sages du Paganifme ; & non pas celle que Mr. *D. J.* leur attribuë, pour tâcher de les mettre de fon parti. I-SOCRATE dit, que (3) *dans le Sort, c'eſt la Fortune qui préſide.* PLUTARQÜE appelle le *Sort*, après EURIPIDE, *l'Enfant de la Fortune* (4), *lequel, ajoûte-t-il, ne donnant la préférence ni aux Richeſſes, ni au Crédit ou à la Réputation, mais tournant tantôt d'un côté, tantôt de l'autre, comme il ſe rencontre, reléve le cœur du Pauvre & de l'homme de baſſe condition, & lui laiſſe le plaiſir de penſer qu'il n'a pas entiérement perdu*
ſa

(a) Voiez, par exemple, *Politic.* Lib. IV. Cap. XVI. Lib. VI. Cap. II.

Areopagit. pag. 248. Ed. Paris. 1621.

(4) Καὶ ἣ τ̔ Τύχης παῖδα Κλῆρον, ὡς 'Ευριπίδης φησὶν, ὅς ὅτε πλὸτύν τίμων, ὅτε δόξῃ τὸ πρατεῖον, ἀλλ', ὅπως ἔτυχεν, ἄλλως ἄλλοτε συμφερόμεν@, ᾗ μὲν πλήττα καὶ ταπεινὸν ὀηγαυρεῖ, καὶ ὃν ἐξαίρει γε τῶν τιν@ αὐτονομίας, ᾗ δὲ πλύσιον καὶ μέγαν ἰδίζων ἰσότητι μὲ δυσκολαίνειν, ἀλύπως σωφρονίζει. Sympofiac. Lib. II. Cap. X. in fin. Cap. & Lib.

(1) *Quid*

fa liberté ; comme d'autre côté, en ac-
coûtumant les *Grands* & les *Riches* à fouffrir patiemment l'égalité, il leur donne
de falutaires leçons, d'une maniére qui
ne fauroit les choquer. CICERON dit,
en parlant même des *Sorts divinatoires,*
(1) *Qu'eft-ce que le* SORT ? *C'eft à peu*
près la même chofe, que de jouer à la
mourre, ou de jouer aux Offelets ou aux
Dez : en quoi il n'y a point de raifon ni
de délibération éclairée, mais un pur ha-
zard & un choix aveugle. Tout cela n'eft
qu'une invention de quelques Fourbes, qui
ont voulu fe procurer du gain, ou s'ac-
commoder à la Superftition du Vulgaire,
ou abufer de fa crédulité pour le jetter
dans l'illufion... *Mais,* ajoute plus
bas l'Orateur & Philofophe Romain,
cette forte de divination eft aujourd'hui
fort décriée dans le monde. On ne parle
plus

(1) *Quid enim Sors eft ? Idem propemodum, quod mica-*
ve, quod talos jacere, quod teffiras. quibus in rebus teme-
ritas & cafus, non ratio nec confilium valet. tota res eft in-
venta fallaciis, aut ad quaftum, aut ad fuperftitionem, aut
ad errorem.... Sed hoc quidem genus divinationis vita jam
communis explofit. Fani pulchritudo & vetuftas, PRÆNESTINA-
rum etiam nunc retinet Sortium nomen, atque id in vulgus.
Quis enim Magiftratus, aut quis vir illuftrior utitur forti-
bus ? ceteris vero in locis plane refrixerunt. De Divinatione, *Lib.* II. *Cap.* XLI.
(2) Voïez, par exemple, XÉNOPHON, Memo-
rab. Socrat. *Lib.* I. *Cap.* II. §. 9. *Ed. Oxon.* ARISTO-
TE,

plus des Sorts, qu'à Préneste; & là-même il n'y a point de Magistrat, ni de personne un peu distinguée, qui s'avise de les aller consulter.

§. XXXIX. VOILA' les idées & le langage des Sages Païens, au sujet du Sort. Si le Sort avoit passé dans leur esprit pour une chose sacrée, & pour un Oracle du Ciel, ils en auroient certainement conseillé l'usage dans toutes les occasions importantes, & ils auroient regardé sa décision comme un Arrêt irrévocable. Or, bien loin de là, ils blâment en mille endroits (2) ceux qui faisoient tirer au Sort pour les Charges, ou en d'autres affaires considérables : & là-même où la coûtume en a été le plus établie, (3) on revoquoit quelquefois la sentence du Sort, lors qu'il étoit tombé sur

des

TE, Rhetoric. *Lib.* II. *Cap.* XX. PLUTARQUE, adversus Colotem, *init.* pag. 1107. *in fin.* PHILOSTRATE, Lib. III. Cap. XXX. pag. 121. *Ed. Olear.* TACITE, Histor. *Lib.* IV. Cap. VII. &c.

(3) Chacun sait qu'à *Athines*, dans la distribution des Charges, on examinoit la capacité, la vie & les mœurs de ceux même qui avoient été choisis par le Sort; ce qu'on appelloit Δικιμασια. Voiez GATAKER, pag. 99, 164. PLATON, immédiatement après le passage déja cité, au sujet des *Prêtres*, veut aussi qu'on procéde envers eux à un semblable examen; après le Sort tiré. VALE'RE MAXIME, Lib. VI. Cap. III.

nn'.

des perſonnes incapables ou notoire-
ment vicieuſes.

§. XL. MR. *D. J.* ne ſauroit
prouver non plus que les *Juifs* penſaſ-
ſent comme lui, au ſujet du Sort : mais je
puis lui citer un paſſage de PHILON,
qui ſuffiroit pour le déſabuſer, s'il é-
toit capable de ſe rendre à la force des
raiſons. Ce fameux Auteur Juif, qui,
comme l'on ſait, aimoit extrémement
à chercher par tout du myſtére, bien
loin d'en trouver ici, commence ſon
Traité *de la création des Magiſtrats Sou-*
verains, par cenſurer fortement ceux
qui avoient introduit dans une affaire
ſi importante, l'uſage du *Sort*, dont
(1) *la déciſion, dit-il, n'eſt point une*
preuve de mérite, mais l'effet d'un heu-
reux hazard pour ceux ſur qui le ſort
tombe. Il allégue divers exemples des
inconvéniens qui en réſultent ici & ailleurs, & de la circonſpection avec laquelle on évite de l'emploier en ma-
tié-

---

num. 3. rapporte, que le Gouvernement de la Province d'*Eſpagne* étant échu par le Sort à un des *Scipions*,
le Sénat caſſa cette élection, par la raiſon que celui
qui avoit été choiſi *reſte facere neſciret.*

(1) Εὐτυχίαν γδ', ἀλλ' ἐκ ἀρετὴν, κλήρῳ ἐμφαίνει. De
conſtitutione Principis, *pag.* 723. C. *Edit. Pariſ.*

(2) Οὐ τοίνυν προσήκει δεσπότας καὶ ἡγεμόνας ὅλων
πόλεων καὶ ἐθνῶν ἀποφαίνειν, τὺς κλήρῳ λαχόντας, ὀλίσ-
θ,

tiére de plufieurs chofes moins confidérables : d'où il conclut, qu'à plus
forte raifon (2) ne doit-on pas s'en remettre, pour le choix de ceux qui auront à gouverner des Villes & des Nations, à *un événement* QUI DÉPEND
DE LA FORTUNE, C'EST-A-DI-
RE, D'UNE CHOSE FORT IN-
CONSTANTE ET FORT INCER-
TAINE. Il ajoûte, que *c'eſt pour* (3)
cela que MOÏSE *ne parle jamais d'aucu-*
ne Charge conferée par le Sort. Voit-on
là la moindre trace de quelque fainteté
attachée au Sort? ou de quelque Providence particuliére qui y préfide? Et
n'a-t-on pas tout lieu au contraire d'en
inferer, que ce que Mr. *D. J.* attribuë aux *Juifs* ne leur eſt jamais venu
dans l'eſprit? L'Hiſtorien JOSEPH,
en parlant du bonheur qu'il eût de reſ-
ter un des deux derniers, lors qu'il fut
contraint de tirer au Sort qui mour-
roit le prémier de la main d'un des
qua-

Θᾳ τινὶ τυχῆς, ἀβεβαίε καὶ ἀδήρύτε πρᾴγματῷ. I-
bid. D.
(3) Ταῦτα ἐν ὁ ϖάνσοφῷ Μωϋσῆς τῇ ψυχῇ διασδ-
μῷῷ, κληρωτῆς καὶ ἀρχῆς ὀδὶ μίμνηται. Ibid. pag. 723.
C. On ne voit non plus aucune trace de quelque idée
de faintcté, dans ce que PHILON dit en parlant du
Bonc Hazazel, Lib. III, *Legis allegor.* pag. 1096.

(1) Καὶ

quarante avec qui il étoit enfermé dans une Caverne dit, (1) qu'il fut ainsi fauvé *foit par un effet du hazard, ou par la Providence Divine.* Un homme, qui auroit expliqué le paſſage des PRO-VERBES, XVI, 33. comme fait Mr. *D. J.* ſe ſeroit-il exprimé de cette ma-niére?

§. XLI. JE CROIS avoir ruiné de fond en comble tout le Syſtême de Mr. *D. J.* & j'en laiſſe le jugement au Lecteur. Il n'aura pas lieu de ſe plain-dre, que j'aie tronqué ſes penſées, ni ômis aucune de ſes raiſons. Bien loin de là, je ſuis perſuadé que je les ai rangées en meilleur ordre, & qu'on verra mieux ici, que dans ſon Livre même, ce à quoi ſe réduit tout ce que l'on peut comprendre de ſes idées & de ſes preuves. S'il y a quelque choſe que je n'aie point touché, on trouve-ra que ce ne ſont que de miſérables déclamations, qui ſe détruiſent d'el-les-mêmes, & qui ne méritent pas d'être rapportées. Je ne ferai plus que
quel-

---

(1) Καταλειπεται δὲ ἕν ⊙, ἔιτι ὑπὸ τύχης καὶ λέγειν, ἔιτι ὑπὸ θιῶ πεϛατας, ϛὺν ἑτέρῳ &c. De Bell. Jud. *Lib.* III. *Cap.* XXVI. pag. 353. F. *Edit. Lipſ.*

quelques courtes remarques fur ce qui me regarde en particulier.

. Nôtre Prédicateur (a) fe récrie fort contre moi, fur l'exemple des *deux La-quais & des deux Crocheteurs*, que j'ai allégué après Mr. L A P L A C E T T E, & il voudroit là-deffus me faire paffer pour un homme qui croit que Dieu eft fpeêtateur oifif des *petites chofes* ou des *petits événemens*, comme indignes de fa direction & de fes regards. Mais ce que j'ai dit dans mon Livre (b), des cas où je conçois qu'il peut y avoir dans le Jeu une direction extraordinai-re & miraculeufe de la Providence, ne fuppofe-t-il pas néceffairement que les moindres évenemens qui dépendent du Sort font fous les yeux & fous la di-rection de la Providence, quoi que pour l'ordinaire elle n'y intervienne pas autrement, que dans ceux qui n'ont rien de cafuel? Ainfi l'accufa-tion eft encore plus mal fondée, que ce que Mr. *D. J.* impute (c) à Mr. L A P L A C E T T E, d'avoir emploié *un petit artifice de Rhétorique, plus pro-pre à éblouïr l'efprit du Peuple, qu'à con-vaincre la raifon d'un Philofophe?*

§. XLII. I L (d) *paffe à une nou-vel-*

I

(a) *Lettres,* pag. 122. 123.

(b) *Traité du Jeu,* Liv. I. Chap. II. §. 4.

(c) *Lettres,* pag. 54.

(d) *Lettres,* pag. 123.

velle inexactitude, pour ne rien di-
re de plus. Cette inexactitude épou-
vantable confifte en ce que j'ai dit,
que DIEU *peut préfider & qu'il préfi-*
de quelquefois effectivement fur le Sort;
mais rarement & en des occafions graves
& importantes &c. Là-deffus il s'écrie:
Voilà une belle Théologie! Cependant
nôtre grand Théologien ne fait ici que
brouiller tout, & il n'entend pas ou
ne veut pas entendre les autres, comme apparemment il ne s'entend pas lui-
même. Je parle d'une *direction particu-*
liére & extraordinaire; & il me cenfure
rudement comme fi je niois la *direction*
générale & ordinaire de la Providence. Il
allégue & ici, & ailleurs, l'exemple
de *Matthias*, comme s'il n'y avoit là
rien que de commun: & il faut avouer
qu'on ne peut pas lui contefter ici la
gloire de la fingularité; car je ne crois
pas qu'une penféc fi abfurde foit encore venuë dans l'efprit d'aucun Interprête, ni d'aucun Théologien. La nature même de la chofe, & toutes les
circonftances de la narration de ST.
LUC, tendent manifeftement à faire
voir que le choix de *Matthias* étoit un
effet d'une direction extraordinaire de
la

la Providence, & que ceux qui jettoient le Sort le faifoient dans cette
vuë, par un ordre, finon exprès, du
moins tacite, de DIEU. Il s'agiffoit
de choifir un Apôtre, qui devoit annoncer l'Evangile & fervir à l'établir
dans le monde. Les onze Apôtres, qui
fe déterminérent à faire tirer au Sort,
étoient fans doute animez de l'Efprit
de Dieu, qui leur fuggéra cet expédient comme un moien extraordinaire
en cette occafion de connoître fûrement la volonté de leur Maître. La
priére qu'ils adreffent à DIEU fait
voir manifeftement qu'ils attendoient
un Oracle. Convaincus qu'ils ne pouvoient juger des qualitez perfonnelles
de *Matthias* & de *Barfabas*, que par
des marques extérieures, fujettes à ê-
tre fort équivoques ; fachant d'ailleurs
que, pour une vocation comme celle-
là, toute extraordinaire, il falloit un
choix divin : ils crurent avec raifon,
que DIEU ne manqueroit pas de dé-
ploier fa Toutepuiffance pour faire
tomber infailliblement le Sort fur celui des deux Difciples qu'il jugeroit le
plus propre à ce grand Ouvrage. C'eft
pourquoi, dans leur Priére, ils quali-

fient

fient DIEU, celui *qui connoît les Cœurs :* ils le fupplient de *montrer quel des deux il a choifi.* Peut-on marquer plus clairement ce qui diftingue le *Sort extraordinaire* d'avec le *Sort ordinaire ?* S'il n'y avoit ici *rien d'extraordinaire que le fujet,* comme le prétend Mr. (a) *D. J.* fi la direction ordinaire de la Providence fuffifoit en de pareils cas ; le plus fûr moien d'élire les Magiftrats & les Eccléfiaftiques, ou plûtôt l'unique que l'on devroit emploier dans cette fuppofition, ce feroit de faire tirer au Sort. C'eft dommage qu'on ne profite de cette belle conféquence du Syftême de Mr. *D. J.* pour faire un tel établiffement dans l'Etat & dans l'Eglife: on éviteroit par là une infinité de brigues, & on feroit affûré que ceux fur qui le Sort tomberoit, tiendroient immédiatement de *Dieu* leur autorité. Les Miniftres alors pourroient fe dire au pié de la lettre les *Ambaffadeurs de Dieu.*

(a) Pag. 38.

§. XLIII. J'AVOIS dit, que *ceux qui condamnent abfolument les Jeux de Hazard,* le font *fur un fondement* (b) *très-foible,* & *du moins fort douteux.* De là nôtre Prédicateur infére, (c) que *je nage dans le doute.* Eft-il poffible qu'un

(b) C'eft ce qu'emporte mon expreffion, auffi foible, auffi douteux, que &c.
(c) Lettres, pag. 115.

qu'un homme, qui se fait imprimer,
connoisse si peu la force des termes,
& les régles du langage les plus communes? Y a-t-il tout au plus dans mes
expressions, autre chose qu'un *dato non
concesso*? Et peut-on soupçonner là-
dessus avec la moindre apparence, que
je ne suis pas clairement convaincu de
la fausseté des idées de ceux qui regardent les Jeux de Hazard, considérez
en eux-mêmes, comme une profanation? N'est-il pas clair que j'ai voulu
dire, que tout ce qu'on peut accorder
aux partisans de cette opinion, c'est
qu'ils avancent quelques raisons, qui
peuvent éblouïr d'abord certaines personnes, mais qui ne suffisent pas,
quand elles auroient quelque légere
vraisemblance, pour donner lieu de
condamner sans restriction les Jeux de
Hazard sur ce fondement? Mr. *D. J.*
se flatte de *n'avoir pas laissé ce fondement fort douteux, en l'expliquant comme il l'a fait.* Mais je n'en suis pas
moins assûré, que je l'étois auparavant, de la fausseté de son opinion:
& je croi que ceux qui pourroient a-
voir eu quelque doute là-dessus, en seront délivrez entiérement, quand ils

I 3 ver-

verront le peu de folidité de tout ce
qu'a dit Mr. *D. J.* pour les convaincre, & le malheureux fuccès de fes
grands efforts. Ainfi je n'ai nul befoin
de m'engager ici à traiter la queftion,
comment & jufqu'où le Doute oblige
à s'abftenir d'une chofe.

§. XLIV.   MR. *D. J.* a tâché ci-
deffus de me faire regarder comme un
mauvais Théologien & un Moralifte
relâché: il va maintenant prouver que
je fuis mauvais Marchand, & que je
(a)Pag.131. *ne connois* (a) *pas les ufages du Négoce.*
Comme il n'ignore rien, il me trouve
ici en faute fur ce que j'ai dit des *Con-*
tracts d'Affûrance, comparez avec les
Jeux de Hazard. J'ai remarqué, en
parlant de la convention par laquelle
les Joueurs remettent le gain ou la perte à la décifion du Hazard, que, s'il
y avoit là quelque chofe d'abfurde,
les *Contracts d'Affûrance feroient plus*
déraifonnables, parce qu'*aucune des Par-*
ties ne fauroit-là contribuer en rien à fai-
re que le Vaiffeau arrive à bon port, ou
non: au lieu que les Joueurs font *origi-*
nairement les Auteurs de l'événement,
quoi qu'ils ne le produifent que par une
détermination aveugle & fans aucun choix.
                                            Nô-

Nôtre Prédicateur, habile Négotiant, me veut apprendre là-dessus, (a) qu'un sage Assûreur examine bien avant toutes choses si le Vaisseau , dont il doit assûrer la charge , est conduit par un bon , ou un mauvais Pilote ; & (b) qu'il demande une plus grosse somme pour un long voiage , par exemple, lors que le Vaisseau vient de *Batavia*, que pour un petit voiage, comme celui de *Londres* à *Amsterdam*. Il faut assûrément avoir long-tems fréquenté la *Bourse* d'AMSTERDAM , pour savoir de si grands & si rares secrets du Négoce. Mais après tout, que fait cela ici ? En est-il moins vrai que l'Assûreur ne met pas lui-même la main à la direction du Vaisseau ? D'ailleurs, outre qu'il peut se tromper dans l'opinion qu'il a du Pilote , est-il plus en état d'empêcher ni de prévoir même les tempêtes , les pirateries , & autres semblables accidens , qu'un Joueur, qui ne pipe pas le Dé , ne peut compter d'amener tous les *six* ou tous les *as* ? Il est même essentiel au contract que la chose soit ainsi: car si un Assûreur savoit avec quelque certitude que pendant tout le tems du voiage il ne

(a) Pag. 126.

(b) Pag. 131.

I 4   souffoufflera point de Vents fâcheux , & qu'il ne fe trouvera point de Corfaire dans la route ; le gain qu'il feroit alors feroit certainement accompagné d'in- juftice.

§. XLV. MAIS , dit (a) Mr. D. J. on peut fuppofer une maniére de jouer aux Dez ou aux Cartes , dans laquelle il n'entrera aucun mouvement produit par les Joueurs mêmes. Ce n'eft pas ainfi qu'on jouë ordinaire- ment : mais quand on le feroit, il fau- droit toûjours un *choix* de la part des Joueurs ; & ce feroit alors à ce *choix*, quoi qu'*aveugle*, que la convention des Joueurs auroit attaché le Sort : de mê- me que , dans le Jeu de *Croix ou pile*, celui qui jette la piéce donne à devi- ner à l'autre. Quand j'ai parlé du mou- vement des Dez & des Cartes , je ne l'ai pas confidéré précifément & uni- quement comme un mouvement des bras ou des mains , mais comme l'effet d'une détermination , quoi qu'aveugle, de nôtre Volonté ou de quelcune de nos Facultez. Que cette Faculté foit Corporelle ou Spirituelle , il n'impor- te, la détermination du Sort provient toûjours d'elle , à parler *phyfiquement :*
com-

(a) *Pag. 7.*

comme l'effet attaché à cette détermination provient de la libre *volonté*
des Contractans. Lors même que le
Sort confilte à déviner, le mouvement
de la Langue y entre fi bien, pour
quelque chofe, que fi quelcun par dif-
traction, au lieu de dire, par exemple, *fix*, comme il le penfoit, dit
quatre, il ne peut plus en revenir, à
moins qu'il ne fe reprenne inceffam-
ment, & avant qu'on aît regardé le
point des Dez qui font fous le cha-
peau, ou le nombre de piéces que
quelcun a dans la main. Mais qu'il y
aît du mouvement dans les Jeux de
Hazard, ou qu'il n'y en aît point, cela ne fait rien contre moi. Ce n'eft pas
fur le mouvement, produit par les
Joueurs même, que j'ai fondé l'innocence de ces fortes de Jeux, confidérez en eux-mêmes. La reflexion que
j'ai faite, fur ce que les Joueurs procurent l'événement, quoi que fans le
favoir & fans le diriger avec connoiffance, tendoit uniquement à montrer,
qu'il n'étoit point néceffaire de fuppofer une Providence extraordinaire qui
diftribuât les bons ou les mauvais coups,
puis qu'il y avoit une caufe toute trou-

I 5 vée,

vée , favoir le mouvement des Dez & des Cartes. Et comme tous les Jeux communs de Hazard font accompagnez d'un tel mouvement , la comparaifon que j'en fais à cet égard avec les *Contracts d'Affûrance* , étoit très-raifonnable, & demeure en fon entier, malgré les vaines attaques de nôtre Prédicateur. Du refte, & dans le Jeu, & dans toute autre maniére de Sort , on peut auffi bien attacher quelque effet de droit à une chofe fans mouvement, ou à quelque mouvement auquel on n'a foi-même aucune part , qu'à certains mouvemens qui proviennent de nous-mêmes; fans qu'on aît pour cela plus de raifon d'y fuppofer une Providence immédiate & particuliére. Il y aura toûjours-là quelque Caufe Phyfique ou Morale , & un confentement des Parties , fur quoi eft fondée toute la vertu de la décifion.

§. XLVI. ENFIN , fur ce que j'ai dit, qu'*il n'y a guéres de Jeux d'Adreffe , où il n'entre quelque fôrte de Hazard*; Mr. *D. J.* grand Logicien, & toûjours à l'affût pour ne laiffer paffer aucun faux raifonnement , *arrête la conféquence.* (a) *Il falloit dire* , à ce qu'il pré-

(a) *Pag. 132.*

prétend, *il n'y a point de Jeux d'A-*
dreſſe où il n'entre toûjours autant *de*
hazard que dans les autres. C'eſt-à-dire,
en un mot, il falloit dire qu'il n'y a point
de Jeux d'Adreſſe. Peut-on voir une
critique plus inſenſée ? Si les Jeux des
Dez & des Cartes ſont criminels, à
cauſe du Hazard d'où ils dépendent,
par tout où ce Hazard ſe trouvera, &
pour peu qu'il y en aît, ne devra-t-on
pas dire auſſi qu'il y a du crime ? Mr.
D. J. condamne abſolument les Jeux
mêlez de Hazard & d'Adreſſe, (a) par (a) *Pag. 22.*
la raiſon que *le mélange d'une choſe in-*
différente avec une choſe criminelle ne
guérit de rien. Puis donc que, de ſon
propre aveu, ce que j'ai dit du hazard,
qui entre ſouvent dans les Jeux d'A-
dreſſe, eſt *exactement vrai* ; ne s'enſuit-il pas de là manifeſtement, que,
ſelon ſes principes, on devróit condamner preſque tous les Jeux d'Adreſſe, qui eſt tout ce que j'ai voulu prouver ? Cela me ſuffit auſſi pour montrer
l'abſurdité de l'opinion de nôtre Prédicateur, qui fait grace à tous les Jeux
d'Adreſſe ſans exception.

§. XLVII. EN VOILA plus qu'il
ne faut ſur les *inexactitudes* que Mr. *D.*

I 6 *J.*

J. croit avoir trouvées dans les trente prémiéres pages de mon *Traité du Jeu.* Il a voulu entamer le III. Chap. du I. Livre : mais tout s'eſt réduit à deux *obſervations*, qu'il a raiſon d'appeller *nouvelles* ; car j'ai de la peine à croire qu'elles euſſent pû venir dans l'eſprit de tout autre que de lui, tant elles ſont pitoiables. Je les laiſſe donc-là, avec leur Auteur ; & las d'examiner tant de pauvretez, je l'abandonne à Mr. La Placette, qui, à ce que j'apprens, vient de lui répondre. Je finirai donc ici par une déclaration dont je prie le Leċteur de ſe ſouvenir ; & par une concluſion générale ſur la matiére de ce Diſcours.

Je me pique d'exaċtitude ; tout homme qui travaille pour le Public, doit s'en piquer, & je m'en piquerai toûjours de plus en plus, quoi qu'en diſe Mr. *D. J.* qui m'en fait une matiére de reproche. Je ne ſuis pourtant ni aſſez vain pour me croire incapable de tomber dans des inexaċtitudes, ni ſi peu docile, que de ne pas avoir le courage de les reconnoître ingénument & de les redreſſer au plûtôt, ſoit que je les apperçoive moi-même, ou que
d'au-

d'autres me les faſſent remarquer. J'en
pourrois indiquer des preuves parlan-
tes.   Mais je crois pouvoir me flatter
ſans préſomtion, que, s'il n'y avoit
dans mes Ouvrages d'autres inexactitudes, que celles que Mr. *D. J.* y a
trouvées, ou qu'il eſt capable d'y trouver, j'aurois lieu de me tenir à l'abri
de toute juſte critique. J'avouerai encore, que ſi je n'avois regardé qu'à
moi-même, j'aurois pû ne pas répondre un ſeul mot, ſans avoir à craindre
que les Lettres de Mr. *D. J.* fiſſent
aucun tort ni à moi, ni à mon Livre.
Mais j'ai penſé, qu'au hazard de ſe
donner un peu de peine, il eſt quelquefois bon, pour l'exemple, de rembarrer vigoureuſement ceux qui cherchent de toutes parts avec qui rompre
une lance. Cependan Mr. *D. J.* me
permettra, s'il lui plaît, de ne pas
lui tenir tête juſqu'au bout ; j'ai de
meilleures choſes à faire. Il doit être
aſſez content que je n'aie pas gardé à
ſon égard un parfait ſilence, qu'il auroit pû prendre pour une marque de
grand mépris. Mais s'il lui prend envie
de revenir à la charge, & qu'il trouve
des preſſes pour publier ſes Livres qué-

I 7   rel-

relleux ; il peut compter pour sûr,
qu'il n'ira pas avec moi jufqu'à la Du-
plique , & que déformais je lui laiffe-
rai volontiers le plaifir qu'il a quand il
eft en Chaire , de parler tout feul &
fans que perfonne le contredife.

§. XLVIII. Voila ma déclaration: voici maintenant ma conclufion
générale. J'emprunterai encore ici les
termes de GATAKER, pour faire
voir à Mr. *D. J.* que je fai rendre juftice aux Prédicateurs éclairez & judicieux , & aux Théologiens raifonna-
bles. ” Dans les *Jeux* de Hazard, il
(a) *Chap.*
VH. §. 2.
pag. 143.
” faut , dit-il, (a) foigueufement dif-
” tinguer l'*action de la Créature* , &
” l'*action du Créateur*. Autre chofe eft
” l'événement cafuel par rapport à la
” Créature ; & autre chofe, la Pro-
” vidence de Dieu qui le dirige, com-
” me toutes les autres actions. On
” peut donc faire fervir l'une à fe di-
” vertir , fans que l'autre entre pour
” rien dans nos Divertiffemens : de
” même qu'on le fait en matiére des
” chofes non-cafuelles , & qui, quoi
” que conduites par l'adreffe & l'in-
” duftrie des Hommes , ne font pas
” moins accompagnées d'une direc-
” tion

,, tion de la Providence. Ce n'est
,, pas ce qu'il y a de casuel dans un E-
,, vénement, qui le rend l'objet d'une
,, Providence immédiate : car il y a
,, bien des choses casuelles, qui ne sont
,, pas pour cela des effets d'une Pro-
,, vidence immédiate, & qui n'em-
,, portent nullement une présence par-
,, ticuliére de DIEU; comme, par
,, exemple, lors qu'un Oiseau vole tout
,, d'un coup devant quelcun, ou qu'un
,, Dogue, qui passe, vient à arrêter
,, la boule d'un Joueur &c. Si donc le
,, Sort, à cause du hazard qui y do-
,, mine, supposoit une Providence im-
,, médiate & une présence particulié-
,, re de DIEU; il faudroit dire la
,, même chose, par la même raison,
,, de tous les Evénemens casuels. Car
,, ce qui convient à une chose, com-
,, me telle, convient aussi nécessaire-
,, ment à toutes les autres choses de
,, même genre.

FIN *du Discours sur la nature du* SORT.

DES

DES DROITS

DE LA

PUISSANCE SOUVERAINE;

& du vrai fens de la

LOI ROIALE

DU PEUPLE ROMAIN.

Différence qu'il y a entre un *Prince*, & un *Tyran*.

* Ce Difcours fut prononcé le 9. de *Fevrier* 1699. jour auquel Mr. Noodt devoit haranguer, felon la coûtume, en quittant le Rectorat de l'Univerfité de *Leide*.

J E me fuis fouvent étonné, * MESSIEURS, de voir que de Grands Hommes, qui ont pris à tâche de traiter du Pouvoir des Souverains, attribuent les mêmes droits au Prince & au Tyran : deux caractéres néanmoins fi oppofez, qu'on ne fauroit concevoir rien de plus incompatible. (1) En effet,

(1) PLATON fait en mille endroits des defcriptions vives & naturelles du *Tyran*, fur tout aux Liv. VIII. & IX. de fa *République*. L'on peut voir encore DION CHRYSOSTOME, dans fes Harangues I. & III. *du Rolaume*, & VI. *de la Tyrannie* : comme auffi le Dialogue de BUCHANAN fur le *droit des Rois en Ecoffe*, pag. 28. *& feqq.* & le fameux Livre intitulé, VINDICIÆ CONTRA TYRANNOS, Quæft. III. pag. 134. *& feqq.* Edit. Francof. 1622.

(2) C'eft ce que les Loix enfeignent à chacun, comme

fet, l'un commande aux Citoiens avec leur confentement : l'autre, malgré eux. L'un a uniquement en vûe le Bien Public : l'autre ne cherche que fon avantage particulier. L'un maintient les Loix : l'autre les foule aux pieds. L'un regarde la Vie, la Liberté, & les Biens de chaque Particulier, comme autant de chofes facrées, auxquelles il n'oferoit toucher, & dont il (2) éloigne fes mains, fes yeux, & fes défirs même : l'autre s'imagine que tout cela eft à lui, & qu'il peut en difpofer abfolument à fa fantaifie. L'un enfin, femblable à DIEU, & fe faifant un plaifir, à fon exemple, de procurer l'avantage du Genre Humain, eft aimé, refpecté, adoré, pour ainfi dire, & de fes Sujets & des Étrangers; tous (3) courent à lui, comme à l'Auteur de leur confervation & de leur

féli-

---

me le difoit CICERON, dont Mr. NOODT emploie ici les propres termes. *Docemur. . . . auctoritate nutuque Legum, demitas habere libidines, coërcere omnes cupiditates, AB ALIENIS MENTES, OCULOS, MANUS ABSTINERE.* De Orat. Lib. I. Cap. XLIII.

(3) L'Auteur imite un beau paffage de SENE'QUE, que l'on ne fera pas fâché de voir ici. *Illius demum magnitudo ftabilis fundataque eft, quem omnes tam fupra fe effe, quam pro fe fciunt; cujus curam excubare pro falute fingulorum atque univerforum quotidie experiuntur; quo pro-*

ce-

félicité, prêts à se sacrifier courageu-
sement pour ce Chef dont ils sentent
que l'esprit les anime, les unit, les
gouverne, les fait fleurir & prospérer:
l'autre, vraie peste publique, ne faisant du bien à personne, faisant du mal
à tout le monde, & par là se rendant
l'objet de l'horreur & de l'exécration
de chacun, porte après soi de tous côtez la terreur, l'épouvante, l'effroi, la
désolation; toutes les fois qu'il se montre, on croit voit sortir en fureur de
sa taniére une Bête férece d'une grandeur prodigieuse, & qui ne respire que
rapine & que carnage. La Raison veut
donc, que l'on ne confonde point le
Prince avec le Tyran; & que l'on
n'étende pas non plus le Pouvoir du
Prince aussi loin que son caprice, mais
qu'on le resserre dans les bornes de la
Justice & des Loix. Cependant je ne
sai par quelle fatalité on entend soûtenir communément dans le monde, qu'à
moins que d'anéantir la force & l'usage
de

cedente, non tanquam malum aliquod aut noxium animal è
cubili prosilierit, diffugiunt, sed tanquam ad clarum ac be-
neficum sidus certatim advolant, objicere se pro illo mucro-
nibus insidiantium paratissimi, & substernere corpora sua, si
per stragem illi humanam iter ad salutem struendum sit ....
Ille est enim vinculum, per quod Respublica cohæret: ille spi-
ritus vitalis, quem hæc tot millia trahunt: nihil ipsa per se
fu-

de la Souveraineté, il faut reconnoître
que le Prince est au dessus des Loix:
en sorte que, quoi qu'il ne pense qu'à
son intérêt particulier, & nullement à
l'utilité de ses Sujets, ceux-ci n'aient
d'autre ressource que la (1) gloire d'o-
béïr & de souffrir patiemment, & que
le Prince ne soit responsable de sa conduite qu'à Dieu seul, de qui, comme
on le suppose, l'Autorité Souveraine
vient originairement. Il y a très-peu
de gens qui prennent ici le parti du
Peuple: la plûpart défendent la cause
du Tyran sous le nom du Prince; &
ils tâchent de se persuader & de persuader aux autres, que, s'il se trouve
une telle opposition entre les intérêts
du Prince & ceux du Peuple, qu'il
faille que l'un des deux soit affoibli ou
périsse même, il est & plus juste &
plus avantageux d'accorder au Prince
un plein pouvoir d'opprimer ses Sujets
par des injustices & des cruautez énor-
mes, que de laisser aux Sujets la liberté

fuiura nisi onus & præda, si mens illa Imperii subtrahatur.
De Clement. _Lib._ I. _Cap._ III. IV.
(1) Q'est ce qu'un Chevalier Romain disoit autrefois, en parlant à l'Empereur _Tibère :_ T I B I _summum_
rerùm judicium Dii dedère: nobis obsequii gloria relicta est.
T A C I T. Annal. _Lib._ VI. Cap. VIII. _num._ 5.

(1) II

té de réprimer la fureur du Prince qui
veut les perdre : comme si ceux qui
font réduits par leur condition à la nécessité d'obéir, n'étoient pas de même
nature que ceux qui commandent, &
qu'on ne dût regarder sur le pié
d'Hommes, que ceux à qui le consentement des Hommes a mis en main
l'Autorité sur leurs semblables. Pour
moi, quand je cherche les raisons d'un
sentiment si outré, si dur & si inhumain, je n'en trouve aucune qui soit
conforme à la Loi de la Nature. Qui
que (vous soyiez qui êtes dans cette
pensée, soit Princes, soit Courtisans,
permettez-moi de le dire, vous gâtez
malheureusement (1) une chose très-
bonne & très-sainte d'elle-même : vous
tournez à la ruine des Hommes, par
vôtre ambition démesurée ou par vos
lâches flatteries, le Gouvernement Civil, qui a été établi afin que chacun
pût jouïr, dans une profonde tranquillité, des commoditez & des douceurs
de la Vie : vous rejettez des maximes

jus-

_____

(1) Il y a ici une allusion à ce qu'un ancien Auteur Latin a dit des Déclamateurs, par rapport à l'E-
loquence : *Pace vestra liceat dixisse, primi omnium Elo-
quentiam perdidistis.* Petron. Satyric. Cap. II.

(2) C'est la réflexion judicieuse de Tacite : *Nec*
nm-

juſtes, ſûres, & utiles, pour ſuivre des maximes injuſtes, incertaines, & pernicieuſes ; une Puiſſance (2) ſans bornes ne pouvant jamais être aſſûrée & durable.

Certainement il eſt de l'intérêt de tout le monde, des Princes auſſi bien que des Particuliers, qu'une erreur ſi générale ſoit entiérement détruite ; & qu'en faveur des droits naturels de la Verité, on laiſſe enfin parler ouvertement & ſans détour ſur les droits du Souverain. Or à qui convient-il mieux de ſe charger de cet emploi, qu'à un Juriſconſulte, à un Homme qui fait de l'étude des Loix l'objet de toutes ſes veilles ? Quand eſt-ce qu'il en trouveroit une occaſion plus favorable, qu'aujourdhui qu'il doit, ſelon la coûtume, ſe démettre ſolennellement du Rectorat de l'Académie, en préſence d'une ſi belle Aſſemble ? Et quel lieu plus propre pourroit-il choiſir, que cette fameuſe Ecole du Bon-Sens & du Savoir, pour traiter un ſujet qui renferme

Deſſein de ce Diſcours.

umquam ſatis fida potentia, ubi nimia eſt. Hiſt. Lib. II. Cap. XCII. num. 3.

> *Quidquid exceſſit modum,*
> *Pendet inſtabili loco.*

SENEC. Oedip. v. 909, 910.

(1) Voies

mé toute la majesté des Choses (1) Divines & Humaines, Publiques & Particuliéres, & pour défendre avec soin, selon les Regles de l'Art, mais d'un Art très-honnête & très-légitime, la Liberté commune du Genre Humain? en déclarant néanmoins, qu'un bon Citoien doit rendre à son Souverain tout le respect qu'on peut avoir pour un Homme; & qu'un Pouvoir établi pour la Sûreté publique ne sauroit jamais être trop indépendant & trop étendu; pourvû qu'on l'exerce non selon les suggestions de la Cruauté ou de l'Orgueil, mais conformément aux Régles de la Raison, & à l'Utilité commune des Citoiens.

PREMIÉRE PARTIE de ce Discours, qui contient les Raisons & les Objections générales qu'on allégue sur cette matiére. 1. Une Licence sans bornes n'est pas une suite nécessaire de la Grandeur.

EN EFFET, MESSIEURS, on se trompe, si l'on croit, que la Dissolution, l'Avarice, la Violence, la Cruau-

(1) Voiez le Fragment de la Loi Roiale, qui sera cité plus bas, dans la Seconde Partie de ce Discours, & que l'on trouve tout entier dans la Harangue de GRONOVIUS, jointe à cette Edition.

(2) Hécube, dans la Tragédie d'EURIPIDE qui porte son nom, (vers. 798, & seqq.) fait cette réflexion:

'Ημεῖς μὲν ἂν δοῦλοι τε χ' ἀσθενεῖς ἴσως,
'Αλλ' εἰ Θεοὶ σθένουσι, χ' ὁ κείνων κρατῶν
Νόμ⊙. Νόμῳ γὰ' τὰς Θεὰς ἡγούμεθα.

„ Nous sommes Esclaves, & foibles: mais il y a des
„ Dieux puissans, & une Loi (du Juste & de l'Injus-
„ te]

Cruauté, la Perfidie, & tous les autres déréglemens qui font le malheureux fruit d'une funeſte Licence, ſoient
des caractéres & des priviléges de la
Grandeur. Ce ſont des marques de fureur, & non pas de puiſſance : Et pour
vous en convaincre par l'exemple d'u-
ne Grandeur vraie & ſans mélange
de baſſeſſe, y a-t-il quelque Majeſté
plus relevée & plus auguſte, que celle
de DIEU, que nous adorons comme
le Seigneur & le Maître, non d'un
Peuple particulier, mais de tout l'U-
nivers ? cet Etre Souverain n'exerce
pas néanmoins un Pouvoir qui aille juſqu'à ſe permettre toute ſorte d'excès :
il ſe conduit au contraire par certaines
Loix (2) qu'il s'eſt lui-même impoſées,
& il n'en eſt pas moins puiſſant, ni moins
abſolu, (3) pour ne pouvoir pas s'éloigner

„ te) à laquelle les Dieux même ſont ſoûmis. Car
„ nous jugeons de leur conduite par cette Loi. " PLU-
TARQUE dit, que le Prince doit obéïr à cette Loi,
que *Pindare* appelle *le Roi des Mortels & des Immortels.*
Voïez le paſſage, que j'ai cité tout du long & traduit,
dans mes Notes ſur PUFENDORF, Liv. VII. Chap.
VI. §. 3. Not. 1.

(3) *Neceſſe eſt enim ei eadem placere, qui niſi optima pla-*
cere non poſſunt. nec ob hac minus liber & potens eſt : ipſe e-
nim eſt neceſſitas ſua. SENEC. Præf. *Quæſt. Nat.* pag.
626. Mr. NOODT ſemble avoir eu devant les yeux ce
paſſage. Ajoûtons ce mot de SENE'QUE : *Tantum e-*
nim,

gner le moins du monde de ce qui eſt le meilleur. D'où vient donc que l'on ſe fait une autre idée du Prince? Pourquoi ne veut-on pas, que celui qui repréſente Dieu ici-bas, ſe tienne, à ſon exemple, dans les bornes exactes de la Raiſon, & qu'il ne ſoit indépendant & autoriſé à faire tout ce qu'il veut, qu'autant, qu'il croit avoir les mains liées en tout ce qui eſt contre ſon Devoir, & qu'il ſe ſoumet lui-même à la néceſſité de ſuivre cette maxime? (1) Il eſt juſte ſans contredir, que le Prince qui ſe voit au deſſus des autres par ſon rang, ne céde à perſonne en Grandeur d'Ame : & il n'y a rien de plus abſurde, ni de plus honteux pour un homme de ce caractere, que de regarder (2) comme le partage des Particuliers, la Piété, la Fidélité, la Juſtice, & les autres Vertus néceſſaires pour l'entretien de la Société Humaine ; pendant que lui s'i-

_____

nim, quantum vult, poteſt, qui ſe, niſi quod debet, non putat poſſe. Epiſt. XC. pag. 402.

(1) Minimum decet libere, cui multum licet.

Senec. Troad. verſ. 336.

Cela eſt d'autant plus vrai, à l'égard des Grands, que plus ils ont de pouvoir, & plus il eſt à craindre qu'ils n'en abuſent, comme le dit très bien une ancienne Sentence :

(1)

s'imagine être en droit de faire, non
tout ce que demande le Bien Public,
mais tout ce qui lui vient en fantaisie,
sans autre raison que la Force & les
Armes, qui néanmoins lui ont été mises en main pour protéger & faire fleurir les Loix, & non pas pour lui fournir les moiens de se plonger impunément dans le Crime.

Il ne faut pas non plus écouter ici
ceux qui prétendant que *l'Autorité
Souveraine est originairement & uniquement établie de* DIEU *même*, concluent
de là, que, quand les Sujets souffrent
par les effets de la cruauté ou de la
perfidie de leur Prince, celui-ci est à
la vérité responsable de sa conduite devant la Majesté Divine, qui se trouve
alors offensée; mais qu'il n'appartient
pas aux foibles Mortels de s'ériger en
Juges des actions du Souverain, quoi
qu'il puisse faire. Car, quand même on
accorderoit, que le Prince tient de
DIEU

2. Quand
même Dieu
seroit l'Au-
teur de la
Souverai-
té, (ce qui
n'est pas)
les Princes
n'auroient
pas pour
cela une
Puissance
sans bor-
nes.

Cui plus licet, quam par est, plus vult, quam licet.
Publ. Syr. *vers.* 142. Ed. *Lug. B.* 1708.
(1) C'est le langage qu'un ancien Poète Tragique
met dans la bouche d'*Atrée:*

—— *Sanctitas, Pietas, Fides,*
Privata bona sunt: quà juvat, Reges eant.
SENEC. Thyest. v. 216, 217.

X   (1) Voiez

DIEU seul la Puissance Souveraine; y a-t-il quelcun d'assez impie pour s'imaginer, que cet Etre Suprême, qui n'est pas moins infini en Bonté, qu'en Grandeur, ait revêtu le Prince d'un tel Pouvoir pour la ruine des Hommes, & pour le mettre en état de s'abandonner impunément à toute sorte de Crimes? Oseroit-on nier, que quand le Prince abuse insolemment du caractére dont Dieu l'a honoré, il ne se rende coupable & envers DIEU, dont il a passé les ordres, & envers ses Sujets, à qui il a fait du tort? Mais la vérité est, que la *Souveraineté* tire proprement (1) & immédiatement son origine des Hommes. Que si quelquefois on se sert d'expressions qui semblent l'attribuer à DIEU, c'est dans le même sens que les Loix & les autres établissemens faits ou abolis par les Hommes conformément aux maximes de la Raison, sont regardez comme faits ou abolis par la volonté de DIEU? En effet, a-t-on jamais ouï dire, qu'aucun Roi ou Prince, en un mot aucun Magistrat Souve-

---

(1) Volez le *Droit de la Nature & des Gens*, de PUFENDORF, Liv. VII. Chap. III.
(2) Volez la BIBLOTHÉQUE CHOISIE de Mr. Le

verain, quelque titre qu'on lui donne, aît été envoié du Ciel, & non pas élû par la volonté & le consentement des Hommes? N'est-il pas de la derniére évidence, que c'est uniquement la Raison Naturelle, cette lumiére sûre & véritablement divine, qui a la prémiére uni les Hommes entr'eux, & qui leur a inspiré de former des Loix & des Gouvernemens Civils comme des choses sans quoi la Société ne sauroit se maintenir? Et ne suffit-il pas de pouvoir dire que D i e u établit ou change les Gouvernemens Civils, quoi que formez ou abolis immédiatement par les Hommes, à cause que les Hommes le font pour l'entretien de la Société, suivant les conseils de la Raison, & par conséquent avec l'approbation de D i e u même?

Mais, pour développer ceci plus distinctement & plus en détail, il faut reprendre les choses dès la prémiére origine. (2) Il est certain, que les noms de *Souverain* & de *Sujet*, de *Maître* & d'*Esclave*, sont inconnus à la Nature:

3. Tous les Hommes sont naturellement égaux.

Le Clerc, Tom. VIII. pag. 162, & suiv. & Tom. X. pag. 311, & suiv.

K 2   (1) Voïca

ture: elle nous a fait simplement Hommes, (1) tous égaux, tous également
libres & indépendans les uns des autres. Car d'où vient qu'elle a armé
chaçun des forces nécessaires pour se
défendre? D'où vient qu'elle inspire à
chacun, en venant au monde, un A-
mour propre si tendre & si invincible,
qu'on ne sauroit jamais aimer rien plus
que soi-même? D'où vient qu'elle donne à chacun un vif sentiment de ce qui
lui est Utile ou Nuisible, & qu'elle le
porte irrésistiblement à rechercher le
prémier, & à fuïr l'autre? Pourquoi
tout cela, si ce n'est parce qu'elle a
voulu, que ceux en qui elle a mis
les mêmes Facultez, soient revêtus des
mêmes droits par rapport à toutes les
choses qu'elle leur offre en commun
pour leur propre conservation? de mé-
mé que les autres Animaux sont cen-
sez naître libres, parce qu'ils sont tous
naturellement portez à chercher leur
propre bien, & en état de se le procurer par leurs propres forces.

* Cette Li-
berté Natu-
relle n'au-
torise pour-
tant pas la
Licence.

* Cependant, quoi que la Nature ait
conféré à l'Homme le droit de rechercher

(1) Voiez PUFENDORF, Droit de la Nature & des
Gens, Liv. III. Chap. II.

cher ce qui lui eſt avantageux, elle ne
l'a pas pour cela autoriſé à mal faire.
Au contraire, pour l'empêcher d'abu-
ſer de ce droit, elle l'a formé d'une
façon particuliére, qui le met fort au
deſſus du reſte des Animaux. Car, au
lieu que ceux-ci n'ont en partage que
les forces du Corps, elle lui a donné
de plus la Raiſon, à la faveur de laquelle il peut non ſeulement penſer au
Préſent, mais porter même ſes vûes
ſur l'Avenir, les comparer l'un avec
l'autre ; préférer un moindre Bien à
un plus grand, & un Bien de longue
durée à un Bien paſſager ; diſcerner
enfin ce qui eſt véritablement Utile,
d'avec ce qui ne l'eſt qu'en apparence.

Les Hommes étant ornez de ſi belles Facultez & du Corps & de l'Ame,
il étoit naturel qu'ils cherchaſſent à ſe
joindre les uns avec les autres, ſoit
pour l'union des deux Sexes, à laquelle ils ſe ſentoient entraînez par un doux
panchant ; ſoit pour éviter l'ennui de
la Solitude, & pour trouver dans leurs
ſecours mutuels de plus grandes commoditez & en plus grand nombre, que
chacun n'auroit pû en avoir tout ſeul ;

La Nature a porté les Hommes à vivre en ſociété.

K 3 ſoit

foit enfin pour fe mettre à couvert des Dangers que la foibleffe de la condition humaine leur faifoit appréhender, s'ils continuoient à vivre chacun à part, difperfez par les Forêts & par les Campagnes, continuellement expofez & à la fureur des autres Animaux, & aux infultes des autres Hommes, qui fe trouvoient ou plus entreprenans, ou plus forts & plus robuftes.

Elle veut qu'ils obfervent tout ce qui eft néceffaire pour l'entretien de la Société Humaine.

Mais la Nature ne s'eft pas bornée là. Après avoir porté les Hommes à vivre en fociété par l'avantage réciproque qu'ils en efperoient, elle a voulu encore que, pour former cette union, & pour la rendre ferme & durable, en forte qu'elle ne pût pas facilement être troublée ou rompue, chacun obfervât avec foin, dans la conduite de fa Vie, tout ce (1) fans quoi la Société ne fauroit ou fubfifter abfolument, ou fe maintenir en bon état ; & cette Loi Naturelle peut être regardée comme une Loi véritablement divine. En effet, quiconque veut une Fin, doit vouloir en même tems tous les Moiens fans lefquels il n'eft pas poffible d'y par-

(1) Voïez PUFFNDORF, *Droit de la Nature & des Gens,* Liv. II. Chap. III.

parvenir ; c'eft une maxime inconteſtable de la Raiſon. Or Dieu ſait
ſans contredit que la Société eſt utile
& néceſſaire aux Hommes, & il leur
ordonne certainement de rapporter tous
leurs deſſeins à la recherche de ce qui
peut les rendre heureux ; c'eſt une
ſuite néceſſaire de la maniére dont ſa
Providence toute ſage les a faits. Pourquoi donc ne diroit-on pas , qu'il leur
preſcrit par cela même à chacun tout
ce qui paroît propre à former & à entretenir la Société Humaine , & qu'il
leur défend au contraire tout ce qui
tend à la troubler ou à la détruire ?

Tenons donc pour une vérité conſ-
tante & indubitable, que l'*Etat de Na-*
ture eſt un état de *Liberté* , mais d'u-
ne Liberté (car je ne ſaurois m'empêcher de le repéter ici) qui n'a rien de
commun avec la Licence: en un mot,
que quiconque ſuit la Loi de la Nature Humaine, ſelon les lumiéres de la
Raiſon, a droit de ſe ſervir de ſes Membres & de ſes Biens , pour ſe conſer-
ver, autant qu'il lui eſt poſſible, lui ou
quelque autre perſonne en qui il prend
intérêt: de repouſſer une injuſte Violence, qui le menace de quelque mal,

En quoi
conſiſte la
Liberté de
l'*Etat de*
Nature.

K 4   lui

lui ou un autre: & (1) de punir même
les Injures qu'on peut lui avoir faites,
non pour jouïr du plaisir inhumain de
la Vengeance, mais pour faire un exemple qui serve à le mettre désormais en
sûreté, lui & ses semblables. Du reste,
que de gaieté de cœur on fasse du mal
à un autre Homme, avec qui l'on est
uni par la conformité d'une même origine & d'une même Raison, qui est,
comme nous, sensible au Bien & au
Mal, & également l'objet des soins de
la Nature, ou plutôt de la Providence;
cela est contre la Raison, qui veut que
les Hommes soient sociables, & par
conséquent qu'ils se rendent utiles &
commodes les uns aux autres: car le
moien de se flatter que ceux dont le
commerce est dangereux ou incommo-
de, trouvent des gens qui veuillent vivre avec eux?

Et plut-à-Dieu que les Hommes eussent tous bien compris l'importance &
la nécessité de cette Loi sacrée & inviolable qui leur est imposée par la Nature! Ils auroient pû certainement, selon

Inconvéniens qui obligérent à renoncer à la Liberté de l'Etat de Nature, & à former des Sociétez Civiles.

(1) Mr. Noodt suit ici les mêmes principes, sur
lesquels j'ai raisonné, dans une grande Note sur Puf-
fendorf, Liv. VIII. Chap. III. §. 4; Note 3. de la 2.
Edi-

lon leur deſtination naturelle, vivre
chacun à ſon gré ; & rien n'auroit o-
bligé perſonne à ſe conduire par la volonté d'autrui, plûtôt que par la ſienne
propre. Mais une fâcheuſe expérience
fit voir enfin, qu'il falloit prendre d'autres meſures. (2) On reconnut, que ſi
chacun continuoit de vivre à ſa fantaiſie, il n'y auroit ni paix, ni repos, ni
liberté parmi les Hommes, mais des
troubles, des craintes, & des inſultes
perpétuelles ; & par conſéquent une Vie
triſte, malheureuſe, toûjours ſur le
point d'être ravie : parce que l'Ambition & l'Avarice, ces mauvaiſes Con-
ſeilleres, étouffoient les lumiéres de la
Raiſon, ſur leſquelles la Nature veut
qu'on ſe régle, pour trouver le juſte
tempérament d'une Utilité ſolide. D'ailleurs, chacun alors décidant lui-même
de ſes droits en dernier reſſort, & é-
tant Juge & Vengeur du tort qu'il
croioit avoir reçû (car naturellement
nul Homme n'eſt ſoûmis à la Juriſdiction d'aucun autre) ; le moien qu'on
jugeât équitablement & ſans prévention
dans

Bdltion, où il y a en cet endroit quelques additions.
(2) Volez le Droit de la Nature & des Gens, de Pu-
FENDORF, Liv. VII. Chap. I.
K 5. (1) Les

dans sa propre cause? L'un étoit pré-
occupé par les illusions de l'Erreur ou
de l'Ignorance, l'autre se laissoit em-
porter à la Colére; l'autre étoit séduit
par l'Avarice, ou par quelque autre
Passion, qui l'empêchoit de voir la Vérité, & qui lui faisoit passer les bornes
de la Justice dans le maintien de ses
droits : d'où il naissoit des disputes,
des querelles, des combats, des meurtres, des pillages, en un mot mille des-
ordres. Parmi tant de Guerres, & de
Guerres dont l'issue étoit si incertaine
& si périlleuse, conçoit-on qu'il fût
possible de vivre heureux & content?
Qui est-ce qui pouvoit compter sur ses
forces ou sur son habileté, de telle sorte qu'il se crût à l'abri de la violence
ou des embûches d'autrui, en tout
tems, en tout lieu, de la part de tous
les Hommes? Plusieurs donc, las d'ê-
tre ainsi dans des craintes & des inquié-
tudes perpétuelles, s'aviserent d'unir
ensemble leurs forces, & de dresser le
plan d'une Societé, dans laquelle ils
esperérent trouver de grands avantages, & une vie paisible, & tranquille,
au lieu de la vie sauvage & pleine de
dangers qu'ils menoient auparavant,
&

& à laquelle ils renoncérent de bon cœur ; agiſſant en cela même d'une maniére conforme à la Lôi de Natu-re, qui veut que chacun travaillé à ſa propre conſervation. Par cette com-munauté de Droit, où ils entrérent alors, ceux qui auparavant vivoient chacun en ſon particulier & diſperſez de toutes parts, formérent un Corps d'Etat, dans lequel ils convinrent que chacun jouïroit de ſa Liberté, ſans donner aucune atteinte à celle des au-tres, & que, ſi quelcun oſoit l'en-treprendre, l'Offenſé ne repouſſeroit pas l'inſulte de ſon autorité privée, comme il pouvoit le faire auparavant, mais qu'il ſeroit défendu par les me-ſures concertées & les forces réunies de toute la Société. Comme on vit enſuite, qu'il n'étoit pas poſſible que tous les Membres de la Société s'aſ-ſemblaſſent à chaque moment pour ré-gler les affaires publiques & particu-liéres, & que cependant il étoit né-ceſſaire de défendre & de venger par des voies conformes à la Loi de la Na-ture, ceux qui, au mépris des Régle-mens de la Société, viendroient à être inſultez ou à recevoir du dommage: on

K 6   trou-

trouva à propos d'élire d'un (1) commun accord quelque personne d'une probité & d'une sagesse reconnuë, qui étant chargée du soin de veiller au bien de la Société, écoutât paisiblement les raisons des Parties, prononçât sur leurs démêlez sans animosité, sans passion, & d'une manière conforme à l'Utilité Publique, & maintînt le Droit commun de la Nature par l'observation d'une juste Egalité. Pour le mettre en état de s'aquitter d'un tel emploi, & de réprimer la folie & la malice de ceux qui ou ne comprendroient point, par stupidité, les avantages de la Vie Civile, ou les fouleroient insolemment aux pieds par une férocité brutale, chaque Membre de la Société conféra à cette personne les forces & le pouvoir qu'il tenoit de la Nature.

La nature même & le but des Sociétez Civiles fait voir que l'Autorité du Souverain ne s'étend pas au delà de ce qui est nécessaire pour le Bien Public.

Pourquoi pensez-vous, Messieurs, que je vous ramène ici au commencement des Sociétez Civiles ? C'est pour

(1) Les Anciens nous représentent à peu près de cette manière l'origine des Gouvernemens. Il suffira de rapporter ici deux passages de Ciceron. *Omnes antiquæ Gentes Regibus quondam paruerunt : quod genus Imperii primùm ad homines justissimos & sapientissimos deferebatur. De Legib. Lib. III. Cap. II. Mihi quidem non apud Medos solùm, ut ait Herodotus, sed etiam apud Ma-*

pour vous faire voir, que la Souveraineté n'est pas une chose naturelle,
comme les Loix de la Société Humaine; mais que les Hommes nais-
sant tous libres, & Juges souverains
chacun de ce qui regarde son propre
avantage, ont, avec le tems, établi
volontairement & par des conventions
entr'eux, l'Autorité Souveraine du
Gouvernement Civil. Ainsi, quoique
par un tel établissement chaque Particulier ait cessé d'être lui-même le
Défenseur de sa propre Liberté, &
qu'il ne lui soit plus permis de vouloir que ce que le Prince ou le Magistrat Souverain juge être utile à la Société, cette Puissance Suprême n'a pas
été établie pour la ruine des Citoiens,
mais pour leur défense, & pour régler
tout ce qui regarde leur Utilité commune. En un mot, on n'a point prétendu se soûmettre à tous les caprices
& à toutes les fantaisies du Souverain;
mais

Majores nostros, justitia fruenda causâ videntur olim bene
morati Reges constituti. Nam cùm premeretur inops multitu-
do ab iis, qui majores opes habebant, ad unum aliquem con-
fugiebant, virtute præstantem, qui cùm prohiberet injuriâ te-
nuiores, æquitate constituenda summos cum infimis pari jure
retinebat. De Offic. Lib. II. Cap. XII.

K 7　　　　　(1) Idea

mais on s'eſt mis ſous ſa protection, en
comptant ſur ſa bonne foi & ſur ſon
intégrité. Y a-t-il la moindre apparence, que des gens qui avoient le Sens
Commun, & qui ſe joignoient enſemble ſous un même Gouvernement Civil, à deſſein de s'aſſûrer une jouïſſan-
ce paiſible & tranquille des biens qu'ils
tenoient de la Nature, ſoient venus à
cet excès de folie, que de vouloir enſuite, lors que la Société a été formée,
détruire entièrement le but pour lequel ils l'avoient établie, & ſe dépouiller en faveur du Souverain de leurs
droits & de leurs avantages naturels,
pour être déſormais comme un troupeau
de Bêtes, dont le Maître tire tout le
profit qui en provient, les paît, les
chaſſe, les trait, les tond, les tue, les
écorche, les mange, comme il le juge à propos? Loin d'ici une penſée ſi
contraire à la Raiſon, au Sens Commun, à la Loi de Nature! Ce n'eſt
pas pour avoir un Prince ou un Roi,
que l'on a ſubi le joug du Gouvernement Civil : mais la raiſon pourquoi
chaque Particulier a mieux aimé ſe
ſoûmettre au Jugement de l'Etat ou de
ceux qui le repréſentent, que de con-
ſer-

ferver le droit de fon propre Jugement,
c'eſt afin qu'à la faveur du reſpect de
la Puiſſance Souveraine, il pût librement & en ſûreté faire d'ailleurs ce
qu'il jugeroit à propos, être maître de
ſon Corps, & diſpoſer de ſes Biens.
Si l'on me demande donc, juſqu'où
s'étendent les droits de la Souveraineté, il m'eſt aiſé de ſatisfaire en un mot
à cette queſtion : car vous comprenez
bien par ce que je viens de dire, que
le Prince ou le Magiſtrat Souverain, (1) quelque titre qu'on lui donne, n'a reçû de Pouvoir ſur ſes Sujets
& ſur ce qui leur appartient, qu'autant
que le demande l'intérêt de la Société
Civile, c'eſt-à-dire, autant qu'il en
faut pour que chacun puiſſe demeurer
libre & vivre en ſûreté ; mais que s'il
paſſe ces bornes, & qu'il faſſe un mauvais uſage des forces publiques & particuliéres qu'il a en main, il dément ſon
caractére, il n'agit plus en Prince ou
en Magiſtrat.

Voilà, MESSIEURS, quelle eſt
ma penſée : ſi vous trouvez quelque choſe

4. Il n'eſt
pas néceſ-
ſaire que le
Peuple ait
déferé au
Prince
l'Autorité
Souveraine
ſous clauſe
commiſſoire.

(1) *Ideo Principes Regeſque, & quocumque alio nomine
ſunt tutores Status publici* &c, SENEC. de Clement.
Lib. I. Cap. IV.

(1) Un

se qui vous frappe davantage, il vous
est permis de l'adopter; car je ne force personne à entrer dans mes sentimens. Je ne vous demande qu'une chose, c'est de vous transporter, pour ainsi dire, sur les lieux, & de bien considérer, je ne dis pas de vos esprits,
mais de vos yeux seulement, toutes les
clauses & les conditions de l'acte par lequel on défére au Prince l'Autorité Souveraine. Car si l'on est convenu, comme il n'y a rien de plus juste, que le
Bien Public seroit la Souveraine Loi,
il est hors de doute, que tant que le
Prince agit pour cette fin, il est autorisé par le Peuple, & que, selon

(1) Un Jurisconsulte Allemand, qui d'ailleurs rend
à nôtre Auteur la justice qu'il mérite, a critiqué cet
endroit, mais en le prenant tout de travers, comme
s'il s'agissoit du droit qu'a le Peuple de résister à un
Tyran, & de le mettre à la raison; au lieu que Mr.
Noodt parle manifestement, comme toute la suite
du discours le fait voir, du pouvoir qu'a le Prince de
punir ceux qui violent les Loix. Voiez Bohmeri
Introductio in Jus Publicum Universale &c. imprimez à
Hall en 1710. pag. 279. Ce n'est que vers la fin de ce
Discours, que l'Auteur traite du droit des Peuples par
rapport à un Prince devenu Tyran; & là il a prévenu toutes les objections qu'on peut lui faire raisonnablement. De sorte que, si Mr. Bohmer prend la
peine de bien examiner les principes établis dans ce
Discours, il trouvera qu'il n'étoit pas nécessaire de
lui répondre. J'en dis autant, & avec beaucoup plus
de raison, de certains Journalistes, qui ont traité les
deux

Régles de tout Droit Divin & Humain, (1) il peut punir ceux qui violent
manifestement une Loi établie pour
maintenir le salut & la liberté de chacun, & à laquelle tous ont donné leur
consentement selon les lumiéres de la
Raison Naturelle, & par conséquent
avec l'approbation divine. Mais aussi,
lors que le Prince va au delà de ces justes bornes, & que, sans consulter d'autre régle que son caprice, il se sert des
forces publiques & particuliéres dont
il est armé, non pour procurer l'avantage du Peuple de qui il les tient, mais
pour travailler à sa ruïne; n'est-il pas
de la derniére évidence, qu'en ce cas-
là

deux Harangues de Mr. NOODT, de *Discours séditieux*,
& l'Auteur, de *Faiseur* de *Discours*. Ces Mrs. ont trop
d'intérêt à tenir les Hommes humblement soûmis à
la Tyrannie, & dans le Temporel, & dans le Spirituel, pour que leurs emportemens & leurs vaines déclamations nuisent, dans l'esprit des personnes raisonnables, à un Auteur du mérite de Mr. NOODT,
& à des Piéces aussi solides, que celles-ci. Ils devroient
du moins avoir un peu d'équité, & laisser dire ceux
qui les laissent faire. On ne peut pas tout avoir. Ils
ont en main la force & l'artifice : que ne laissent-ils
les raisons à ceux qui n'ont & ne veulent avoir d'autres armes? Aussi bien est-ce en vain qu'ils voudroient
gagner quelque chose, en disputant de cette maniére.
Le sujet ne le permet pas. On veut bien être plus généreux qu'eux, & ne pas se battre avec un si grand
avantage.

(1) Prin-

là il agit uniquement de ſon chef, & nullement en vertu du Pouvoir que le Peuple lui a confié. Et il ne ſerviroit de rien de diſtinguer ici entre les Princes à qui l'on a fait promettre ſolennellement de veiller au Bien Public, faute dequoi ils ſeroient déchûs du titre & des droits de la Souveraineté; & ceux à qui elle n'a pas été déférée ſous *clauſe commiſſoire:* car, de quelque maniére que le Prince ſoit revêtu de ſon Autorité, il la tient toûjours uniquement du Peuple; & le Peuple ne dépend jamais d'aucun Homme mortel, qu'en vertu de ſon propre conſentement: Du reſte, il vit dans l'indépendance de l'Etat de Nature, où la Raiſon & DIEU même lui permettent ſans contredit de faire uſage de ſes forces, ſoit pour ſa propre conſervation & pour ſa propre liberté, ſoit pour celle d'autrui, contre tout Ennemi, quel qu'il ſoit.

Voilà qui eſt bien, dira-t-on, lors que

5. Il n'importe pas non plus que le Prince ſe ſoit lui-même engagé, ou non, d'une maniére ſolennelle, à ſuivre certaines Loix.

(1) *Principio rerum, Gentium Nationumque Imperium penes Reges erat: quos ad faſtigium hujus majeſtatis non ambitio popularis, ſed ſpectata inter bonos moderatio provehebat. Populus nullis Legibus tenebatur: arbitria Principum pro Legibus erant.* JUSTIN. Lib. I. Cap. I. Voiez auſſi SENEQUE, Epiſt. XC.

(2) Om-

que le Peuple a aftreint le Prince à
fuivre certaines Loix. Mais que di-
rons-nous des *Princes qui ont été pure-*
ment & fimplement établis, fans s'enga-
ger à rien? D I E U nous garde de tels
Princes! Ce n'eft pas qu'il ne puiffe
arriver que la Souveraineté foit confé-
rée de la forte à quelcun, quoi qu'a-
vec beaucoup de lâcheté ou d'imprudence. S'il en faut même croire les
monumens de l'Antiquité, (1) cela fe
pratiquoit ainfi ordinairement dans la
fimplicité des prémiers Siécles, où
les Rois étoient élevez fur le Thrône,
non par des factions & des brigues,
mais par l'opinion avantageufe qu'on
avoit de leur Sageffe & de leur Vertu. En ce cas-là donc, le Prince à la
vérité gouverne l'Etat (2) comme il le
juge à propos; fa volonté tient lieu de
Loi, & il a en un fens un Pouvoir illimité: cependant la nature même de
la chofe, & la confidération de la maniére dont les Hommes agiffent ordi-
nai-

(2) *Omniaque* M A N U *à Regibus gubernabantur.* C'eft
ce qui eft dit des prémiers Rois de *Rome*, dans le D I-
G E S T E, Lib. I. Tit. II. *De Origine Juris*, Leg. II. §.
I. où il y a une expreffion, dont Mr. N O O D T fe
fert ici.

(1) P L I-

nairement, ne permettent pas de croire que le Prince ait été autorisé à commettre toutes sortes d'infamies, de
crimes, d'injustices, sous prétexte que
le Peuple, le regardant comme une
personne de probité, l'a choisi pour
Arbitre Souverain de ce qui concerne les intérêts, tant de l'Etat, que
des Particuliers, & n'a pas crû qu'il
fût besoin, en le revêtant d'un Pouvoir si grand & si absolu, de l'engager par un Contract solennel à ce à
quoi il paroissoit porté de lui-même.
A plus forte raison, (1) lors que le Peuple n'a pas expressément donné au Prince un Pouvoir illimité, il doit être censé avoir stipulé de lui tacitement, qu'il
useroit de son Autorité, non selon son
caprice, mais suivant les Régles de la
Loi Naturelle. Car qu'y a-t-il de plus
conforme à la constitution des Hommes, qui ne perdent jamais de vûe leur
propre Bien, que d'expliquer leur in-
ten-

(1) Pline le Jeune dit, que la Domination absoluë, & le droit d'un Prince sont deux choses différentes de leur nature ; & que ceux qui ont le plus
d'aversion pour le Pouvoir Despotique, sont ceux qui
aiment le mieux de vivre sous un bon Prince : Scis,
ut sunt diversa naturâ Dominatio & Principatus, ita
non aliis esse Principem gratiorem, quàm qui maxime Do-
mi-

tention de telle forte, qu'on préfume toûjours qu'ils ne négligent point leurs intérêts, (2) & qu'ils ne veulent pas être eux-mêmes la caufe ou l'inftrument de leur perte? Si donc le Prince fe conduit par cette maxime, s'il répond à l'attente du Peuple, cela lui donne un droit inconteftable de fe faire obéir: mais s'il ne prend pas foin du Peuple, ou qu'il travaille à le perdre, il agit contre la volonté du Peuple, & par conféquent fans aucun droit. Car, quoi que le Peuple, en lui remettant purement & fimplement toute fon Autorité, fans fe referver rien par une claufe formelle, foit cenfé lui avoir conféré là Souveraineté la plus abfolue, on ne doit pourtant pas préfumer, qu'il aît prétendu lui donner plus de Pouvoir, que n'en avoit chaque Particulier avant la fondation des Sociétez Civiles. (1) Or qui eft-ce qui avoit alors le droit de fe faire du mal, à lui ou aux

au-

minum *graventur.* Panegyric. *Cap.* XLV. *num.* 3. *Ed.* *Cellar.*

(2) Voïez J U N I I B R U T I *Vindiciæ contra Tyrannos,* Quæft. III. pag. 99, & feqq.

(3) C'eft ce qu'il faut bien remarquer : car il en réfulte que la conceffion d'un Pouvoir abfolument arbitraire eft une chofe contraire à la volonté du Créateur

autres? Personne sans contredit: chacun pouvoit seulement veiller à sa propre conservation, & à celle d'autrui.
Lors donc qu'ils se sont joints plusieurs
en un Corps de Peuple, afin de jouïr
en commun de leurs Droits Naturels, &
qu'ils ont pour cet effet établi sur eux
un Chef ou un Prince, il est clair qu'ils
ont eû cela en vûe, & rien autre chose.

6. Un Peuple, qui se met à discretion sous la domination d'un Prince, ne lui donne pas pour cela une Puissance sans bornes. Ce seroit, Messieurs, ménager mal le tems, que de s'étendre da-
vantage sur des véritez si claires. Il
faut aller plus loin, & suivre les réflexions que la matiére nous offre. Ne
se peut-il pas faire, dit-on, que le
Peuple ait voulu se soûmettre à une
Domination Despotique ? J'avoue qu'on
a vû (1) des Peuples se résoudre, non
sans beaucoup de peine, à cette fâcheuse extrémité: lors, par exemple,
qu'après de rudes échecs une Nation
aiant

teur & du Souverain Maître des Hommes, qui or-
donne à chacun de se conserver soi-même. Voïez sur
Pufendorf, *Droit de la Nat. & des Gens*, Liv. VII.
Chap. VIII. §. 6. *Note* 2.

(1) Voïez-en des exemples dans Grotius, *Droit
de la Guerre & de la Paix*, Lib. I. Cap. III. §. 8. *num.*
3. *& seqq.* & dans Pufendorf, *Droit de la Nat. &
des Gens*, Liv. VII. Chap. VI. §. 5.

(2) C'est la formule dont se servent les Députez
des

aiant perdu la fleur de sa Jeunesse, &
voiant l'Etat sur le panchant de sa
ruïne, se (1) livroit, avec ses Villes,
ses Terres, ses Temples, & tous ses
Droits Divins & Humains, entre les
mains du Vainqueur, ou de quelque
autre Peuple, à qui elle se rendoit à
discretion; ou lors que, dans une grande Famine, on ne trouvoit point d'autre ressource pour vivre, que de se
donner à un autre à des conditions si
dures; ou même lors que les affaires
se trouvoient dans une telle situation,
qu'on croioit que l'Etat ne pouvoit
guéres subsister que sous la Domination,
& la Domination Absolue d'un seul
Homme. En ces cas-là, celui qui est
devenu le Maître du Peuple, aura-t-il
donc lieu de croire, qu'il peut disposer
à sa fantaisie de tout ce qui concerne
le Salut de l'Etat, & des Particuliers,
qui se sont ainsi rangez sous ses Loix?
Je

des *Campaniens*, dans TITE LIVE, Lib. VII. Cap.
XXXI. *Quandoquidem*, inquit, *nostra tueri adversus vim
atque Injuriam justâ vi non vultis; vestra certè defendetis.*
ITAQUE POPULUM CAMPANUM, URBEMQUE
CAPUAM, AGROS, DELUBRA DEUM, DIVINA
HUMANAQUE OMNIA, IN VESTRAM, PATRES
CONSCRIPTI, POPULIQUE ROMANI DITIO-
NEM DEDIMUS.

(1) Na-

Je vois, Messieurs, des gens qui
entrent dans une penfée fi étrange, &
qui ofent foutenir, qu'un tel Peuple
déformais peut être regardé comme
une troupe d'Efclaves, fur qui le Souverain Abfolu a tous les droits que chacun d'eux avoit auparavant fur lui-même & fur ce qui lui appartenoit: que
le Peuple y a confenti par cela même
qu'il a donné au Prince un Pouvoir illimité: & qu'ainfi il ne fauroit légitimement fe plaindre, qu'on exige de
lui une foûmiffion à laquelle il s'eft engagé volontairement. Mais cela ne fait
rien contre moi, fi je montre, comme il n'y a rien de plus aifé, que même dans un Contract de cette nature
le Peuple qui fe met à difcrétion fous
l'empire d'un autre, ne laiffe pas d'a-
voir en vûe fon propre bien: je dis
plus, que quand même il voudroit y
renoncer entiérement, il ne feroit pas
en fon pouvoir de le faire. C'eft fans
contredit une Loi de la Nature, que
chacun recherche ce qui lui eft utile,
& évite au contraire ce qui lui eft nuifible. La Providence Divine a établi
cet-

(1) *Naturalia quidem Jura, quæ apud omnes Gentes per-
æquè obfervantur, divinâ quadam providentiâ conftituta,*
fem-

cette Loi pour la conſervation du Genre Humain (1): ainſi perſonne ne doit
s'en diſpenſer; & quand quelcun le voudroit, il lui ſeroit impoſſible. Si quelquefois l'on ſouhaitte le Mal, ce n'eſt
pas comme tel; mais comme une choſe où l'on ſe figure moins de deſavan-
tage ou de déſagrément, que dans une
autre dont on veut ſe délivrer. Lors,
par exemple, que l'on déſire la Mort,
après laquelle on dit communément
que les Malheureux ſoûpirent; ſi on
la demande à Dieu, ce n'eſt pas
ſous l'idée d'une choſe mauvaiſe, mais
comme la fin d'une Vie triſte & mi-
ſérable. Cela étant, oſeroit-on ſoûtenir, qu'un Homme qui s'eſt engagé à
quelque choſe où il ne va pas de moins
que de ſa perte, ſoit obligé, par la
Loi Naturelle, de tenir religieuſe-
ment une telle Convention? Certainement, de quelque maniére qu'il ſe ſoit
engagé, il n'a point eu par là deſſein
de ſe perdre, mais il s'eſt propoſé un
ien qu'il croioit devoir lui revenir de
cet engagement, qui ſe trouve néanmoins lui être funeſte. Lors donc qu'il
voit ſes eſperances fruſtrées, il eſt clair
qu'il

emper firma, atque immutabilia permanent. INSTITUT.
ib. I. Tit. II. §. 11.

L   (1) Voiez

qu'il n'a point donné son consentement :
car il trouve ce qu'il ne cherchoit pas,
& il ne trouve pas ce qu'il cherchoit.
Ainsi il est tenu, par la Loi Naturelle, de suivre non ce en quoi il s'est
trompé, & qui tend à sa ruine, mais
ce qui est veritablement conforme à
son interêt ; aucun Mal reconnu tel ne
pouvant être l'objet de la Volonté, ni
faire seulement la matiére de quelque
deliberation. On observe constamment
cette (1) maxime dans les Contracts de
Particulier à Particulier : à combien
plus forte raison doit-elle avoir lieu
dans les Traitez Publics, qui sont sans
contredit de plus grande conséquence ?
Car, dans les prémiers, il n'y a qu'une
ou peu de personnes interessées, &
qui puissent en souffrir ; au lieu que
des autres dépend la conservation d'u-
ne infinité de gens. D'ailleurs, le
Corps d'un Peuple se formant, comme
personne ne l'ignore, par l'union du
consentement de tous les Particuliers ;
la Raison ne permet pas de croire,
qu'en se joignant ensemble ils aient à-
quis sur eux-mêmes un droit que la Nature refusoit auparavant à chacun. En
effet,

(1) Voiez PUFENDORF, *Droit de la Nature & des
Gens*, Liv. V. Chap. XII. §. 22.

effet le but de ceux qui ont fondé les
Sociétez Civiles, n'a pas été d'y é-
teindre les Obligations que la Loi Naturelle impofoit auparavant à chacun;
au contraire c'eft pour être en état d'y
fatisfaire paifiblement, que chacun eft
entré dans la confédération. Et au fond
qu'eft-ce que la Loi Naturelle, fi ce
n'eft une Régle de la Raifon, que Dieu
même a établie pour diriger les Actions
des Hommes, foit qu'ils vivent chacun
en particulier, foit qu'ils faffent partie
d'un Corps où ils fe font raffemblez
pour jouïr paifiblement de leurs Droits
par leurs fecours réciproques? A moins
qu'on ne foit affez extravagant pour
s'imaginer, que les Hommes ont ceffé
d'être Hommes, du moment qu'ils ont
renoncé à la Vie fauvage & groffiére
qu'ils menoient auparavant, pour goûter les douceurs de la Société, & pour
s'affûrer la jouïffance de leurs Droits
Naturels, par l'établiffement des Magiftrats & des Tribunaux Civils. Certainement, de quelque caractére que
les Hommes foient revêtus par la Fortune, ils ne laiffent pas d'être toûjours
Hommes. La Nature a tracé un certain modéle pour toutes leurs Actions

& toutes leurs Conventions, tant Publiques, que Particuliéres : en sorte que, dans quelque état qu'ils se trouvent, elles n'ont de force qu'autant qu'elles s'accordent avec cette Loi Primitive & Eternelle, & par conséquent avec la Volonté Divine : laquelle se proposant la conservation & l'utilité de tous les Hommes sans exception, il s'ensuit nécessairement, que toute Convention qui tend à la ruine du Genre Humain, est contraire à la Loi de la Nature.

Celui qui vend sa Liberté, ne donne pas pour cela à son Maître un Pouvoir sans bornes, dans l'usage duquel il ne doive consulter d'autre régle que son caprice.

Mais, dit-on, un *Particulier* peut *vendre sa Liberté* : pourquoi ne seroit-il pas permis à un *Peuple* entier de vendre la sienne ? Quand je l'accorderois, Messieurs, cela ne feroit rien au sujet. Il n'est pas question de savoir si celui qui s'est lui-même dépouillé de sa Liberté doit se résoudre à être Esclave ; mais si un Peuple ou un Particulier, après avoir consenti à son Esclavage, ne peut pas reprendre sa Liberté, lors que celui qu'il s'étoit donné pour Maître, use envers lui ou par cruauté, ou par fureur, de toutes sortes de mauvais & indignes traitemens. Vous me direz sans doute, qu'un Esclave

clave doit tout fouffrir : que c'eſt-là u-
ne fuite néceſſaire de la perte de fa Liberté , & du droit de Propriété que
le Maître a aquis fur lui ; puis que
l'Efclave n'étant pas réputé une Perfonne , & appartenant à fon Maître
comme un Bœuf, comme un Mouton,
comme un Pommier, comme un Poi-
rier, il eſt permis au Maître d'en faire ce qu'il lui plaît, tout de même que
de fon Bétail , de fes Arbres , & de
fes autres biens , qu'il peut conferver
ou détruire felon que bon lui femble,
foit par raifon , ou par caprice , fans
que perfonne aît droit de l'en empêcher. Mais , de grace , trouvez bon
que je parle franchement , c'eſt - là
fuppofer faux , & conclurre mal : &,
fi vous faites ufage de vôtre bon-fens,
vous n'entrerez point dans une telle
opinion , quelque grand nombre de
partifans qu'elle puiſſe avoir. Car , à
moins que de vouloir renverfer les
véritables noms des chofes , la Raifon
n'approuvera jamais que l'on appelle
ce prétendu droit fans bornes, le droit
d'un Maître fur fon Efclave , ou d'un
Propriétaire fur fon Bien : elle nous le
fait regarder plûtôt comme une fu-

reur,

reur, née uniquement de l'orgueil des Hommes, & entiérement opposée au Droit (1) des Gens, sur lequel est fondé l'établissement & de l'Esclavage, & de la Propriété des Biens. Si vous voulez me donner quelques momens d'attention, je vais vous convaincre par des preuves sans replique d'une vérité si importante & si manifeste. Commençons par le droit qu'a un *Maître* sur son *Esclave*, en vertu de la *résignation* que celui-ci lui a fait de *sa Liberté*. A consulter les lumiéres de la Raison, on n'a pas plus de sujet de ne compter pour rien un Esclave dans la Société Humaine, qu'on n'en auroit de regarder le Maître sur ce pié-là. Un Esclave est toûjours Homme : c'est la Nature qui l'a fait tel, mais (2) c'est le malheur de sa condition qui le rend Esclave ; & cela arrive en différentes

ma-

(1) L'Auteur, suivant les idées des Jurisconsultes Romains, entend par le *Droit des Gens*, ce que la nécessité & les besoins de la Vie ont fait établir parmi presque toutes les Nations, conformément aux lumiéres de la Raison Naturelle. *Quod verò Naturalis Ratio inter omnes Homines constituit, id apud omnes peraquè custoditur : vocaturque* JUS GENTIUM, *quasi quo Jure omnes Gentes utantur.... Jure Gentium Servitus invasit.... ex hoc Jure.... Dominia distincta.* DIGEST. Lib. I. Tit. I. *De Justitia & Jure*, Leg. IV. IX.

(2) *Nec Natura ullis, sed Fortuna Dominum dedit.* QUIN-

maniéres. (3) L'un, après avoir été vaincu par les armes, est tenu lié, ou en
prison : l'autre a la liberté de son Corps,
sur sa parole. A l'égard du prémier, le
droit de la Guerre demeure dans toute
sa force entre lui & son Vainqueur, n'y
aiant point de Convention qui l'aît fait
cesser : car aucun des deux ne se fie à
l'autre, & c'est pour cela que le Vainqueur tient le Vaincu lié, ou en prison:
en un mot l'Esclave ne s'est engagé à
rien envers son Maître, ni le Maître
envers son Esclave. Ainsi ils ont chacun reciproquement les mêmes droits,
ils sont tous deux dans l'Etat de Nature, tous deux indépendans, tous deux
Juges & Vengeurs des injures qu'on
leur fait. De sorte que, si le Maître
veut châtier son Prisonnier, ou le tuer
même, il ne fait qu'user du droit de
la Guerre: mais, d'autre côté, le Pri-
son-

QUINTILIAN. Declam. XIII. pag. 188. Ed. Lugd.
Bat. DIXIT [Albutius] neminem natum Liberum esse,
neminem Servum: hæc postea nomina singulis imposuisse For-
tunam. SENEC. Controv. Lib. III. Contr. XXI. p. 214.
Ed. Gron. Quod attinet ad Jus Civile, Servi pro nullis ha-
bentur, non tamen & Jure Naturali: quia, quod ad Jus
Naturale attinet, omnes Homines æquales sunt. ULPIAN.
Digest. Lib. L. Tit. XVII. De diverf. Regul. Juris, Leg.
XXXII.

(3) Voiez PUFENDORF, Droit de la Nature & des
Gens, Liv. VI. Chap. III.

L. 4.   (1) Voiez

sonnier à son tour peut, selon le Droit
des Gens, se délivrer des mains de son
Ennemi ou par la fuite, ou par la force, selon qu'il en trouve l'occasion.
Que si quelcun est devenu Esclave non
par un pur effet de la violence, mais
en conséquence d'une parole donnée,
soit que n'aiant pas dequoi subsister il
se soit lui-même choisi un Maître, qui
a acheté sa Liberté pour le prix dont
ils sont convenus ensemble; soit que
son Vainqueur lui ait donné la vie, à
condition qu'il seroit Esclave : en ce
cas-là même l'engagement où il entre
ne tend pas uniquement à l'avantage
du Maître, il se rapporte aussi à l'intérêt de l'Esclave. En effet, chacune
des Parties a eu alors en vûe son propre bien, comme cela a lieu dans toutes les Conventions. L'Esclave, pour
sauver sa vie, s'est engagé à servir un
Maître : & le Maître, de son côté,
lui a promis la vie, pour profiter de
son service; de sorte que chacun y trouve son compte. Comme donc l'Esclave est tenu de servir son Maître; de
même le Maître est indispensablement
obligé, par le Droit des Gens, de donner la Vie à son Esclave. Que si le
Maî-

Maître manque à ſes engagemens, &
qu'il maltraite ſi fort ſon Eſclave, que
la Vie devienne pour celui-ci un ſupplice, & un ſupplice plus cruel que la
Mort même; l'Eſclave eſt alors quitte
de toute obligation, puis qu'il ne s'é-
toit engagé que pour ſon bien, & nullement pour rendre ſa condition inſupportable.   Etant donc rentré dans les
droits de l'État de Nature, il peut ou
ſe ſauver, ou tuer même ſon Ennemi.
En voilà aſſez pour ce qui regarde le
Pouvoir d'un Maître, conſidéré comme celui en faveur duquel l'Eſclave s'eſt
dépouillé de ſa Liberté.

Venons maintenant aux droits du
Maître, entant qu'il eſt *Propriétaire* de
ſon *Eſclave*. Et ici je vois que l'on
eſt, dirai-je dans une pareille erreur,
ou dans un ſemblable aveuglement? car
il n'eſt pas certainement de l'intérêt
d'un Propriétaire, de détruire lui-même ſon Bien. Je n'ai pas beſoin d'en
aller chercher bien loin des preuves:
conſidérez ſeulement dans quelle vûe
la Raiſon a inſpiré aux Hommes d'introduire la Propriété des Biens. Eſt-ce
qu'elle a voulu qu'on aſſignât à chacun
ſa portion diſtincte, afin que le Pro-

priétaire pût diſſiper ſon Bien à ſa fantaiſie ? Point du tout. Elle s'eſt pro-
poſée que chacun fût en état de ſe ſervir paiſiblement, & comme il le jugeroit à propos, pour ſa conſervation,
des choſes que la Nature offroit à tous
en commun. Si donc un Propriétaire
prodigue ou détruit ſon Bien ſans néceſſité, c'eſt à lui à voir comment il
pourra juſtifier une telle conduite : car,
dans l'eſprit des perſonnes ſages & at-
tachées à ſuivre exactement la Loi Naturelle, il paſſera pour un Sot ou pour
un Fou, & non pas pour un Homme
Riche ou Magnifique. Y a-t-il, en
effet, rien de plus abſurde ou de plus
honteux, que de prétendre qu'une choſe nous appartienne, parce qu'elle eſt
devenue nôtre en vertu d'un titre fondé ſur la Raiſon Naturelle ; & , lors
qu'on la poſſéde enſuite, de la brûler,
de la gâter, ou de la faire périr, en
ſor-

(1) Voiez Cicer. de Invent. Lib. II. Cap. L. &
Tuſcul. Quaſſ. III, 5. & Digest. Lib. XXVI. Tit. IV.
De legitimis Tutoribus. Leg. I. & Institut. Lib. I.
Tit. XXIII. De Curatoribus. La Loi des XII. Tables ô-
toit auſſi aux Prodigues l'adminiſtration de leurs Biens.
Lege XII. Tabularum Prodigo interdicitur bonorum ſuorum
adminiſtratio. Digest. Lib. XXVII. Tit. X. De Cura-
toribus &c. Leg. I.

(2) C'eſt la définition que le Droit Civil donne.
Sed

forte qu'elle ne nous foit plus d'aucun
ufage ? Et ce n'eft pas feulement le
Bon-Sens qui condamne un tel abus :
le Droit Civil même s'y oppofe quelquefois. En effet, n'eft-ce pas pour
cela que la (1) LOI DES DOUZE
TABLES donnoit des Tuteurs aux
Pupilles, & des Curateurs aux Infen-
fez ? N'eft-ce pas pour cela que la *Loi
Lætorienne* ordonnoit, que les Prodigues, (2) qui diffipent tout mal-à-
propos & fans régle ni mefure, fuffent
dépoulllez par le Juge de l'adminiftra-
tion de leurs Biens, & mis fous cura-
telle entre les mains de leurs Parens ?
N'eft-ce pas pour cela que l'Empereur
MARC AURELE, ce Prince fi religieux obfervateur de la Juftice, con-
fidérant le peu de conduite de la Jeuneffe, voulut le prémier, que déformais tous les Jeunes Gens euffent des
Curateurs (3), fans qu'on fût obligé
d'en

---

*Sic folent hodie Prætores vel Præfides, fi talem hominem in-
venerint,* QUI NEQUE TEMPUS NEQUE FINEM
EXPENSARUM HABET, SED BONA SUA DILA-
CERANDO ET DISSIPANDO PROFUNDIT, *Cura-
torem ei dare, exemplo Furiofi.* DIGEST. Lib. XXVII.
Tit. X. Leg. I.

(3) *De Curatoribus verò, cùm ante nonnifi ex Lege Læ-
toria vel propter lafciviam, vel propter dementiam darentur,
ita fanxit* [M. Antoninus] *ut omnes adulti Curatores acci-*

L 6

p-

d'en rendre d'autre raison que leur âge :
au lieu qu'auparavant on n'en donnoit
que pour cause de Démence, ou de
Débauche, selon la *Loi Létorienne ?*
Ces sages Legislateurs ont bien vû,
qu'il étoit de l'intérêt public, de ne
pas laisser au Propriétaire même le ma-
nîment de ses Biens, tant qu'il seroit
dans un âge ou dans une situation d'esprit qui le porteroit à ruïner son Pa-
trimoine, au lieu d'en prendre soin &
de le gouverner en bon Econome ?

Je n'ignore pas, MESSIEURS,
que, selon le Droit Civil, un Maître
avoit autrefois droit de Vie & de Mort
sur son Esclave. Mais le but de ceux
qui avoient fait cette Loi, n'é it pas
d'autoriser les Maîtres à abuser de leur
pouvoir : on voulut seulement tenir
par là dans la crainte les Esclaves fri-
pons & mutins, qui avoient besoin d'u-
ne discipline un peu sévére ; & l'on
crut ne pouvoir en remèttre le soin à
personne qui s'en aquittât mieux que
les Maîtres mêmes, qui avoient le plus
grand intérêt à córriger leurs Esclaves,

&

perent, non redditis causis. JUL. CAPITOLIN. Cap. X.
Voïez VINNIUS sur les *Instituses,* Lib. I. Tit. XXIII.
§. 2.

(1) Voïez

& à leur conserver la vie. C'est ainsi que
les Loix rendirent sacrée & inviolable
l'Autorité Paternelle, (1) en donnant
aux Péres droit de Vie & de Mort sur
leurs Enfans: non qu'elles voulussent
qu'un Pére mît des Enfans au monde,
pour leur ôter ensuite lui-même à sa
fantaisie le jour qu'ils tenoient de lui;
mais, comme l'Education des Enfans est
une chose fort délicate & fort difficile,
on laissa aux Péres tout le pouvoir nécessaire pour imprimer du respect à
leurs Enfans. D'ailleurs, on fit réflexion, que l'avantage même des Enfans demandoit qu'il y eût quelcun qui
dirigeât l'ardeur bouillante de la Jeunesse: & il n'étoit point à craindre que
les Peres traitassent leurs Enfans avec
trop de rigueur, eux qui ne péchent
ordinairement que par une trop grande
indulgence. Mais comme on vit dans
la suite, qu'il y avoit des Péres & des
Maîtres qui abusoient de leur pouvoir,
& qui, au lieu de l'exercer avec affection, (2) selon l'intention de la Loi, en
usoient avec cruauté: on modéra non
seu-

_____

(1) Voiez PUFENDORF, Liv. VI. Chap. II.
§. 11.
(2) *Nam Patria Potestas in pietate debet, non atrocitate,*

L 7

feulement l'Autorité des Péres, mais
on établit même des Juges qui connoif-
foient des plaintes des Efclaves, (1) &
qui, lors qu'un Efclave avoit éprouvé
de la part de fon Maître des cruautez,
de mauvais traitemens, & des infamies infupportables, obligeoient le
Maître à le vendre, & cela fans qu'il
pût faire un marché defavantageux à
l'Efclave. Bien plus: *Antonin le Pieux*
ordonna, que fi quelcun tuoit fon propre Efclave, fans que celui-ci lui en
eût donné un jufte fujet, il feroit foûmis à la Peine que la *Loi Cornélienne*
décernoit contre les Affaffins, tout de
même que s'il avoit tué un Efclave
d'autrui. Puis qu'en fuivant les maximes de la Raifon on a jugé à propos
de mettre ainfi des bornes à l'Efclava-
ge des Particuliers; pourquoi n'auroit-
on

---

confiftere. DIGEST. Lib. XLVIII. Tit. IX. *De Lege
Pompeia, de Parricidiis,* Leg. V.
(1) *Sed hoc tempore nullis hominibus, qui fub Imperio
noftro funt, licet fine caufa Legibus cognita, in Servos fuos
fævire. Nam ex Conftitutione Divi Antonini, qui fine caufa Servum fuam occiderit, non minus punire jubetur, quàm
fi alienum Servum occiderit ...... Praecepit, ut fi intole-
rabilis videatur fævitia Dominorum, cogantur Servos fuos
bonis conditionibus vendere.* INSTITUT. Lib. I. Tit. VIII.
De his qui fui, vel alieni Juris funt, §. 2. Voiez ce qui
fuit, où l'on trouve les propres termes du Refcript
d'*Antonin.* Parmi les *Athéniens,* les Efclaves qui é-
toient

on pas la même équité pour une Nation Esclave?

JE VOULOIS finir ici, MES-
SIEURS; car ce que j'ai dit me paroît suffire pour décider la Question
dont il s'agit. Mais voici une nouvelle
batterie dréssée par des Savans du prémier ordre, qui soûtiennent qu'un Prince, à qui l'on a déféré la Souveraineté
purement & simplement, sans rien sti-
puler de lui, & à plus forte raison celui à qui l'on s'est soûmis comme à un
Maître Absolu, est entiérement au dessus des Loix : & ils croient le prouver
invinciblement par l'exemple des Empereurs Romains, qui regnoient sur ce
pié-là, comme il paroit, dit-on, &
par le témoignage formel de (2) DION
CASSIUS, & par des déclarations au-
thentiques du Droit Civil : car qui ne
fait

SECONDE
PARTIE, où
l'on traite
du vrai sens
de la LOI
ROIALE du
Peuple Ro-
main.

1. Quand il
seroit vrai,
que les
Empereurs
Romains
fussent au
dessus des
Loix, cela
ne tireroit
pas à con-
séquence
pour tous
les Princes.

toient maltraitez par leur Maître, avoient action en
Justice contre lui ; & si les plaintes des Esclaves paroissoient bien fondées, on obligeoit le Maître à les
vendre à quelque autre Maître plus doux. Voiez l'Ar-
CHÆOLOGIA GRÆCA de Potter, Lib. I. Cap. X. &
le Recueil des LOIX ATTIQUES fait par Samuel Petit, Lib. II. Tit. VI. comme aussi ATHENÉE, Lib.
VI. p. 266, 267. Edit. Casaub.

(2) Λύεται γὰρ δὴ τ῀ νόμων, ὡς αὐτὰ τὰ Λατίνα
ῥήματα λέγει, τετ' ἔστι, ἐλεύθεροι ἀπὸ πάσης ἀναγκαίας
ῥηλείας ἐστι. Hist. Lib. LIII. pag. 582. E. Edit. H.
Steph.

(1) Pla-

fait que, dans le DIGESTE, on trouve ces paroles d'*Ulpien*, docte & grave Jurisconsulte: (1) *Le Prince est déchargé de l'obligation d'observer les Loix: & pour ce qui est de l'Impératrice, quoi que par elle-même elle ne soit pas au dessus des Loix, le Prince son Epoux lui communique ses priviléges.* Nous voilà donc renvoiez au Droit Civil, aux Loix du Peuple Romain! Mais il faut ici des raisons, & non pas des autoritez. Car puis qu'il s'agit du Pouvoir des Souverains en général, il ne sert de rien d'alléguer les Loix de quelque Etat particulier; on doit chercher celles de cette grande République, qui n'a d'autres bornes que le chemin du Soleil. Cependant si quelcun veut à quelque prix que ce soit en appeller au Droit Civil, quoi que j'aie eû raison de le recuser d'abord, j'y consens, je veux bien maintenant le reconnoître pour Juge.

(1) *Princeps Legibus solutus est : Augusta autem, licet Legibus soluta non e?, Principes tamen eadem illi privilegia tribunt, qua ipsi habent.* DIGEST. Lib. I. Tit. III. *De Legibus &c.* Leg. XXXI. ex *Ulpiano* Lib. XIII. *ad Legem Juliam & Papiam.* Voiez *Cujas,* Observat. *Lib.* XV. *Cap.* XXX.

(2) Mr. NOODT a en vuë ici ce beau passage de CICERON: *Est quidem vera Lex, recta Ratio, natura congruens.... Huic Legi nec obrogari fas est, neque derogari ex hac aliquid licet, neque tota abrogari potest. Nec vero*

Juge. Car je ne saurois me persuader, qu'un Jurisconsulte aussi éclairé qu'UL-PIEN, & d'une intégrité aussi connue que la sienne, aît voulu, par une flatterie si lâche & si mal fondée, corrompre ici d'une maniére funeste aux Hommes, les Régles de cette belle Science, qu'il rapportoit d'ailleurs avec tant de soin à l'avantage du Genre Humain.

Mais ne dit-il pas en termes exprès, que *le Prince est déchargé de l'obligation d'observer les Loix?* Cela est vrai: la question est de savoir, s'il entend parler des *Loix Civiles*, ou des *Loix Naturelles*. Il n'excepte rien, direz-vous. Mais n'y a-t-il pas une Loi primitive & fondamentale, (2) vraie & juste par elle-même, dont il n'est pas plus permis de rien retrancher, que de l'abolir entiérement; qui ne sauroit être abrogée (1) ni par un Arrêt du Sénat, ni par une Ordonnance du Peuple;

2. ULPIEN n'entend pas parler des *Loix Naturelles*, lors qu'il dit, que le Prince n'est pas obligé d'observer les Loix.

ro aut per *Senatum*, aut per *Populum*, solvi hac *Lege* possumus... nec erit alia *Lex* Roma, alia *Athenis*, alia nunc, alia posthac: sed & omnes Gentes, & omni tempore, una Lex, & sempiterna, & immortalis continebit; unusque erit communis quasi *Magister* & *Imperator* omnium *Deus* ille, *Legis* hujus inventor, disceptator, lator &c. CICER. apud *Lactant.* Lib. VI. Cap. VIII. Voiez ce que dit nôtre Auteur, dans ses *Probabilia Juris*, Lib. II. Cap. XI.

(1) Voies

ple; & qui étant établie par la Providence Divine, est éternelle, constante, immuable, d'une obligation indispensable en tout tems & en tout lieu, imposée à toutes les Nations & à tous les Hommes sans exception? Je veux, dites-vous, que le Prince soit obligé, par rapport à Dieu, d'observer la Loi Naturelle: mais il ne s'ensuit point de là, que les Sujets aient droit de l'y contraindre; ainsi on peut dire véritablement à cet égard, qu'il est *au dessus des Loix*, puis que, quoi que la Vertu & la Bienséance l'engagent à les observer, il n'est pas permis à ses Sujets de rien entreprendre contre lui, lors qu'il les viole. Vous donnez donc à une licence effrénée les mêmes priviléges qu'à la conduite la plus légitime? Vous prétendez donc, que parce que *Néron* ne craignoit pas les Loix, il étoit en droit de faire empoisonner son Frere (1) *Britannicus?* Dites aussi sur ce même principe, qu'un Brigand, qui, par sa force ou par son adresse, trouve le moien d'éviter

la

(1) Voiez la Vie de *Néron*, dans Suetone, Cap. XXXIII.

(2) *Non omne, quod licet, honestum est.* Dioest. Lib.

la péine, a droit de détroufler & de tuer
les paffans. En vérité, je fuis fâché
pour l'amour de ceux contre qui je dif-
pute, qu'ils ofent tenir un langage comme celui-là, qui approche fort de l'impiété. Je n'ignore pas, MESSIEURS,
que tout ce qui eft permis par (2) les
Loix, n'eft pas conforme aux Régles
de l'Honnête, & que tout ce qui eft
Honnête, n'eft pas prefcrit par les Loix
fous quelque peine. Mais cette diftinction n'a été faite qu'en faveur de la vile
Populace, qui, à caufe de fon ignorance, de fa groffiéreté, de fa ftupidi-
té & de fa pareffe, eft difpenfée par là
d'atteindre au plus haut point de Vertu & de Sageffe, & non pas autorifée
à commettre, fans crime & fans infa-
mie, des excès de débauche, des méchancetez, ou des fourberies. Du
refte, cela ne regarde nullement ceux
qui fe piquent d'être Sages ou Gens de
bien; & moins encore le Prince, dont
le haut rang demande qu'il ne fe croie
permis, je ne dirai pas, rien de honteux & de criminel, mais rien qui ne
                                    foit

Lib. L. Tit. XVII. De div. Reg. Jur. Leg. CXLIV. Voïez
ce que l'Auteur dira dans le Difcours fuivant, vers la
fin de la I. Partie.
                                    (1) Nam

soit beau & honnête, rien en un mot
qui ne soit digne de lui. Car étant é-
tabli ici-bas, en la place de Dieu, pour
Gardien de la Loi Naturelle, & pour
Juge de ce qui concerne cette Utilité modérée, sage, & salutaire, dans
laquelle consiste la Vertu & l'Honnête; de quel front oseroit-il s'attribuer
le privilége de faire quelque chose de
contraire aux Régles de l'Honnêteté,
c'est-à-dire, de l'Utilité vraie & soli-
de ? Mais heureusement Ulpien
lui-même, du sentiment de qui il s'agit
entre nous, est tout-à-fait dans cette
pensée, comme il le donne à entendre
dans les exemples suivans: (1) *Lors*, dit-
il, *que l'on permet de faire quelque chose
dans un Lieu Public,* IL NE FAUT LE
PERMETTRE QU'AUTANT QUE
CELA PEUT SE FAIRE SANS
CAUSER DU PREJUDICE A' PER-
SONNE: ET C'EST AINSI QU'EN
USE ORDINAIREMENT LE PRIN-
CE, *lors qu'on lui demande la permission*
d'en-

---

(1) *Nam quotiensque aliquid in publico fieri permittitur,*
ita oportet permitti, ut sine injuria cujusquam fiat: & ita
solet Princeps, quotiens aliquid novi operis instituendum pe-
titur, permittere. Digest. Lib. XLIII. Tit. VIII. *Ne*
quid in loco publico, vel itinere fiat, Leg. II. §. 10.
(2) *Si Imperator sit Hæres institutus, posse inofficiosum*
dici

d'entreprendre quelque nouvel Ouvrage.
Le même Jurisconsulte dit ailleurs, que,
(2) *si un Pére institue l'Empereur son Hé-
ritier, au préjudice de ses Enfans, ceux-
ci peuvent faire casser le Testament, &
que les Empereurs eux-mêmes l'ont fort
souvent déclaré par des Rescripts.* D'où il
paroît, que, selon les idées d'ULPIEN,
le Prince n'est pas moins indispensablement tenu à l'observation des Loix
Naturelles, qu'un simple Particulier.

Je vais plus loin, je soûtiens,
MESSIEURS, qu'*il est aussi obligé
d'observer les Loix Civiles.* On se ré-
criera sans doute là-dessus: mais rien
n'est plus facile que de le faire voir d'u-
ne maniére convaincante. C'est ce que
témoignent manifestement des Rescripts (1) d'HADRIEN & d'ALE-
XANDRE SÉVÉRE, au sujet de la
Loi Falcidienne. Le même ALEXAN-
DRE fait mention ailleurs de la LOI
DE L'EMPIRE, c'est-à-dire, de celle que l'on appelloit autrement la LOI
ROIA-

3. Bien plus: les Empereurs Romains n'étoient pas même dispensez d'observer toutes les Loix Civiles.

dicl *Testamentum, sapissimè rescriptum est.* DIGEST. Lib. V. Tit. II. *De inoffic. Testam.* Leg. VIII. §. 2.
(1) *Et in legatis Principi datis Legem Falcidiam locum habere, meritò Divo Hadriano placuit.* IMP. ALEXANDER, *Cod.* Lib. VI. Tit. L. *Ad Leg. Falc.* Leg. IV.

(1) E*

R o i a l e, (1). & il dit, que par cette Loi l'Empereur étoit difpenfé, non
pas, à mon avis, de fe conformer à
toutes les Loix Civiles, mais feulement
de maintenir fcrupuleufement les formalitez du Droit, lors qu'en vertu de
fon Autorité il jugeroit à propos de
faire de meilleurs réglemens : car du
refte il prétend que l'Empereur doit
être regardé comme un fimple Citoien, & que, dans les affaires de la
Vie Civile, il n'eft pas moins tenu,
que les autres, d'obferver les formalitez prefcrites par les Loix, tant que
ces Loix fubfiftent. C'eft pour cela
qu'il remarque, *qu'on a fouvent décidé,
que l'Empereur même ne peut pas hériter
en vertu d'un Teftament imparfait.* Et il
en rend la raifon: *C'eft,* ajoûte-t-il,
qu'encore que, par la L o i d e l' E m-
p i r e, *l'Empereur foit difpenfé de laiffer fubfifter inviolablement les formalitez
du Droit, il n'y a rien néanmoins de fi*

in-

----

(1) *Ex imperfecto Teftamento nec Imperatorem Heredita-
tem vindicare poffe , faepe conftitutum eft. Licet enim* L e x
I m p e r i i *folennibus Juris Imperatorem folverit* ; *nihil tamen tam proprium Imperii eft, quàm Legibus vivere.* G o d.
Lib. VI. Tit. XXIII. *de Teft.* &c. Leg. III. Voiez ce
que dit l'Auteur dans fes *Obfervations* (publiées en
1706. & rimprimées en 1713. dans le Recueil de fes
Œu-

inseparablement attaché au caractére de la Puissance Souveraine, que de vivre selon les Loix. On trouve aussi les paroles suivantes dans un Rescript de THÉODOSE & de VALENTINIÈN: (2) C'EST UNE CHOSE DIGNE DE LA MAJESTÉ DU SOUVERAIN, QU'UN PRINCE SE RECONNOISSE LUI-MEME ASTREINT A SUIVRE LES LOIX; DE SORTE QUE NÔTRE AUTORITÉ MEME EST SOÛMISE A L'AUTORITÉ DU DROIT. *Et en effet, soûmettre sa volonté aux Loix, est pour un Prince quelque chose de plus grand, que la Souveraineté même. Nous déclarons donc par le présent Edit, ce que nous jugeons ne nous être pas permis.* Voilà le langage d'un Prince qui se fait une juste idée de son Pouvoir. Car les Loix Civiles sont établies pour le Bien Public, & on ne sauroit raisonnablement en faire aucune qui ne se rapporte

te

_____

Oeuvres) Lib. I. Cap. IV.

(2) *Digna vox est majestate Regnantis*, LEGIBUS ALLIGATUM SE PRINCIPEM PROFITERI. *Adeo de auctoritate Juris nostra pendet auctoritas. Et re verâ majus Imperio est, submittere Legibus Principatum. Et oraculo præsentis Edicti, quod nobis licere non patimur, indicamus.* COD. Lib. I. Tit. XIV. *De Legibus* &c. Leg. IV.

(1) *Quod*

te à ce but; le Droit Civil n'étant autre chose (1) que ce que chaque Peuple juge utile à son Etat. Or le Prince est chargé du soin de veiller & de pourvoir à ce qui concerne le Bien Public: pourquoi ne seroit-il donc pas lui-même soumis aux Loix Civiles, qu'il reconnoît être avantageuses à l'Etat? Mais, direz-vous, il est le Prince, c'est-à-dire, le prémier de l'Etat. Ajoutez, si vous voulez, qu'il en est le Chef, ou bien, qu'il est l'Ame des Citoïens: il ne laisse pas pour cela de faire partie de la Société Civile: en vertu de quoi donc ne devroit-il pas conformer ses actions au Bien Public, comme tous les Citoïens y sont indispensablement obligez? C'étoit-là l'opinion des Anciens, comme il paroît par ce que rapporte un Historien en parlant du Mariage de l'Empereur *Claude* & d'*Agrippine*, qui étoit alors regardé com-

(1) *Quod quisque Populus ipse sibi Jus constituit,* (il faut sousentendre ici, *usu exigente,* comme il paroît par la définition du DROIT DES GENS) *id ipsius proprium Civitatis est, vocaturque* JUS CIVILE *quasi Jus proprium ipsius Civitatis.* INSTIT. Lib. I. Tit. I. §. I.

(2) C. Pompeio, Q. Veranio Coss. *pactam inter* Claudium & Agrippinam *matrimonium jam fama, jam amore illicito firmabatur; necdum celebrare solennia nuptiarum audebant, nullo exemplo deducta in domum Patrui fra-*

comme inceſtueux par les Loix Civiles :
(2) *Sous le Conſulat de* C. Pompeius *&*
de Q. Véranius, *quoi que le Mariage fût*
conclu & arrêté entre Claude *&* Agrippine, *que la Renommée le publiât, &*
que leurs careſſes en donnaſſent des aſſû-
rances; ils n'oſoient encore le célébrer ou-
vertement, parce qu'on n'avoit jamais vû
à Rome *un Oncle épouſer ſa Niéce. Ils*
étoient même frappez de l'idée de l'In-
ceſte, & ils craignoient que les Dieux ne
le puniſſent par quelque calamité publique.
Ces difficultez les empêchérent de paſſer
outre, juſques à ce qu'enfin Vitellius *en-*
treprit de les lever par ſes artifices. Il
demanda donc à l'Empereur, s'il ne ſe
rendroit pas à la volonté du Peuple,
& à l'autorité du Sénat : *& comme*
Claude *eût répondu, qu'*E'TANT DU
NOMBRE DES CITOIENS, IL NE
POUVOIT PAS S'OPPOSER A'
LEUR CONSENTEMENT; *il lui*
dit

---

fratris Filia. Quin & inceſtum, ac ſi ſperneretur, ne in
malum publicum erumperet, metuebatur. Nec ante omiſſa
cunctatio, quàm Vitellius *ſuis artibus id perpetrandum*
ſumpſit. Percunctatuſque Caeſarem, *an juſſis Populi, an*
auctoritati Senatûs cederet ? ubi ille unum ſe Civium,
& conſenſui imparem reſpondit, opperiri intra Pala-
tium jubet. TACIT. Annal. Lib. XII. Cap. V. *num.* 1,
2, 3.

M   (1) L'Au-

dit d'attendre dans son Palais la réponse
qu'on feroit là-dessus. C'est ce que nous
apprend TACITE.

Preuve de
cela, à l'é-
gard d'Au-
guste.

Cependant, direz-vous, l'autorité
d'ULPIEN n'en est pas moins expresse : elle porte en termes généraux, que
le Prince est déchargé de l'obligation d'ob-
server les Loix. Fort bien : mais je demande, quand & par quelle Loi en a-
t-il été exempté ? C'est, dit-on, par
la LOI ROIALE, faite sous *Auguste;*
car alors le Peuple Romain transféra à
lui & en sa personne tout son Empire
& tout son Pouvoir. Mais, qui que
vous soyiez qui vous fondez là-dessus,
sâchez que ce que la plûpart des Empereurs, depuis *Auguste*, ont reçû par
un seul Arrêt du Sénat (1) ou une seule
Loi, que les anciens Jurisconsultes appellérent ensuite la LOI ROIALE
ou la LOI DE L'EMPIRE; *Auguste*
le reçût sous un autre nom, & par
plusieurs Loix ou Ordonnances du Sénat, faites en divers tems. Si cela vous
surprend, considérez avec attention la
suite

(1) L'Auteur parle ainsi, à cause que, la distinction ancienne entre les *Loix* & les *Arrêts du Sénat* é-
tant alors abolie; on appelloit tantôt *Loi*, & tantôt
Arrêt du Sénat, tout Réglement ou toute Ordonnance

suite de la Vie d'*Auguste*; parcourez
tous ses Consulats, selon l'ordre dans
lequel DION CASSIUS les rapporte; vous trouverez, je m'assure, qu'il
n'y a rien de plus vrai. Je pourrois le
montrer par un grand nombre de preuves, si je n'avois été prévenu par * un
Excellent Homme, qui a été un grand
ornement & de cette Université, & de
toute la République des Lettres, où
sa mémoire sera éternellement en bé-
nédiction. J'ajoûterai seulement une
chose, qui n'a été remarquée ni par
cet Illustre Savant, ni par aucun autre;
c'est que, quelle qu'ait été l'Ordonnance du Sénat par laquelle *Auguste* fut
exemté de l'observation des Loix, ce
n'est pas la même que celle en vertu
dequoi il fut élevé à l'Empire. Car,
si l'on en croit † DION, l'Empire lui
fut déféré à son septième Consulat; au
lieu que, selon le même ‡ Auteur, le
Sénat ne le déchargea de l'observation
des Loix qu'au dixième Consulat. A-
lors il ne fut pas même mis au dessus

de

Marginal notes:
* *Jean Frederic Gronovius*, dans sa Harangue de la Loi *Roiale*, jointe à cette nouvelle Edition.

† *Lib.* LIII. pag. 569.

‡ *Lib.* LIII. pag. 590.

ce sur les affaires générales, tant publiques, que particulières. Voiez la Harangue de GRONOVIUS, sur
la fin.

(1) Voiez

de toutes les Loix, mais d'une feule, je veux dire, de la *Loi Cincienne*, quoi que D I O N s'exprime ici en termes trop généraux. Je me fonde fur la narration même de cet Hiſtorien. Car en parlant de la raiſon pourquoi le Sénat diſpenſa *Auguſte* d'obſerver les Loix, il dit qu'aiant promis de donner au Peuple une ſomme pour être diſtribuée à tant par tête, il feignoit de ne pouvoir tenir ſa parole ſans l'approbation du Sénat : de ſorte que, pour l'autoriſer à faire des libéralitez qui alloient au delà de ce que permettoit la (1) *Loi Cincienne, le Sénat l'exemta de l'obſervation des Loix* (2). Cette expreſſion, ſelon l'uſage des *Romains*, ne ſe devoit entendre que de la *Loi Cincienne :* mais D I O N, qui étoit *Grec* de Nation, l'étendit à toutes les Loix généralement, ſoit par ignorance, ou par flatterie, toûjours ſans aucune raiſon. Il y aüra ſans doute, M E S S I E U R S, des gens

---

(1) Voiez le Commentaire de F R I D E R I C B R U M M E R ſur cette Loi, qui vient d'être rimprimé en 1712. à *Leipſig.*

(2) Καὶ ἐπειδὴ .... τῷ Δήμῳ καθ᾽ ἑκατὸν δϱαχμὰς δώσειν ὑπέσχετο, τό, τι γϱάμμα τὸ πεϱὶ αὐτῶν ἀπηγϱάφωσι μὴ πϱότεϱον ἐκτιθῆναι, πϱὶν ἂν καὶ ἐκείνη [τῇ Βελῆ] συνδόξῃ· πάσης αὐτὸν τ᾽ τῆ νόμων ἀνάγκης ἀπήλλαξαν

gens qui me trouveront un peu bien
hardi & bien opiniâtre, d'ofer, dans
un fait ancien, & de l'Hiftoire Romaine, démentir un Conful Romain & un
Hiftorien célebre. Mais j'aime mieux
contredire D I O N, que la Vérité : car
il * avoue lui-même, que le Sénat, en
déchargeant *Augufte* de l'obfervation de
la *Loi Cincienne*, fe fervit de l'expreffion que j'ai rapportée ; or je ferai voir
un peu plus bas, que les Anciens n'en-
tendoient point par là une exemtion
de toute Loi Divine & Humaine, mais
d'une feule Loi, favoir de celle dont
il s'agiffoit. Ajoûtez à cela, que l'année fuivante (3) D C C X X X I. de la fondation de *Rome*, c'eft-à-dire, fous le
onziéme Confulat d'*Augufte*, le Sénat,
au rapport de † D I O N, revêtit ce
Prince à perpétuité de la Puiffance du
Tribunat ; & lui permit de plus de
propofer (4) ce qu'il lui plairoit toutes
les fois que le Sénat fe tiendroit, encore

* *Lib.* LIII.
pag. 582, &
590.

† *Ibid.* pag.
594.

λαξαν &c. Pag. 590, 591. *Edit. H. Steph.*
(3) Selon l'Ere de *Varron*, que D I O N fuit ; ou
DCCXXIX. felon l'Ere de *Caton*, que d'autres préfé-
rent.
(4) Voiez ce que j'ai dit là-deffus, fur la Harangue
de G R O N O V I U S, pag. 48. *Not.* I.

M 3   (1) Cet

core même qu'il ne fût pas Conful.
Il ordonna encore, qu'*Augufte*, en entrant à *Rome* ne se démettroit pas de
l'Autorité de Proconful ; & qu'il n'auroit pas befoin d'y faire renouveller fa
commiffion. Enfin, il voulut que,
quand *Augufte* feroit dans les Provinces, il y eût plus de pouvoir que les
Gouverneurs même. Tout cela ne don-
ne-t-il pas à entendre clairement, que
l'on déchargeoit alors l'Empereur de
l'obfervation de quelques Loix du Droit
Public, auxquelles il étoit foûmis auparavant? Comment eft ce donc que
D i o n a pû écrire, qu'il avoit été difpenfé de toutes les Loix dans un de fes
Confulats précédents? Pour ne pas dire, qu'au rapport du même † Hiftorien, fous le Confulat de *C. Sentius*, &
de *Q. Lucretius*, c'eft-à-dire, l'an de *Rome* D C C X X X V. on accorda entr'autres
chofes à *Augufte* la permiffion de tout
réformer, comme il le jugeroit à propos ; de faire telles Loix que bon lui
fem-

† *Lib.* LIV. *p.* 604.

(1) Cet Empereur, pour amaffer de l'argent, voulut que tous ceux qui avoient légué quelque chofe par
teftament à *Tibére*, & qui lui avoient furvêcu, fiffent
les mêmes legs à lui *Caligula*. Mais comme il n'avoit
ni Femme ni Enfans, & que par un article de la *Loi
Julienne & Papienne* on ne pouvoit hériter en ce cas-là
que

sembleroit, & de leur donner son nom :
ce qui seul suffiroit pour faire voir,
qu'il n'avoit pas encore le droit de rien
faire contre les Loix. Je trouve aussi
dans D I O N un autre fait bien remarquable ; c'est qu'en parlant du régne de
Caligula, il dit (1) que pour autoriser
ce Prince à agir contre la *Loi Julienne
& Papienne*, à l'égard des biens sujets
au Droit d'Aubaine, il fallut que le Sénat l'exemtât de cette Loi : à quoi bon
cela, si *Auguste* & *Tibére* avoient déjà
eu le privilége de passer par dessus toutes les Loix ?

Il est donc clair, quoi qu'en dise
D I O N, & d'autres après lui, qu'*Auguste* ne fut pas dégagé de l'observation
de toutes les Loix, mais seulement de
celles dont le Sénat le dispensa nommé-
ment : & que du reste il étoit tenu
d'observer les autres, comme un simple Citoien. Tous ses Successeurs eurent le même droit, & rien davantage. Car qu'est-ce qu'on leur donna ?
L'Em-

que de ses proches ; le Sénat le dispensa d'obéir à
cette Loi. Ἶνα ἰὸ μὴ καὶ παρὰ τὲς νόμες καὶ κληρονομεῖν
καὶ δωρήματα τοιαῦτα λαμβάνειν (ὅτι μήτε γυναῖκα τότε
γε μήτε παῖδας εἶχε) ψήφῳ δοκῇ, δόγματι προσέθε-
το. *Lib.* LIX. *pag.* 747. C. D. *Ed. Henr. Steph.*

M 4 (I) V T I-

L'Empire, fur le pié qu'*Auguſte* l'a-
voit eu : voilà tout. La ſeule différence qu'il y eût, c'eſt que les Succeſſeurs
d'*Auguſte*, dès leur avénement à l'Empire, reçûrent tout-à-la-fois par un ſeul
Arrêt du Sénat ou une ſeule Loi , ce
qui n'avoit été accordé à *Auguſte* que
par pluſieurs Loix ou Ordonnances du
Sénat, faites en divers tems. Je ne
prétens pas, Messieurs, que vous
m'en croyiez ſur ma parole : mais vous
ajoûterez foi ſans doute à la *Loi Roiale*,
par laquelle l'Empire fut déféré à *Veſpaſien*; en ne peut ſouhaitter. de témoignage plus certain & plus authentique. En voici donc les paroles qui
font à nôtre ſujet, telles que je les trouve dans un fragment de cette Loi qui
ſe voit à *Rome* ſur une Table de cuivre, dans la Baſilique de *St. Jean de
Latran* : (1) Que l'Empereur
Vespasien soit exemt d'observer les Loix et les
Or-

(1) Vtiqve. qvibvs. legibvs. plebeive.
scitis. scriptvm. fvit. ne. Divvs. Avg.
Tiberivsve. Jvlivs. Cæsar. Avg. Tibe-
rivsqve. Clavdivs. Cæsar. Avg. Germa-
nicvs. tenerentvr. iis. legibvs. plebis-
qve. scitis. Imp. Cæsar. Vespasianvs.
svlvtvs. sit. qvæqve. ex. qvaqve. lege.
ro-

ORDONNANCES DU PEUPLE, DONT IL A ÉTÉ ORDONNÉ QU'AUGUSTE, TIBÉRE, ET CLAUDE SEROIENT DISPENSEZ: ET QU'IL SOIT PERMIS A' VESPASIEN DE FAIRE TOUT CE QU'AUGUSTE, TIBÉRE, ET CLAUDE, ONT PU FAIRE EN VERTU DE QUELQUE LOI. Qui peut douter après cela, que le privilége conféré au Prince par la *Loi Roiale* ne confiſte à être déchargé de l'obligation d'obſerver, non toutes les Loix ſans exception, mais ſeulement celles dont *Auguſte* & ſes Succeſſeurs avoient été formellement diſpenſez.

Je n'en dirai pas davantage là-deſſus, MESSIEURS: cela n'eſt pas néceſſaire; & vous attendez que je vous explique enfin ce que veut dire ULPIEN, lors qu'il poſe en fait, que le *Prince eſt exemt de l'obſervation des Loix.* Je ſuis perſuadé, que la *Loi Julienne &*

Quel eſt le ſens des paroles d'Ulpien.

Pa-

ROGATIONE. D'IVVM. AVG. TIBERIVMVE. JVLIVM. CÆSAREM. AVG. TIBERIVMVE. CLAVDIVM. CÆSAREM. AVG. GERMANICVM. FACERE. OPORTVIT. EA. OMNIA. IMP. CÆSARI. VESPASIANO. FACERE. LICEAT. Voiez VINCENT. GRAVINA, dans ſes *Origines Juris Civilis*, pag. 138. Ed. Lipſ. 1708.

M 5. (1) Il

Papienne n'étoit pas une de celles dont
on déchargea *Auguste*; & j'en ai une
preuve claire & incontestable : c'est
que, comme nous l'avons déja remarqué sur la foi de Dion, il fallut que
le Sénat dégageât *Caligula* du lien de
cette Loi; ce qui n'auroit pas été nécessaire, si *Auguste* & *Tibére* en avoient
déja été dispensez. Cela étant, je ne
sai si nous n'y trouverons pas dequoi
découvrir le veritable sens des paroles
d'Ulpien. Car je suis fort trompé
si, lors que ce Jurisconsulte dit, que
le Prince est déchargé de l'observation des
Loix, cela ne doit s'entendre uniquement de la *Loi Julienne & Papienne*,
dont le Sénat avoit exemté les Empereurs en la personne de *Caligula*. Pour
vous en convaincre, Messieurs, par
vos propres yeux, vous n'avez qu'à
considérer, que le dessein d'Ulpien
n'est pas d'expliquer la *Loi Roiale*, &
de faire voir, par la teneur de cette
Loi, en quoi consiste & jusqu'où s'é-
tend le Pouvoir du Prince; mais seu-
lé-

(1) Il y a pourtant apparence, que Tribonien,
en détachant ces paroles de la suite du discours, &
les insérant dans le Titre du Digeste, *de Legibus*,
leur a voulu donner un sens plus général, dans un
tems

lement (1) d'expliquer la *Loi Julienne & Papienne.* Cela paroît par le titre même du Chapitre où sont contenues ces paroles: car, comme l'ont déja remarqué (2) de très-savans hommes, il est tiré du *XIII. Livre* d'ULPIEN *sur la Loi Julienne & Papienne,* & non pas d'un Traité sur la *Loi Roiale;* d'où il s'ensuit qu'ULPIEN n'avoit en vûe que la prémiére. Les paroles suivantes de ce Jurisconsulte nous donnent lieu d'inférer la même chose: *Pour l'Impératrice,* (dit-il) *quoi qu'elle n'aît pas été exemtée de l'observation des Loix, le Prince son Epoux lui communique ses priviléges.* Que veut dire cela, si ce n'est qu'encore que l'Impératrice n'aît pas été formellément dispensée, par un Arrêt du Sénat, de la *Loi Julienne & Papienne,* elle peut ne pas s'y soûmettre, entant que Femme de l'Empereur, qui lui fait part du droit, en vertu duquel il est exemt de se conformer à cette Loi.

Voilà, MESSIEURS, de quelle ma-

Réponse à une difficulté, tirée de ce qu'*Ulpien* s'exprime au *Plurier,* & non pas au *Singulier.*

___

tems où les Empereurs s'étoient mis tout ouvertement au deſſus des Loix.

(2) Par exemple, CUJAS, dans ſes *Observations,* Lib. XV. Cap. XXX.

M 6   (1) *Sed*

manière il faut entendre ULPIEN. Il
ne reſte plus qu'une difficulté, mais
qu'il eſt très-facile de lever. Ce Juris-
conſulte dit, que *le Prince eſt déchargé
de l'obſervation* DES LOIX, & non pas
D'UNE LOI. Ne ſemble-t-il donc pas
inſinuer par là, qu'il entend parler de
pluſieurs Loix, ou même de toutes ſans
exception? Cette expreſſion vous fait
de la peine, & elle a embarraſſé DION,
comme je l'ai conjecturé ci-deſſus.
Mais elle n'arrêtera perſonne, ſi l'on
fait attention à l'uſage de la Langue
Latine, dont la connoiſſance exacte
eſt abſolument néceſſaire à ceux qui
veulent étudier le Droit Romain, comme cet exemple ſeul peut vous le perſuader. En effet, dans la bonne Latinité, on peut dire qu'une perſonne eſt
diſpenſée des Loix, quoi qu'elle ne ſoit
diſpenſée que d'une ſeule. C'eſt ainſi
que

(1) *Sed cùm, edictis jam Comitiis, ratio ejus haberi non
poſſet, niſi privatus introiſſet Urbem, & ambienti ut LE-
GIBUS SOLVERETUR multi contradicerent, coactus eſt
Triumphum, ne Conſulatu excluderetur, dimittere.* VIT.
JUL. CÆSAR. Cap. XVIII.
(2) *Cur* M. BRUTUS, *te referente*, LEGIBUS EST SO-
LUTUS, *ſi ab Urbe plus quam decem dies abfuiſſet?* PHI-
LIPPIC. II. Cap. XIII. (ubi vid. GRÆV.) *Brutus* é-
toit *Préteur de la Ville*; & il y avoit une Loi qui défendoit à un tel Magiſtrat de s'abſenter de *Rome* plus
de dix jours.

(I) *Quid*

que SUETONE (1) raconte que *César*
fit des brigues, pour être DISPENSÉ
DES LOIX: or il s'agit là uniquement
ment de la Loi qui défendoit de rete-
nir le Commandement d'une Province
en entrant à *Rome*, à moins que ce ne
fût pour le Triomphe. CICERON
dit aussi à *Marc Antoine*, dans (2) une
des PHILIPPIQUES: *D'où vient que*
Brutus, *sur vôtre proposition, a été dif-*
penfé DES LOIX, *au cas qu'il vînt à*
s'abfenter de Rome *plus de dix jours:*
Et ailleurs, en parlant de *Pompée:* (3)
Qu'y a-t-il de plus extraordinaire, que
de voir un homme, DISPENSÉ DES
LOIX *par un Arrêt du Sénat, devenir*
Conful dans un âge où les loix ne per-
mettent pas même de prétendre à aucu-
ne autre Charge Publique? Je pourrois
alléguer plusieurs (4) autres exemples
de cette façon de parler: mais ceux
que

(3) *Quid tam fingulare, quàm ut ex Senatufconfulto LE-*
GIBUS SOLUTUS Conful ante fieret, quàm ullum alium
Magiftratum per Leges capere licuiffet? ORAT. PRO LEG.
MANIL. Cap. XXI.
(4) Dans la dernière Edition de ce Difcours, qui
vient de paroître, avec toutes les autres *Oeuvres* de
nôtre Auteur, il renvoie ici en marge à l'argument
d'ASCONIUS PEDIANUS fur la Harangue de CI-
CERON *pro Cornelio*, dont il ne nous refte que quelques fragmens, *Tom. VI. Orat. Edit. Grav.* pag. 948.
Il n'y a rien de plus commun dans toutes les Langues,

que vous venez d'entendre suffisent,
& il est clair maintenant, qu'on ne sauroit se prévaloir de l'autorité d'Ulpien, pour prouver que les Empereurs avoient une Puissance sans bornes.
Qu'on vienne après cela défendre, si
l'on peut, ce prétendu Pouvoir des
Souverains absolument illimité, & au
dessus de toute Loi: qu'on fasse sonner
haut l'exemple des Empereurs Romains,
comme favorable à une opinion si dure, si cruelle, si inhumaine; il n'en
sera pas moins vrai, que ces Princes
même étoient indispensablement ténus
d'observer toutes les Loix & Naturelles, & Civiles, à la réserve d'un petit
nombre de Loix du Droit Public ou
Par-

---

gnés, que ces pluriels mis pour des singuliers; & à
l'égard de l'expression même, dont il s'agit, il m'en
tombe sous la main un exemple, tiré d'une des Philippiques de Cicéron: *Alter Cæsar*, Vopiscus
ille, homo summo ingenio, summa potentia, qui ex ædilita-
te consulatum petit SOLVATUR LEGIBUS, quanquam
LEGES eum non tenent, propter eximiam, credo, di-
gnitatem. Philippic. XI. Cap. V. pag. 829, 830. Ed.
Grav.

(1) *Quod Principi placuit, Legis habet vigorem: utpote*
cum LEGE REGIA, quæ de Imperio ejus lata est, Popu-
lus ei & in eum omne suum imperium & potestatem conferat.
Digest. Lib. I. Tit. IV. *De Constitutionibus Principum,*
Leg. I.

(2) L'Auteur, dans le Chap. III. du I. Liv. de ses
Observations, publiées en 1706, & réimprimées en 1713,
dans

Particulier ; comme nous venons de le
faire voir.

Mais, dira-t-on, par la Loi Roia-
Le les Empereurs aquirent le droit de
faire tout ce que bon leur sembleroit,
sans être obligez d'en rendre compte
à personne ; de sorte que, depuis ce
tems-là, leur Pouvoir ne fut plus bor-
né à gouverner selon les Loix, ils é-
toient maîtres des Loix mêmes. Le témoignage d'ULPIEN est exprès là-
dessus : (1) *Ce que le Prince trouve bon*,
(dit-il) *a force de Loi* : & la raison en
est, comme il l'ajoûte, *que, par la*
LOI ROIALE, *qui roule sur l'Auto-*
rité du Prince, LE PEUPLE LUI A
TRANSFÉRÉ (2) A LUI ET EN SA
PER-

dans le Recueil de toutes ses *Oeuvres*, soûtient que ces
mots EI ET IN EUM, ne sont pas la formule dont
le Peuple Romain se servoit dans la *Loi Roiale* : &
qu'ils signifient une seule & même chose ; comme il
le fait voir par des exemples de façons de parler semblables, où l'addition d'une expression synonyme ne
fait que donner quelque emphase à la pensée. Il montre aussi, par plusieurs faits incontestables, qu'après
que la Souveraineté eût été déférée aux Empereurs,
& même depuis la *Loi Roiale* faite sous *Vespasien* ; le
Peuple Romain établit plusieurs Loix dans ses Assemblées : & que les Empereurs eux-mêmes reconnurent
qu'il en avoit le droit. D'où il paroît, que le Peuple ne s'étoit pas tellement dépouillé de son Autorité, qu'il ne s'en fût reservé aucune partie.

(1) *Quod*

PERSONNE TOUT SON EMPIRE
ET TOUT SON POUVOIR. Vous
jugez bien MESSIEURS, qu'un argument si frivole n'a garde de m'embar-
rasser. J'ai honte, au contraire, de voir
que, sur un tel fondement, des personnes éclairées abandonnent les principes les plus évidens de la Loi Naturelle, pour se jetter dans une opinion
si absurde. On dit que le Prince, comme tel, n'est point tenu de rendre
compte à l'Etat de sa conduite ; je ne
le nie pas: que son Empire s'étend sur
les Loix même ; soit: que sa volonté
tient lieu de Loi ; en un mot, que le
Peuple lui a conféré *à lui & en sa personne* tout son Empire & tout son Pouvoir ; je le veux.   Mais que s'ensuit-il
de là ? Cela l'autorise-t-il à tout boule-
verser, & à faire des choses qui tendent à anéantir tous les droits & du
Corps de l'Etat & de chaque Particulier ? Non, MESSIEURS, le Peuple
Romain ne pensoit à rien de tel, ni
ULPIEN non plus. Ce Jurisconsulte

a

(1) *Quodcumque igitur Imperator per Epistolam & Sub-
scriptionem statuit, vel cognoscens decrevit, vel de plano in-
terloquutus est, vel Edicto praecepit, Legem esse constat. Hae
sunt, quas vulgo Constitutiones adpellamus.* DIGEST. Lib.
I.

a voulu feulement nous apprendre, que l'Empereur avoit reçû le pouvoir de faire des Loix de la maniére qu'il jugeroit à propos, (1) foit par des Refcripts, foit par des Conftitutions, foit par des Edits: du refte il ne le fouftrait point à l'Obligation indifpenfable de cette Loi primitive & fouverainement jufte, qui étant établie pour le Bien commun de tous les Hommes, ne fauroit être changée, affoiblie, ou détruite par aucune Loi ni aucune Convention. Pour ce qui eft de l'intention qu'avoit le Peuple Romain en déférant l'Autorité Souveraine à fes Empereurs, voici le jugement d'AMMIEN MARCELLIN. Cet Hiftorien parlant du changement arrivé dans le Gouvernement de l'Etat, dit, que la *République Romaine* étant fur fon déclin, & voulant paffer en repos le tems de fa Vieilleffe, (2) *fe déchargea fur les Empereurs, comme fur fes Enfans, du foin de gouverner fes biens; agiffant par là en Mére bonne, fage, & riche, & non pas*

en

_____

l. Tit. IV. *De Conftitut. Princip.* Leg. I. §. 1.
: (2) *Velut frugi parens, & prudens, & dives, Cafaribus tanquam liberis fuis, regenda patrimonii jura permifit.* Lib. XIV. Cap. VI. pag. 23. *Edit. Valef. Gronov.*

(1) Nam

en denaturée, ou, en infenfée. LAC-
TANCE étoit dans la même penfée,
à moins qu'on ne s'avifât de donner un
autre fens aux paroles que je vais rapporter, dans lefquelles il cenfure fi vi-
goureufement l'orgueil & l'infolence
de *Maximien le Jeune*, qui imitoit la
Tyrannie des Rois de *Perfe* : (1) *Après
avoir vaincu les* Perfes, dit-il, *parmi
lefquels c'eft une coûtume établie que les
Sujets fe foûmettent à une Domination
Defpotique, & que les Rois traitent leurs
Peuples en Efclaves, ce fcélérat voulut
introduire une telle coûtume dans les Pais
de l'Empire Romain, & depuis cette victoire il en faifoit l'éloge fans aucune honte dans toutes les occafions.* Mais laiffons-
là les autoritez, quelque graves & juftes qu'elles foient. Ce que j'avance ici,
je puis le prouver par les paroles mêmes
de la *Loi Roiale*, où l'on trouve le formu-
laire de l'acte par lequel on conféroit la
Souveraineté à l'Empereur, & dont UL-
PIEN

(1) *Nam poft devictos Perfas, quorum hic ritus, hic
mos eft, ut Regibus fuis in fervitium fe addicant, & Reges Populo fuo tanquam Familiâ utantur; hunc morem ne-
farius homo in Romanum terram volvit inducere; quem eo
... tempore victoria fine pudore laudabat.* De moribus
Perfecutor. Cap. XXI.
(2) VTIQVE. QVAECVNQVE. EX. VSV. REIPV-
BLI-

PIEN a exprimé le sens à sa maniére,
& non dans les termes de la Loi : de sorte que, si après cela on veut encore se
fonder sur le passage dont il s'agit, pour
en tirer une conséquence si absurde, é-
galement contraire & à la teneur de la
Loi Roiale, & à la pensée d'ULPIEN,
il n'y a que des Ignorans, ou des Es-
prits mal faits, ou de Malhonnêtes-
Gens, qui soient capables d'approuver
de pareils raisonnemens. Voici donc les
propres termes du fragment de la Loi
Roiale, que l'on conserve dans la Ba-
silique de *St. Jean de Latran :* (2) QUE
VESPASIEN AÎT LE DROIT ET
LE POUVOIR DE FAIRE TOUT
CE QU'IL JUGERA AVANTA-
GEUX À LA RÉPUBLIQUE, ET
CONVENABLE À LA MAJESTÉ
DES CHOSES DIVINES ET HU-
MAINES, PUBLIQUES ET PAR-
TICULIÈRES, TEL QUE L'ONT
EÛ AUGUSTE, TIBÉRE, ET
CLAU-

ELICÆ. MAJESTATE. DIVINARVM. HVMANA-
RVM. PVBLICARVM. PRIVATARVMQVE. RE-
RVM. ESSE. CENSEBIT. EI. AGERE. FACERE.
JVS. POTESTASQVE. SIT. ITA. VTI. DIVO. AVG.
TIBERIOQVE. JVLIO CÆSARI. AVG. TIBE-
RIOQVE. CLAVDIO. CÆSARI. AVG. GERMA-
NICO. FVIT.

(1) Ref-

CLAUDE. Que fait ici le Peuple? Il
donne à *Vespasien* un Pouvoir fort étendu & illimité, comme celui dont *Auguste* avoit été revêtu. Pourquoi? Dans
la même vûe qu'un Procureur est autorisé à ménager comme il le jugera à
propos les affaires dont on le charge.
Or on ne présume jamais, que par là
il aît acquis le droit de ruiner les affaires de celui qui s'est reposé sur lui: on
suppose toûjours, qu'il les gouvernera
avec plein pouvoir, mais de bonne foi.
C'est une maxime que la Raison & le
(1) Droit Civil établissent de concert,
à l'égard des Procureurs de Particulier
à Particulier: & c'est aussi ce qu'entend le Peuple Romain, en confiant le
soin des affaires de l'Etat au Prince,
qui est (2) l'Administrateur Public. Il
ne prétend pas l'autoriser à faire tout
ce qui lui viendra en fantaisie, ni lui
donner un Pouvoir absolument sans bornes,

(1) *Respondi, eum de quo quareretur,* PLENE' QUI-
DEM, SED QUATENUS RES EX FIDE AGENDA
ESSET, *mandasse.* Digest. Lib. XVII. Tit. I. *Manda-
ti, vel contra,* Leg. LX. §. 4.
(2) L'Empereur *Hadrien* protesta souvent, & dans
l'Assemblée du Peuple, & dans le Sénat, qu'il gouver-
neroit, comme aiant en main le maniment des affaires du
Peuple, & non pas des siennes propres. SPARTIAN. Cap.
VIII. *Et in Concione, & in Senatu sepe dixit,* Ita se
Rem-

nes, mais un Pouvoir auſſi grand que le demande *le Bien de l'Etat, & la majeſté des Choſes Divines & Humaines, Publiques & Particuliéres.* En un mot, le Peuple établit le Prince pour être (3) une Loi vivante, qui puiſſe s'accommoder à la diverſité infinie des conjonctures; au lieu que les Loix écrites ſont toûjours uniformes, & ne ſauroient, lors même qu'elles ſont dreſſées avec le plus d'exactitude, exprimer tous les cas ni prévenir tous les inconvéniens poſſibles. Pour ne pas dire, qu'il y a des choſes utiles en un tems, qui deviennent nuiſibles en un autre : car qui ne ſait, que le Bien de l'Etat demande, par exemple, que l'on faſſe d'autres réglemens en tems de Guerre, qu'en tems de Paix ; & que l'on agiſſe dans la Proſpérité, autrement que dans l'Adverſité ? Pendant que les *Romains* vécurent ſous un Gouvernement Républi-

---

Rémpublicam geſturum, ut ſciret POPULI REM ESSE, NON SUAM. Et *Alexandre Sévére* diſoit en propres termes, que l'Empereur étoit le Procureur ou l'Econome du Peuple, DISPENSATOR PUBLICUS. Lamprid. *Cap.* XXXII. Voiez SAUMAISE ſur le Chap. XV. p. 902, 903. *Ed. Lugd. Bat.*

(3) *Cui* [Imperatori] *& ipſas Deus Leges ſubjecit,* LEGEM ANIMATAM *eum mittens hominibus* &. NoVELL. JUSTINIAN. CV. Cap. II. §. 4.

bliçain, quoi que les Magiſtrats euſſent quelque part aux affaires, la déciſion en dépendoit principalement du Peuple, qui, outre qu'il ne s'aſſembloit pas tous les jours, agiſſoit avec une lenteur ſouvent préjudiciable. Les Factions & l'Avarice faiſoient naître mille difficultez, mille obſtacles, mille retardemens: & d'ailleurs, chacun n'enviſageoit pas ordinairement les choſes du même côté, ni de la même maniére. Lors donc que l'on eût enſuite établi un Prince, on crut qu'il étoit de l'intérêt public que ſon Autorité ne fût pas bornée, comme l'étoit celle des Preteurs ou des Conſuls, mais ſouveraine & indépendante. On ne prétendit pourtant pas lui donner le droit de changer ou d'abolir à ſa fantaiſie des Loix juſtes & utiles: on voulut ſeulement qu'il eût plein pouvoir, comme l'avoit auparavant l'Aſſemblée du Peuple, d'adoucir ou d'abroger des Loix trop dures ou déſavantageuſes; & de remédier, ſelon ſa prudence & ſes forces, aux cas imprévûs qui ſurviendroient déſormais. Sur ce pié-là on peut très-bien dire, que, par la *Loi Roiale*, l'Empereur étoit revêtu de tout

tout le Pouvoir du Peuple, & qu'il a-
voit un Empire souverain, même sur
les Loix, mais qui néanmoins étoit
renfermé dans les bornes du Bien Public, &, comme le porte expreſſément
la *Loi Roïale*, *de la majeſté des Choſes Divines & Humaines, Publiques & Particuliéres*.

Je ne nie pas, MESSIEURS, que
les Empereurs n'aient ſouvent agi comme
s'ils ne devoient ſuivre d'autre régle que
leur caprice, & ne ſe ſoient tout permis, ſans ſe mettre en peine ſi ce
qu'ils faiſoient, ou qu'ils négligeoient,
étoit convenable à leur caractére & à
leurs engagemens. Je frémis, quand
je penſe aux excès horribles dans leſquels ils ſe ſont plongez, & j'ai compaſſion de voir le prémier Peuple du
Monde réduit à ſouffrir des traitemens
ſi indignes de la part de quelques-uns
de ſes Citoiens. Figurez-vous un *Tibére*, ou, ſi vous voulez, un *Caligula*,
un *Néron*, un *Vitellius*, un *Domitien*,
un *Commode*, &c. voilà ces *Péres de la
Patrie*, ces Princes *Pieux*, *Fortunez*,
dignes ſans contredit de ſi beaux titres,
ou d'autres ſemblables que la Flatterie
a inventez ! Peut-on nier que ces Em-
pe-

La *conduite*
de pluſieurs
Empereurs
prouve ſeu-
lement
qu'ils *abu-
ſoient* de
leur Auto-
rité.

pereurs n'aient été des monstres, qui
ne respiroient qu'orgueil, que calom-
nies, que rapines, qu'infamies, qu'in-
cestes, qu'adultéres, que parricides,
que brigandages, que meurtres & cruautez horribles, que désolation, que
fureur & ferocité brutale, infiniment
au dessus de toutes les plaintes qu'on
faisoit de leur Gouvernement & même
au dessus de l'horreur avec laquelle ils
étoient regardez & à *Rome*, & dans
les Provinces? Ces monstres, dis-je,
(car je ne saurois donner le nom d'Hommes, à des gens qui avoient dépouillé
tout sentiment d'Humanité) lors qu'ils
vouloient (1) empoisonner le Sénat,
mettre le feu à la Ville, & y lâcher
des Bêtes féroces; lors qu'ils (2) sou-
haittoient que le Peuple n'eût qu'une
tête, pour la faire sauter d'un seul
coup; lors qu'ils cherchoient toute sorte de moiens pour ne laisser à personne rien de ce qui lui appartenoit; lors
qu'immolant à leur rage toutes les personnes de probité & d'un mérite distin-
gué,

(1) Voiez Suetone, dans la Vie de *Néron*, Cap.
XLIII.
(2) C'étoit le souhait de *Caligula*. Suet. C. XXX.
Dion Cassius, Lib. LIX. pag. 746. B. *Edit. H.*
Steph.

(3) *Nulla*

gué, ils ne faifoient du bien qu'à des
Affaffins, à des Empoifonneurs, à des
Comédiens, à des Bouffons, à des
Cochers, à des Gladiateurs, en un
mot à tout ce qu'il y avoit d'Infames,
de Méchans, & de Scélérats : lors,
dis-je, qu'ils fe conduifoient de cette
maniére, peut-on dire qu'ils agiffent
comme Princes, en vertu de la *Loi*
Roiale, & qu'on fût obligé de leur
obéïr par le Droit Divin & Humain?
Ne fe montroient-ils pas au contraire
vrais Tyrans, avec qui par conféquent
perfonne n'étoit uni (3) par aucun lien
de Droit Humain ou Divin; & contre lefquels chacun avoit droit de prendre les armes, en vertu de la Loi Naturelle, la plus fainte & la plus jufte
de toutes les Loix ? Auffi voions-nous
que le Sénat ufa de ce droit, lors qu'il
déclara (4) *Néron* Ennemi du Peuple
Romain, & qu'il le fit chercher pour
le punir felon la coûtume, c'eft-à-dire,
en lui paffant la tête dans une fourche,
& le fouettant enfuite jufqu'à la mort.

II

(3) *Nulla enim nobis focietas cum Tyrannis, fed potius
fumma diftrattio eft.* CICERON. *de Offic. Lib.* III. *Cap.*
VI.

(4) Voiez fa Vie, dans SUETONE, Cap. XLIX.

N   (1) SUR-

Il en feroit venu plus fouvent à faire
de tels exemples en la perfonne de fes
Empereurs, qui lui en donnoient fujet
fi fouvent, & d'une manière fi étrange :
mais ils prenoient foin de fe bien mu-
nir contre la févérité de la Difcipline
Publique, & ils cherchoient l'impuni-
té de leurs Crimes non dans la *Loi de
l'Empire*, mais dans la Loi du plus fort.
Le Sénat fit effacer par tout le nom de
Domitien dans les (1) momumens publics,
voulant abolir jufqu'au fouvenir de ce
méchant Prince : & le Peuple demanda d'un commun accord avec le Sénat,
que le corps de (2) *Commode* fût traîné
avec un croc, & jetté dans le *Tibre*.
Preuve évidente, que ce n'étoit que
malgré lui qu'il obéiffoit à de tels Princes ; & que, dès qu'il trouvoit moien
de tirer vengeance de leurs déporte-
mens, il faifoit voir hautement qu'il
en avoit & le droit & la volonté. Car,
comme il n'étoit pas toûjours en état
de mettre à la raifon les Empereurs,
qui s'étoient aquis une puiffance énorme ;

(1) Suetone, dans fa Vie, à la fin.
(2) Lampridius, dans fa Vie, Chap. XVII.
(3) L'Auteur fait allufion ici, & un peu plus bas,
à ce paffage de Tacite, dont il explique en même
tems la penfée dans le fens le plus raifonnable, auquel

me ; la prudence vouloit qu'on fup-
portât leurs déréglemens , lors qu'on
ne pouvoit pas s'y oppofer avec fuccès. C'eft ainfi (3) que l'on fouffre la
Pluie, le Froid , & autres femblables
incommoditez naturelles, quand il n'y
a pas moien de s'en garantir. Mais
comme le Droit Naturel ne nous défend pas de nous mettre à couvert, fi
nous pouvons, de ces fortes d'incommoditez : de même la Raifon ne condamne nullement la conduite d'un Peuple, qui fe fert des forces qu'il a en
main pour fecouer le joug d'un Tyran.

Loin d'ici, direz-vous, une fi mau- Cette doc-
trine par
elle-même
vaife doctrine , qui détruit le refpect n'eft nuifible
que l'on doit au Souverain, & par con- ni à la Socié-
féquent le lien de la Société Humaine. té, ni aux
N'eft-ce pas une chofe certaine, qu'il bons Princes.
y aura des Vices, tant qu'il y aura des
Hommes, fur tout dans les Cours &
parmi les Grands? Et les Hommes é-
tant, comme ils font, fort enclins à
mal penfer de la conduite des Magif-
                                    trats

quel on peut l'admettre. *Quomodo fterilitatem , aut ni-
mios imbres, & cetera natura mala ; ita luxus , vel ava-
ritiam dominantium tolerate. Vitia erunt , donec Homines*
&c. Hift. Lib. IV. Cap. LXXIV.

N 2   (1) TA.

trats & des Princes, quand ceux-ci feroient les plus innocens du monde,
peuvent-ils toûjours éviter la calomnie
& les injustes murmures? D'ailleurs,
on juge ordinairement des choses par
le succès : & cependant combien de
fois ne voit-on pas échouer les projets
les plus raisonnables & le mieux con-
certez? Ajoûtez à cela, qu'il y a des
Vertus sujettes à être confondues (1)
avec le Vice: l'Epargne, par exemple, semble tenir de l'Avarice; la Libéralité, de la Prodigalité; la Sévérité,
de la Cruauté; la Moderation, de la
Lâcheté; de sorte que ce que les uns
regardent comme un acte de Vertu,
peut passer pour Crime dans l'esprit des
autres. Si donc la sûreté de la Puissance Souveraine dépend de la légéreté du
Peuple, on ne sauroit rien concevoir
de plus malheureux ni de plus chan-
ce-

_____

(1) TACITE dit, qu'il y a des Vertus odieuses,
comme une Sévérité inflexible, & une Intégrité qui
ne donne jamais rien à la faveur. *Quædam immo Vir-*
tutes odio sunt, Severitas obstinata, invictus adversum gra-
tiem animus. Annal. XV, 21. Il est pour le moins aussi
ordinaire de confondre certains Vices avec la Vertu.
Un ancien Philosophe le remarque très bien. *Sunt e-*
nim, ut scis, Virtutibus Vitia confinia.... sic mentitur Pro-
digus Liberalem.... imitatur Negligentia Facilitatem, Te-
meritas Fortitudinem. SENEC. Epist. CXX. *Vitia nobis*
sub Virtutum nomine obrepunt: Temeritas sub titulo Fortitu-
dinis

celant que la condition d'un Prince.
Qu'y a-t-il d'ailleurs de plus pernicieux
à l'Etat, & qui doive moins être to-
léré, qu'une maxime qui foûmet le
Magiſtrat Souverain à la volonté & au
caprice du Peuple. Suivez-la bien, &
au lieu d'une fidéle obéïſſance, vous
aurez des féditions & des troubles; au
lieu de la Paix, des Guerres continuel-
les: en un mot, vous mettrez tout
en déſordre & en combuſtion. Voilà,
Messieurs, une âpre cenſure &
une objection qui a d'abord quelque
choſe de ſpecieux: mais permettez-moi
de la peſer à la balance exacte du Bon-
Sens, & vous avouerez que c'eſt la foibleſſe même. Car, je vous prie, que
veut-on conclurre de là? Prétend-on
qu'il n'eſt jamais permis au Peuple de
ranger à ſon devoir le Prince, quelque
méchant qu'il puiſſe être? Cela eſt con-
trai-

traire & au Droit Naturel, & à l'usage des Nations les plus célébres, tant
anciennes, que modernes. Veut-on
dire, que le Peuple ne doit rien entreprendre témérairement & au préjudice
du Bien Public? Cela ne fait rien contre moi; car il s'agit de l'usage légitime, & non pas de l'abus du droit que
j'attribue au Peuple: or il ne faut pas
regarder comme absolument mauvais,
ce dont on peut faire un bon usage.
Autrement l'établissement des Magistrats & des Princes, sans quoi il n'y
a pas moien de vivre en repos, devroit
passer pour une chose nuisible au Genre Humain. Car qui ne sait que les
Souverains, & les Magistrats, depuis
le plus petit jusqu'au plus grand, ont
souvent exercé leur Autorité d'une maniére funeste & à leurs Concitoiens &
à eux-mêmes? Dira-t-on pour cela
qu'il ne faut avoir ni Princes ni Magistrats, & traitera-t on de pernicieu-
se la doctrine de ceux qui soutiennent
qu'ils

(1) L'Auteur imite ici ce que *Senéque* dit au sujet de
l'Empereur *Claude:* C æ s a r i *quoque ipsi, cui omnia licent, propter hoc ipsum multa non licent. Omnium domos illius vigilia defendit, omnium otium illius labor, omnium
delicias illius industria, omnium vacationem illius occupatio.*
De Consolat. ad Polyb. *Cap.* XXVI.
(2) C'est l'éloge que P l i n e l e J e u n e donne à
Tra-

qu'ils font neceſſaires dans la Société,
ſous prétexte que ceux qu'on choiſit
peuvent ſe trouver mechans? Puis donc
qu'à cet égard on ſe contente de condamner l'abus; pourquoi prétendroit-
on, que, parce que le Peuple peut faire
un mauvais uſage de ſa Liberté Naturelle, même contre ſon propre intérêt, il ne lui ſoit jamais permis ni
avantageux de ſe ſoulever contre les
plus méchans Princes? Mais qu'eſt-ce
qu'il y a ici à craindre pour un Souverain, ſi, comme il s'y eſt engagé, il
veille avec ſoin à la Tranquillité publique? (1) ſi, par ſa juſtice & par ſon
courage, il défend les biens, la vie,
& la liberté de chacun? Si, par ſa
prudence, il va au devant de tout ce
qui eſt capable de nuire à ſes Sujets,
quels qu'ils ſoient? ſi, par ſa bonté,
il les ſoulage dans leurs malheurs? en
un mot, s'il agit envers eux non en
Tyran, mais en Citoien, non en Maître, mais en Pére: (2) s'il ſe ſouvient
toû-

Trajan: NON enim de Tyranne, ſed de Cive: non de Do-
mino, ſed de Parente loquimur, Unum ille ſe ex nobis, &
hoc magis excellis atque eminet, quod unum ex nobis putat:
nec minus Hominem ſe, quàm Hominibus praeſſe meminit.
Intelligamus ergo bona noſtra, dignoſque nos illius uſu proke-
mus &c. Panegyr. Cap. II.

N 4.   (1) Voiez

toûjours & qu'il eſt Homme , &
qu'il commande à des Hommes : ſi la
vûe de leur mérite , & de leurs dignitez, n'excite pas en lui des mouvemens d'une noire envie: s'il voit avec
plaiſir ſes Sujets riches & paiſibles
poſſeſſeurs des fruits de leur induſtrie :
s'il regarde comme autant d'ornemens
de l'Etat, & non pas comme des perſonnes ſuſpectes & dangereuſes, ceux qui
s'attachent à cultiver leur Eſprit par
de belles Connoiſſances, & par l'étude
de la Sageſſe ? Le moien que les Sujets
faiſant réflexion ſur le bonheur de leur
ſiécle & ſur leur propre bonheur, ne
ſoient (1) tranſportez d'amour & pleins
de reſpect pour un ſi bon Prince, ne
le regardent comme un préſent du
Ciel, & ne tâchent à l'envi les uns des
autres de ſe rendre dignes de lui par
leurs actions & par toute leur conduite ?
Que ſi un Prince abandonnant le chemin de la Vertu, c'eſt-à-dire, celui
de la véritable Gloire , eſt encore le
meilleur des Méchans, & ſe contente
d'exercer ſa fureur ſur un petit nombre de ſes Sujets ; quoi qu'il mérite
alors

(1) Voiez Seneque, de Clement. Lib. I. Cap. XIX.
in fine.

alors d'être mis à la raison , le Peuple
ne se remue pas aisément pour cela
seul : soit par un effet de la foiblesse
humaine , qui ne permet pas que le
reméde soit aussi promt que le mal ;
soit parce que les Foibles & les Petits
sont portez à excuser celui qui est en
état de leur faire & du bien & du mal ;
soit enfin parce que , quelque grandes
que soient les injustices faites à un ou
à quelques Particuliers , le Corps de
l'Etat néglige ordinairement d'en tirer
raison , par cela même qu'elles n'interessent que peu de gens : & pour ceux
qui sont alors opprimez , quoi qu'au
défaut de la protection des Loix Civiles , la Loi Naturelle les mette en é-
tat de Guerre par rapport au Prince ,
il leur est , en ce cas-là , plus avantageux de demeurer en repos , que de
s'attirer , par une résistance impuissan-
te , un mal encore plus fâcheux. Lors
même que le Prince donne quelque atteinte aux droits & aux libertez de
tout le Peuple , ou de la plus grande partie , combien de choses , & de
choses criantes , ne lui pardonne-t-on
pas , pour éviter les calamitez & les
horreurs de la Guerre , & pour ne pas

N 5   se

se priver des avantages & des douceurs de la Paix? Mais, s'il en vient aux derniers excès de cruauté ou d'insolence, en sorte qu'il n'y aît plus moien de supporter sa tyrannie; peut-on blâmer les Sujets, dont il a poussé la patience à bout, de ce qu'ils ne sont pas assez lâches & assez ennemis d'eux-mêmes, pour attendre que Dieu descende du Ciel, & lance visiblement ses foudres sur cet Ennemi déclaré du Genre Humain? Ne doit-on pas au contraire les louer, de ce qu'ils pensent enfin à leur propre conservation, & regarder comme une punition de Dieu même, la chûte d'un Tyran, contre qui ils se soûlevent en vertu d'une permission de la Loi Naturelle, & par conséquent avec l'approbation divine? Mais, direz-vous, un Gouvernement, quel qu'il soit, vaut encore mieux que l'Anarchie; & la Paix est toûjours préférable à la Guerre. Belle raison! Comme (1) si l'on pouvoit dire qu'il y a quelque sorte de Gouvernement, dans un Païs où les Loix ne sont qu'un vain nom, où l'on ne rend point de Jus-

(1) *Non igitur erat illa tum Civitas, cum Leges in illâ nihil valebant: cum Judicia jacebant &c.* Cicer. Paradox. IV.

(2) C'est

Justice, où tout se fait avec violence
ou par des cabales, rien selon la Raison & l'Equité. Il faut, dites-vous, entretenir la Paix. Mais lors qu'on se dis-
pose à me tuer ou à me piller, dois-je
le souffrir, sans remuer seulement le
bout du doigt? Si c'est-là, selon vous,
un état de Paix, qu'appellerez-vous donc
Guerre? Voulez-vous que je n'en vienne pas à la Guerre contre vous? ne
commettez contre moi aucun acte
d'Hostilité. Voulez-vous que je garde
la paix avec vous? vivez en paix avec
moi. Ce n'est pas la Naissance ou le
Climat (2) qui distingue le Citoien
d'avec l'Ennemi; mais les actions & la
volonté. Lors que l'on me tourmente,
que l'on me déchire, que l'on veut
me faire mourir misérablement & in-
justement, il n'importe que celui, de la
part de qui je souffre ces traitemens indignes, soit un Ennemi déclaré ou un
Brigand, ou bien un homme qui se
dit mon Concitoien ou mon Souverain. L'injustice est toûjours la même;
il n'y a de différent que le nom de l'Of-
fen-

____

(2) C'est encore la remarque de CICERON: *As
tu Civem ab Hoste natura ac loco, non animo factisque dis-
tinguis?* Paradox. IV. pag. 562. Edit. Grav. majr.

N 6   (1) L'Au-

fenfeur: & cette circonftance fert feulement à rendre le crime plus atroce
entant que celui qui devoit me défendre contre l'Ennemi & les Brigands,
agit lui-même avec moi en Ennemi
cruel & en vrai Brigand. Lors donc que
les Peuples prennent enfin la réfolution
de fe foulever contre un tel Prince, ce
feroit fort mal à propos qu'on leur re-
préfenteroit vivement & avec em-
phafe les avantages de la Paix, & les
malheurs de la Guerre. Car peut-on
s'eftimer heureux dans le tems que les
Gens-de-bien font profcrits & facri-
fiez, pour affûrer au Tyran une pleine liberté de fatisfaire paifiblement fes
paffions, avec un petit nombre de
Débauchez & de Scélérats : & quand
le Peuple fe voit réduit à la néceffité
de répouffer les violences & les injufti-
ces

(1) L'Auteur ne cite perfonne: mais il a tiré fans
doute ce fait de VULCATIUS GALLICANUS, dont
il emploie prefque les propres termes. Les voici. E-
NUMERAVIT deinde [Antoninus,] omnes Principes, qui
occifi effent, habuiffe caufas, quibus mererentur occidi, nec
quemquam facile bonum vel victum à Tyranno (Par le mot
de Tyran on entend ici les Généraux qui fe rebel-
loient contre le Prince, & fe faifoient proclamer Empereurs par les Soldats) vel occifum: dicens, meruiffe Ne-
ronem, debuiffe Caligulam, Othonem & Vitellium nec impe-
rare voluiffe. Vit. Avidii Caffii, Cap. VIII. Ed. Obrecht.
Galba fait une réflexion femblable, dans TACITE

Sit

ces faites à lui & aux fiens, eft-il refpon-
fable des maux d'une Guerre Civile,
à laquelle il ne vient que malgré lui?
Certainement tous ces defordres ne
doivent nullement être attribuez au
pauvre Peuple, mais au Tyran, qui,
par fes oppreffions, a été le véritable
Aggreffeur. L'Empereur *Marc Antonin,* Prince qui s'eft aquis une Gloire immortelle par fon intégrité & par fa probité, auffi bien que par fon favoir &
par fes lumiéres ; après avoir (1) fait
une énumération de tous les Empereurs qui avoient été tuez, remarqua
très-véritablement, qu'ils s'étoient atti-
rez ce malheur par leur mauvaife conduite : qu'il n'y avoit guéres de bon Prince,
qui eut été défait ou tué par fes Sujets :
que *Néron, Caligula, Othon,* & *Vitellius* avoient bien merité une telle fin,

&

Sit ante oculos Nero, quem longâ Cæfarum ferie tumentem,
non Vindex cum inermi Provincia, aut ego cum una Legio-
ne, fed fua immanitas, fua luxuria cervicibus publicis depu-
lire : neque erat adhuc damnati Principis exemplum. C'eft-
à-dire, felon la verfion d'*Ablancourt :* " Confidére
" *Néron,* enflé d'une longue fuite d'Aïeux : ce n'eft
" pas *Vindex* qui l'a dépoffedé, avec une Province
" défarmée ; ni moi, avec une Légion. C'EST SA
" CRUAUTÉ ET SES DÉBAUCHES, QUI L'ONT
" FAIT LE PREMIER EXEMPLE D'UN PRINCE
" CONDAMNÉ PAR SES SUJETS, *Hift.* Lib. I.
" Cap. XVI. *num.* 4.

& que ces Princes, semblables à des Bêtes plûtôt qu'à des Empereurs, n'avoient pas eû le courage de regner.

Conclusion. MAIS il est tems, MESSIEURS, de finir : car j'ai été plus long que je ne croiois, & vous voiez bien maintenant, que le Magistrat Souverain, quelque titre qu'on lui donne, n'est point envoié du Ciel, mais établi par le commun consentement des Citoiens : que, s'il veut se conduire d'une manière digne d'un Prince ou d'un Magistrat, il faut qu'il se reconnoisse soûmis aux Loix, & non pas qu'il se croie au dessus de toute Loi : qu'il doit mesurer son Pouvoir non à son caprice, mais à ce que demande le Bien Public : que, s'il en use autrement, il agit non en Prince ou en Magistrat, mais en Tyran ; & qu'il peut alors être réprimé par ses Sujets, en vertu de tout Droit Divin & Humain.

Il ne me reste plus qu'à faire ce que demande la solennité de cette Journée. Vous attendez qu'on installe celui qui doit être mon Successeur, pour l'année prochaine, dans le Rectorat de l'Académie. Pour laisser donc la pla-

place vuide, felon les Loix & la Coûtume, je me démets dès ce moment
de ma Charge.

FIN *du prémier Difcours de*
Mr. NOODT.

DIS.

DISCOURS

SUR LA

LIBERTÉ DE CONSCIENCE:

Où l'on fait voir, que par le Droit de la Nature & des Gens la RELIGION *n'est point soûmise à l'Autorité Humaine.*

Dessein de ce Discours.

* Mr. NOODT. prononça ce Discours en forme de Harangue, le 6. de Fevrier de l'année 1706. en quittant le Rectorat de l'Université, selon la coûtume.

J'AI choisi, MESSIEURS, un sujet fort convenable à la solennité de cette *Journée, à la majesté de ce lieu, à la dignité de cet Auditoire également nombreux & illustre par tous les avantages de la Noblesse, du Bon-Sens, & du Savoir. Je veux vous faire voir, avec toute la force & toute la netteté dont je suis capable, qu'il n'est permis à aucun Homme, quoi qu'en pensent certaines gens, de commander ou d'interdire aux autres la profession de quelque Religion que ce soit, & de les y contraindre ou de les punir en cas de refus, soit par les Armes, ou par le Bras Séculier. C'est une chose très-

très-importante & en même tems fort
difficile, que de propoſer en peu de
mots & de décider hardiment une queſtion qui intéreſſe tous les Païs, tous
les Siécles, tous les Hommes; & ſur
laquelle on tâche de mettre aux priſes
les droits de la Liberté, tantôt avec le
reſpect des Puiſſances Souveraines, tantôt avec l'amour de la Vérité, & cela
avec d'autant plus d'apparence de raiſon, que l'on fait intervenir auſſi la
Gloire de DIEU. Les Erreurs, dit-
on, en matiére de choſes divines, les
Schiſmes & la diverſité des Sectes,
emportent un mépris des Cérémonies
& du Culte agréable à cette Majeſté
ſuprême; c'eſt un ſacrilége ſi énorme,
que non ſeulement la Raiſon & le Sens
Commun, mais encore les choſes inanimées, ſemblent en fremir d'horreur.
Le vrai DIEU n'eſt-il pas certainement offenſé, lors que l'on adore de
fauſſes Divinitez; ou qu'on ne lui rend
pas le Culte qu'il a preſcrit; ou que
l'on quitte une Religion établie dès
long tems & ſalutaire, pour en embraſſer une nouvelle & pernicieuſe? D'ailleurs, les mauvaiſes mœurs, ſouvent
même de grandes infamies, des crimes
de-

deteſtables, s'introduiſent ainſi à la
faveur d'une fauſſe Religion qui les
permet ou les autoriſe. Enfin, la licence de diſputer, & l'opiniâtreté invincible de chacun à maintenir les intérêts de ſa Secte, produiſent (1) toûjours des diviſions, des brouilleries, des
ſeditions, des cabales, qui troublent le
Repos Public, & en quelque façon
l'Ord même de l'Univers & de la
Nature. Que s'enſuit-il de là? Souf-
frira-t-on ces monſtres abominables,
ces peſtes de la Société, ces Impies
déclarez? Non, non, il faut employer
tout ce que l'on a de forces & de moiens
pour purger l'Etat & le Genre Humain
de cette maudite engeance. Il n'eſt
point de reméde trop dur, trop cruel,
trop violent, pour déraciner un mal
ſi contagieux, & pour ſauver les Hommes à quelque prix que ce ſoit. Les
plus rigoureuſes peines, les tourmens
les plus terribles, n'ont rien qui approche de la grandeur du forfait. Il
n'y a ici ni Séxe, ni Age, ni Parens, ni Alliez, ni Grands, ni Petits,
ni

_____

(1) C'eſt la raiſon dont ſe ſervoit autrefois *Mécénas*
(dans le Diſcours rapporté par *Dion Caſſius*, Lib. LII.
pag. 561. D. *Ed. H. Steph.*) pour perſuader à *Auguſte,*
qu'on

ni Vivans, ni Morts, que l'on doive respecter ou épargner ; & il faut même punir exemplairement, comme Fauteur de l'Impiété, quiconque osera garder la foi & l'amitié, ou témoigner quelque humanité & quelque douceur à des gens si dangereux. Voilà, MESSIEURS, le langage affreux des Intolérans ; & plût-à-Dieu qu'on en fût demeuré à ces déclamations tragiques ! Mais il y a long tems que les effets suivent les paroles. L'Antiquité les a éprouvez : les derniers Siécles n'en ont pas été exemts, & nous en voions même de nos jours. Le grand nombre d'exemples me dispense d'en alléguer de particuliers : des Peuples, des Nations entiéres fournissent ici un triste spectacle & une preuve parlante. L'*Europe*, l'*Asie*, l'*Afrique*, ont été le théatre de ces injustes violences. L'*Amérique* même, si longtems inconnue, & à peine découverte, n'a pû échapper au zéle furieux des Persécuteurs.

Je suis persuadé, MESSIEURS, qu'une

qu'on ne doit souffrir aucune innovation en matiére de Religion. Voïez les réflexions que fait là-dessus feu Mr. BAYLE, dans son COMMENTAIRE PHI-LO-

qu'une opinion ſi dure & ſi inhumaine, n'eſt point inſpirée par la droite
Raiſon, ni par une véritable ardeur
pour la Gloire de Dieu, ou un ſincére
amour du Prochain, mais par l'Avarice, par l'Ambition, par la Vanité, par
un eſprit de Domination. Ce ſeroit
bleſſer la haute idée que j'ai de vôtre
vertu, & démentir moi-même mes
ſentimens en faveur du Genre Humain,
que de ne pas travailler avec ſoin à diſſiper les illuſions funeſtes par leſquelles on jette de la poudre aux yeux des
gens, à la faveur de certains termes
vagues & de quelques grands mots qui
ne ſignifient rien. Je tâcherai donc de
faire voir clairement à tout le monde
ce qu'il eſt de l'intérêt de chacun de
bien comprendre, que cette rigueur,
qui juſques ici a été couverte du prétexte ſpécieux de la Gloire de Dieu &
du Bien Public, n'eſt autre choſe, à
la regarder toute nue & ſans fard, que
l'effet d'une Arrogance & d'une Malice inſigne: laquelle, pour ne rien dire
des haines mutuelles des *Chrétiens* &
des *Paiens*, & ſur tout de la fureur que
les.

LOSOPHIQUE, Tom. I. *Préface*, pag. 122. *& ſuiv.*
de la nouvelle Edition de *Rott.* 1713.

(1) Voiez

les *Chrétiens* même ont exercée les uns contre les autres, a coûté la vie (1) aux *Anacharsis*, & aux *Socrates*, & à une infinité d'Honnêtes-gens, qui, quoi que joignans à une rare sageſſe & une probité ſans reproche, la profeſſion d'une doctrine très-pure, & exemts même de tout ſoupçon d'aucun crime, ont été miſérablement immolez à la rage des Perſécuteurs, ſous ombre de venger un mépris prétendu de la Majeſté Divine & Humaine.

Si j'avois à parler devant ceux qui ont un intérêt manifeſte de tenir les Hommes dans un ſi triſte Eſclavage, j'entreprendrois, MESSIEURS, une choſe fort périlleuſe, qui m'expoſeroit à l'Envie, à la Haine, & à tous les traits de la Calomnie. Mais heureuſement pour moi, j'ai tout lieu d'eſpérer que vous ne ſerez pas fâchez d'entendre examiner ſans paſſion & ſans préjugé une queſtion ſi importante & ſi délicate, qui étant mal décidée entraîne des ſuites ſi fâcheuſes & pour les Grands, & pour les Petits. Nous ſommes redevables de cette

(1) Voiez *Diog. Laërt.* Lib. I. §. 102. & là-deſſus les Interprétes.

(5) C'eſt

te honnête liberté , après. le secours du Ciel, au courage & à la valeur extraordinaire de nos Ancêtres, qui n'ont épargné ni leurs biens , ni leurs vies, pour effacer l'opprobre d'une longue suite de Siécles , & pour délivrer des Hommes libres d'une servitude aussi injuste & tyrannique , qu'indigne & honteuse : par où ces Ames Héroïques se sont rendues l'admiration éternelle non seulement de leur postérité , mais encore de tout ce qu'il y a au monde d'Honnêtes-gens & de personnes sages & éclairées. Agréez donc , MESSIEURS, qu'un Jurisconsulte, ravi de profiter du bonheur de nôtre tems, plaide aujourdhui la cause du Genre Humain dans le centre de la liberté de ces florissantes Provinces, & que confondant l'Intolérance par l'autorité sacrée & inviolable du Droit de la Nature & des Gens, il défende hautement la Liberté de cette grande République, (1) dont Dieu est le Chef, & tous les Hommes les Membres ; qui n'est point

(1) C'est l'idée des *Stoïciens.* SENE'QUE oppose cette République , à celle dont on est membre par la naissance. *Duas Respublicas animo complectamur : alteram magnam , & vere publicam , qua Dii atque Homines continentur.*

point bornée par une Montagne ou une Riviére, ni resserrée dans un petit espace de Terres, & qui n'a d'autres limites que l'Occan & le chemin du Soleil.

La Religion, MESSIEURS, est, selon moi, un présent que Dieu fait à chaque personne en particulier ; elle est soûmise à ses mouvemens & à ses inspirations, mais du reste libre & indépendante ici-bas de tout Empire. Ainsi personne ne doit entrer malgré lui, ou sans connoissance de cause, dans quelque Société Religieuse que ce soit ; & l'on ne sauroit non plus, en vertu d'aucun Droit Humain, emploier légitimement la force des Armes ou l'autorité des Loix, pour contraindre quelcun d'embrasser une Religion, ou d'y demeurer, ou de se conformer en tout & par tout à celle qu'il a choisie préférablement aux autres. Considérons le *Droit de Nature* (car c'est par là que je dois commencer): qu'y a-t-il de plus juste & de plus équitable, que de laisser

PREMIE-RE PARTIE de ce Discours. PREUVES directes de la Tolérance des Religions. I. Par le Droit Naturel il est permis à chacun *de se condaire comme il l'entend dans ses propres affaires, qui n'intéressent personne.*

---

nentur ; in qua non ad hunc angulum respicimus, aut ad illum, sed terminos Civitatis nostra cum Sole metimur : alteram, cui nos adscripsit conditio nascendi. De Otio Sapient. Cap. XXXI.

(1) *Pla-*

ser à chacun une pleine liberté de se conduire comme il l'entend dans ses propres affaires, qui le regardent lui seul? Qui ne sait, que tous les Hommes en venant au monde sont invinciblement portez à chercher ce qui leur est avantageux & à fuir au contraire ce qui leur est dommageable? (1) Cette inclination dominante n'est pas particuliére au Genre Humain, on la remarque dans tous les Animaux généralement; elle est commune à ceux qui volent dans l'Air, à ceux qui nagent dans les Eaux, à ceux qui vivent sur la Terre: ce qui fait voir, qu'elle est imprimée dans la nature même des Animaux par cette Intelligence Toute-sage & Toute-puissante qui a formé l'Univers, & qui par là leur met devant les yeux à tous sans exception, dès le prémier moment de leur existence, la Ré-

___

(1) *Placet his.... quorum ratio mihi probatur, simul atque natum sit Animal.... ipsum sibi conciliari, & commendari ad se conservandum, & ad suum statum eaque quae* (c'est ainsi que je crois qu'il faut lire, en suivant les traces d'un des meilleurs MSS. de GRUTER, qui porte *eaque quae,* au lieu de la leçon ordinaire, *& ad ea quae*) *conservantia sunt ejus status, diligenda: alienari autem ab interitu, iisque rebus quae interitum videantur adferre.* CICER. de finib. bon. & malor. *Lib.* III. Cap. V.

(2) *Sed*

Régle de ce qu'ils peuvent & de ce qu'ils doivent faire. L'Homme a néan‑ moins ici un avantage considérable, qui le met beaucoup au dessus des Bê‑ tes ; c'est que le Créateur, outre les Facultez du Corps, a orné son Ame de certaines Facultez infiniment plus nobles, (2) qui le mettent en état de n'être pas toûjours chancelant & irréso‑ lu, de ne pas courir à l'avanture après toute sorte d'objets, & de ne pas em‑ brasser par un mouvement aveugle le prémier qui le flatte d'abord agréable‑ ment; mais de se déterminer, au con‑ traire, après une exacte comparaison des choses, par les lumiéres de la Rai‑ son, qui lui sert de flambeau dans tou‑ tes ses démarches, & de discerner les Biens véritables, solides, & de lon‑ gue durée, d'avec les Biens trom‑ peurs, imaginaires, & sujets à entraî‑ ner

(2) *Sed inter Hominem & Beluam hoc maxime interest, quid hæc tantum, quantum sensu movetur, ad id solum quod adest quodque præsens est se accommodat, paullulum admodum sentiens præteritum aut futurum. Homo autem, quod Rationis est particeps, per quam consequentia cernit, causas rerum videt, earumque progressus & quasi antecessiones non ignorat, similitudines comparat, & rebus præsentibus adjungit atque adnectit futuras: totius Vitæ cursum videt &c.* Cicer. de Offic. Lib. I. Cap. IV.

ner après foi la Douleur & le Répen-
tir.

Y a-t-il, MESSIEURS, aucune
Violence, aucune Convention, aucune
Autorité, qui doive où qui puiffe détruire, abroger, affoiblir, changer,
cette grande Loi, qui eft la fource &
le fondement de tout Droit Divin &
Humain; Loi prémiére & fouveraine,
immuable, conftante & perpétuelle,
convenable à tous les tems & à tous les
lieux, propre à décider toutes les affaires, tous les cas, toutes les caufes? On la fuit invariablement, en ce
qui concerne les Biens du Corps. Il
eft permis à chacun de vendre ou de
louer fes poffeffions comme bon lui femble: chacun choifit librement le Genre de Vie & la Profeffion qu'il trouve
la plus à fon gré; on peut fe faire Ar-
tifan, Peintre, Sculpteur, Labou-
reur, Marchand, Homme de Lettres,
felon qu'on juge à propos, fans que
perfonne fe fâche ou fe formalife de
ce que l'on prend ainfi tel parti qu'on
veut dans fes propres affaires, où les
au-

(1) Il y a une penfée de SYMMAQUE, (pag. 295.
Lib. X. Ep. LIV. Ed. Jureti) à laquelle Mr. NOODT
a apparemment fait allufion : *Quid intereft quâ quifque
tru-*

autres n'ont rien à voir. Pourquoi n'a-t-on pas la même équité en matiére de Religion.

On y est certainement d'autant plus obligé, qu'il ne s'agit point ici des Biens de la Fortune, qui sont de peu d'importance, fragiles, & passagers. La *Religion* ne regarde que les *intérêts de l'Ame*; elle a pour but le Souverain Bien, la vraie Félicité, le Bonheur Éternel: or on ne sauroit y parvenir qu'en s'unissant avec Dieu, & cette union ne se fait ni par des paroles, ni par des écrits, ni par un pompeux étalage d'Offrandes & de Sacrifices, en un mot, par aucun acte purement corporel, mais par l'Esprit seul, par de saintes pensées & une Volonté pure.

2. *La nature même de la Religion demande qu'il soit libre à chacun de suivre celle qu'il juge la meilleure.*

Il n'est pas nécessaire, MESSIEURS, de s'arrêter à vous faire voir, que tous les Peuples, toutes les Nations, depuis un bout de la Terre jusqu'à l'autre, tendent secrétement à ce grand & sublime but, (1) mais par tant de routes, & de routes si différentes,

3. *Cela est aussi absolument nécessaire, à cause de la diversité inévitable & de la variété infinie des sentimens.*

que

prudentiâ Verum inquirat ? Uno itinere non potest pervenire ad tam grande secretum.

O 2   (1) On

que le tems & la voix manqueroient à
qui voudroit en faire un dénombrement
exact. Je me contente de remarquer,
que dans cette prodigieuse diversité
d'Opinions & de Sectes, ce qu'il y a
de plus certain, c'est que chacun aime
la sienne & la trouve la meilleure, (1) en
sorte que la plûpart méprisent toutes
les autres, & que quelques-uns vont
jusqu'à les traiter d'impies: tant est
grande la force des impressions de l'E-
ducation reçue ou dans l'Enfance, ou
dans un âge plus mûr ! De là vient
encore que, comme les Hommes entrent d'ordinaire dans certains sentimens
par passion, plûtôt que par lumiére,
& ne se mettent pas tant en peine de
chercher la Vérité, que de trouver à
quelque prix que ce soit de quoi favoriser les Opinions reçues dans leur Parti; peu de gens sont en état de juger
sainement si une Religion est bonne
ou

(1) On peut appliquer ici ce que dit élégamment
& judicieusement le Philosophe SENEQUE; qu'une
des infirmitez de la Nature Humaine, c'est d'être non
seulement sujet à tomber dans l'erreur par une espéce de nécessité, mais encore d'aimer les erreurs dont
on est imbu. *Inter cetera mortalitatis incommoda, & hæc
est caligo mentium: nec tantum necessitas errandi, sed erro-
rum amor.* De Ira, II, 9. Voiez aussi une Note de
GRÆVIUS sur la Harangue de CICERON pro L.
Flac-

ou mauvaise: la plûpart même s'imaginent, qu'il y a une Piété plus respectueuse à croire des choses si relevées sans les entendre, (2) qu'à les examiner, & à ne les recevoir que sur des preuves solides & convaincantes.

Je ne dis pas cela, MESSIEURS, pour blâmer personne. Une considération de grand poids nous oblige ici de remonter plus haut. Pour rabatre avec plus de force & avec plus de succès l'insolence de ces infames Tyrans qui veulent dominer sur la Conscience d'autrui, il faut chercher les raisons d'une chose qui est de la derniére importance, non dans la légéreté & la précipitation du Vulgaire à embrasser au hazard certains sentimens sans réflexion & sans examen; mais dans les voies admirables de la Sagesse Divine. (3) Oui, cette liberté dont nous tâchons de remettre en possession le Gen-

4. C'est empiéter sur les droits de Dieu, & aller contre son intention, que de refuser la Liberté de Conscience.

Flacco, Cap. XXVIII. Tom. IV. pag. 172.

(2) C'est la réflexion judicieuse de TACITE, dont Mr. NOODT emploie les propres termes. SANCTIUSQUE AC REVERENTIUS VISUM, DE ACTIS DEORUM CREDERE, QUAM SCIRE. De moribus German. Cap. XXXIV. *in fine.*

(3) Voiez le Traité DE LA RAISON HUMAINE, traduit de l'Anglois, pag. 34, & suiv. de l'Edit. d'*Amsterd.* 1688.

(1) Voiez

Genre Humain, & qui donne à chacun un plein droit de fuivre la Religion qui lui paroit la meilleure, fans
pouvoir être inquiété ici-bas pour ce
fujet par aucun de fes femblables; cette liberté, dis-je, fi l'on envifage l'Homme par rapport à Dieu, doit être regardée comme l'effet naturel d'une ne-
ceffité conftante & inévitable. Je ne
veux pas, MESSIEURS, en aller chercher des preuves bien loin, ni vous tenir long-tems dans l'attente. Je vous
en prens vous-mêmes à témoin, vous,
dis-je, qui m'écoutez : n'éprouvez-
vous pas tous les jours qu'il n'eft guéres en vôtre pouvoir, ou plûtôt qu'il
ne dépend point de vous abfolument,
de penfer telle ou telle chofe plûtôt
qu'une autre? (1) Dites moi, fi vous
le pouvez, y a-t-il quelcun qui trouve
toûjours à point nommé les penfées
qu'il voudroit ou qu'il fouhaitteroit
d'avoir? Forme-t-on fes idées à fa fantaifie? N'entrent-elles pas continuellement dans nos Efprits, bon-gré malgré que nous en ayions, & fans que
nous

(1) Voiez ce que l'on remarque, après Mr. BUR-
NET, Evêque de *Salisbury*, dans l'Extrait de la Préface fur le Traité de LACTANCE, *de la mort des Per-*
fécu-

nous fâchions d'où elles nous viennent?
Ne changent-elles pas à tous momens
sans nôtre consentement? & lorsqu'elles nous ont une fois échappé, pou-
vons-nons les rappeller avec tous nos
soins & toute nôtre industrie? Que
conclurre de là, MESSIEURS, si ce
n'est qu'aucun Homme mortel, de quel
rang, de quelle qualité, de quelle condition qu'il soit, n'est maître de sa propre Conscience, moins encore de celle
d'autrui; mais qu'elle dépend uniquement
ment de l'Être Souverain & Eternel,
entre les mains de qui elle est comme
de la Cire, qu'il tourne, qu'il manie,
qu'il forme, comme il le juge à propos, sans laisser à personne que la gloire d'obéïr & de suivre toûjours ses
mouvemens intérieurs.

Vous donc qui avez en main une
force supérieure, ne vous enflez point
d'une sotte présomption. Aiez égard
à la foiblesse inséparable de la condition
humaine, & ne vous fâchez pas sans
sujet contre des gens qui ne vous dé-
plaisent que parce qu'ils sont d'une Re-
li-

(teuteurs; mois de Septembre des NOUV. DE LA
RE'PUBLIQUE DES LETTRES, 1687. pag. 985.

(1) On

ligion differente de la vôtre. Loin d'i-
ci toute contrainte ; gardez-vous de
maltraiter en aucune forte ceux qui
obéïffant à la Loi de Nature, décident
par eux-mêmes quel parti eft le plus
fûr dans une chofe fi férieufe & de fi
grande conféquence, mais fujette à une
variété infinie d'opinions ; & qui font
ou évitent ce que leur Confcience leur
prefcrit ou leur défend, d'une maniére
auffi invincible, qu'indifpenfable. A
quoi penfez-vous ? Ne voïez-vous pas,
qu'en voulant foûmettre la Religion à
l'Autorité Humaine, & ôter aux autres la Liberté de Confcience qu'ils ont
naturellement & fous le bon plaifir de
vôtre Créateur & vôtre Maître commun, vous vous rendez non feulement
coup.ables d'une fouveraine injuftice
envers les Hommes, mais encore, à
l'exemple de ceux dont la Fable ré-
prefente l'impiété fous l'image des *Gé-
ans*, vous faites la guerre à Dieu,
avec une audace auffi vaine qu'infenfée.
Si cette Majefté infinie avoit voulu qu'il
n'y

(1) On attribue une femblable réflexion au Roi de
Siam, dans le Voiage du P. *Tachard*. Voiez la Bibliothéque Univers. Tom. IV. pag. 483, 484,
Théodahade, Roi des *Goths*, l'avoit déja faite, en ces
termes : *Cùm Divinitas diverfas Religiones effe patiatur*,
nos

n'y eût dans le Monde qu'une feule
Religion, lui étoit-il difficile (1) d'infpirer à tous les Hommes les mêmes i-
dées en fait de Chofes Divines, comme il leur a donné à tous fans exception les mêmes fentimens du *Bien* &
du *Mal*, de la *Faim* & de la *Soif*, du
Froid & du *Chaud?* Ou, fi l'on aime
mieux comparer ici le fort d'une chofe fi fainte & fi refpectable, avec la
connoiffance qu'on a de l'Arithmétique,
cet exemple feul ne fuffit-il pas pour
nous convaincre d'abord, que DIEU
auroit pû faire à l'égard de fon Culte
ce qu'il a fait par rapport à la Science
des Nombres? Car comme il a formé
nos Efprits de telle forte, qu'ils conçoivent tous de la même maniére les
Véritez de cette belle Science, la plus
certaine de toutes, & dont l'ufage eft
fi grand pour les befoins de la Vie; on
voit auffi qu'en tous tems & en tous
lieux, chez les *Flamands*, chez les
Anglois, chez les *Allemands*, en *Ita-*
lie, en *Efpagne*, en *France*, dans l'*A-*
fri-

nos *unam non audemus imponere.* CASSIODOR. Lib.
X. *Var. Epift.* XXVI. Voïez auffi une Note de Mr. FA-
BRICIUS fur la Vie de *Proclus*, écrite par MARIN,
pag. 38, 39. *Edit. de Londres.*

O 5   (1) Vers

frique, dans les *Indes*, dans la *Tartarie*, dans l'*Amérique*, parmi tous les Hommes en un mot, de quelque condition, de quelque qualité, de quelque parti, de quelque Secte qu'ils soient, lors qu'on veut compter, chacun trouve, par exemple, que

(1) *Cinq & Quatre font Neuf; ôtez Deux, reste Sept.*

Il n'y a point de haine, point de superstition, point d'avarice, point d'ambition, point d'orgueil, point d'autre passion, qui puisse diviser les Hommes sur cet article, ni altérer une Régle si claire & si évidente. Mais, ô profondeur, ô merveilles infinies de la Sagesse Divine! Que nos lumiéres font courtes, lors qu'il s'agit d'en pénétrer les desseins! Avec quelle soûmission ne devons-nous pas toûjours adorer ses voies, lors même que les raisons nous en sont cachées! Vous n'avez pas, ô DIEU, jugé à propos de mettre la Religion dans un degré d'évidence qui nous ramenât tous à une même *Foi*, comme

nous

(1) Vers de Mr. *Despreaux*, Sat. VIII. pag. 41. Edit. d'Amsterdam, 1701.

nous avons tous une même *Arithméti-*
que : vôtre volonté soit faite! Quelle
folie n'est-ce donc pas, MESSIEURS,
quelle arrogance, ou du moins quelle
injustice, qu'un misérable Mortel fasse
servir de prétexte à sa cruauté, cette
différence de sentimens, que DIEU,
le seul Maître souverain de nos Consciences, a permis pour fournir une
ample matiére au Support, à la Douceur, à la Charité? Mais laissons là ceux
qui sont capables d'entrer dans une o-
pinion si barbare & si horrible. Pour
moi, MESSIEURS, lors que j'ai con-
sidéré attentivement la constitution des
choses humaines, comme il le faut nécessairement dans cette question, j'ai
toûjours trouvé, que la Nature n'a pas
produit un petit nombre de gens pri-
vilégiez, aux décisions desquels tous
les autres soient tenus de se soûmettre
aveuglément dans la Recherche de la
Vérité, mais qu'elle a rendu tous les
Hommes participans de la Raison, afin
que chacun fît usage de ses propres lumiéres: & que rien n'est d'ailleurs plus
conforme à l'Equité, que d'accorder à
autrui les mêmes droits qu'on s'attribue à soi-même. En effet, la Nature

a fait tous les Hommes égaux, par cela même qu'elle leur a donné à tous
les mêmes Facultez, & par conséquent elle n'a établi personne Juge de
ce qui est avantageux à autrui, puis
qu'elle n'a élevé aucun au dessus de
l'autre. Si donc vous voulez vous conduire comme vous le trouvez à propos
en ce qui regarde vos intérêts, j'y consens, il vous est permis; pourvû qu'à
vôtre tour vous ne me refusiez pas la
même liberté par rapport à mes affaires: mais si au contraire vous prétendez vous ériger en Arbitre de ce que
je dois faire, ou non, pour mon avantage particulier, ne pourrai-je pas, a-
vec autant de sujet, exercer à vôtre
égard la même jurisdiction? Il faut
donc en venir nécessairement à dire,
qu'en matiére de Religion aucun Homme ne reconnoit ici-bas de Supérieur,
qui puisse imposer quelque Loi à sa Conscience. Qu'on avertisse charitablement
ceux que l'on croit être engagez dans
l'Erreur, qu'on tâche de les ramener par
la voie convenable d'une douce & forte
persuasion, il est permis à chacun: mais
après cela il faut leur laisser une entiére
liberté de faire là-dessus ce qu'ils jugeront

font à propos; & on ne sauroit légitimement contraindre personne par la
force des Armes, ou par la crainte des
Peines, à embrasser la plus pure de toutes les Religions. La raison en est, que,
par la Loi de Nature, on peut & l'on
doit même rendre service à tout le monde, autant qu'il dépend de nous; mais
on ne sauroit, sans crime, faire du tort
ou nuire à qui que ce soit.

Si personne n'a *droit* d'imposer aux
autres la nécessité d'embrasser une Religion qu'ils n'approuvent pas, ou d'a-
bandonner celle qui leur paroît bonne;
il n'y a non plus aucun *motif raisonnable* qui puisse porter personne à usur-
per cet empire sur la Conscience d'autrui. J'avoue qu'on auroit raison de ne
pas souffrir une Religion perfide,
meurtrière, scélérate, qui, comme
autrefois les affreux mystéres des *Bacchanales*, autoriseroit les Faux-témoi-
gnages, les Fraudes, les Homicides,
les Larcins, les Fornications, les A-
dultéres, & autres choses contraires au
repos du Genre Humain; ou qui, selon la coûtume barbare des *Carthagi-
nois* & de quelques autres Peuples, or-
donneroit d'offrir à la Divinité en sa-

*5. L'into-
lérance n'a
point de mo-
tif raisonna-
ble qui puis-
se l'excuser
en aucune
manière.*

O 7   cri-

crifice des Créatures Humaines, pour
la (1) conſervation & la proſpérité deſquelles on fait d'ailleurs des vœux très-
ardens. Car qu'y a-t-il de plus conforme à la Loi de Nature, qui eſt la
Régle commune de tout Droit Divin
& Humain, que de ſecourir ſes ſemblables, & d'empêcher autant qu'on le
peut, que l'Innocent ne ſoit égorgé,
martyriſé, ou dépouillé de ſes biens,
ni par la méchanceté ou les artifices
d'un Scélérat, ni même par le zéle
aveugle d'une Superſtition pernicieuſe?
Mais lors qu'une Religion ne renferme
rien qui favoriſe le Crime, ou qui porte au dérèglement des Mœurs; à quoi
bon, je vous prie, voudroit-on empêcher ceux qui y ſont attachez, de ſuivre la route qu'ils jugent la plus ſûre
pour les conduire à la poſſeſſion du
Souverain Bien? ou pourquoi les pri-
veroit-on des eſpérances qui les flattent
agréablement, & de la ſatisfaction d'a-
gir ſelon leurs lumiéres, puis que cela
ne cauſe aucun préjudice ni à nous-
mê-

(1) C'eſt la réflexion d'un ancien Hiſtorien Latin,
au ſujet des *Carthaginiis*, qui immoloient leurs propres Enfans: *Quippe Homines ut victimas immolabant: &*
impuberes (qua ætas etiam hoſtium miſericordiam provocat)
A iii

mêmes, ni à quelque autre qui vive? Bien loin de là, si nous trouvons que leur Religion soit bonne, embrassons-la au plûtôt : & si elle est mauvaise, contentons-nous de la méprifer, ou de nous en moquer. Mais quel que soit le fondement d'une Religion, qu'est-ce qui nous oblige de la profcrire, si elle est véritable? & de quel droit l'entre-prendrions - nous, si elle est fauffe? C'eft toûjours une affaire de Confcien-ce, où les autres n'ont rien à voir: s'il y a du bien ou du mal, cela n'intéreffe que ceux qui perfiftent à fuivre la Re-ligion qui leur paroît la meilleure. Or une perfonne d'honneur & de probité, un homme pieux, fage, modefte, en un mot, qui s'eft fait une habitude de mefurer fon droit non à fes paffions & à fes forces, mais aux Régles conftan-tes de la Raifon ; pourroit-il fans rou-gir s'abandonner fi fort à une pure malice ou à une noire envie, que de prétendre ôter aux autres ou en tout, ou en partie, une Liberté que la Na-ture

<hr />

aris admovebant ; pacem Deorum fanguine eorum expofcen-tes, pro quorum vita Dii rogari maximè folent. JUSTIN. Lib. XVIII. Cap. VI.

(1) Volez

ture donne à tous généralement , &
à laquelle il donneroit atteinte fans qu'il
en revint aucun profit ni à lui-même,
ni à ceux qu'il voudroit en dépouiller?
Nul Homme n'a donc ni droit ni raifon valable d'empêcher l'exercice d'aucune autre Religion, qui n'intéreffe en
rien ni lui, ni qui que ce foit. Chacun au contraire a une bonne raifon &
un droit inconteftable de ne rendre un
Culte Religieux qu'à ce qu'il en reconnoît digne, & de n'entrer malgré lui
dans aucune Société Eccléfiaftique.
Qu'en matiére d'autres chofes une perfonne reçoive quelque avantage , fans
qu'elle le fâche ou qu'elle connoiffe fes
intérêts: que l'on puiffe même être
contraint à s'aquitter de certains Devoirs de la Vie: il n'y a rien là d'abfurde ou d'illégitime. Mais quand il
s'agit de la Religion, qui confifte ef-
fentiellement dans un faint commerce
entre DIEU & l'Homme, tout eft inutile, tout eft illicite, du moment que
la force y entre pour quelque chofe.

On peut
changer de
Religion,
fans que
perfonne
ait droit de
s'en forma-
lifer,

Il n'eft pas moins permis à chacun
de *quitter une Religion*, après l'avoir
embraffée, qu'il lui étoit libre auparavant d'y entrer. En effet, on ne mérite

rite pas l'honneur d'être Membre de
la Société fpirituelle qu'il y a entre
DIEU & les Hommes, lors que l'on
n'en aime pas le Chef avec une ardeur
extrême, & qu'on n'adore cette Majefté Souveraine que du bout des lê-
vres, fans avoir le courage de la fuivre
conftamment par tout où l'on croit que
fon Culte eft le plus pur. Celui qui
choifit une Religion en vûe de fe procurer à foi-même un Bien, & un Bien
infini, peut auffi, fans faire tort à perfonne, conferver toûjours le droit
d'examiner fi ce que l'on y enfeigne
eft exactement conforme à la Vérité.
Car, à moins que d'agir uniquement
par un efprit de parti, ce n'eft point
en confidération de la Secte que l'on
y entre ou qu'on y demeure, mais dans
l'efpérance de jouïr du Bien qu'elle
promet à ceux qui fe rangeront fous
fes étendars. Tant que l'on eft dans
cette penfée, la même raifon qui a
obligé de fe joindre à un tel Corps,
fait qu'on y doit demeurer. Mais auffi-
tôt qu'on vient à découvrir que l'on
s'eft trompé, on a droit d'abandonner
une Religion où l'on ne trouve pas ce
que l'on cherchoit.

Il

Il faut néanmoins se soumettre à la Discipline Ecclésiastique de la Société dont on est Membre.

Il ne s'enfuit pourtant pas de là, que ceux qui entrent dans une *Société Ecclésiastique*, puissent se conduire absolument à leur fantaisie. A Dieu ne plaise que nous adoptions une pensée si déraisonnable ! Nous n'avons garde d'autoriser le Crime ou la Licence, sous prétexte de maintenir la Liberté qui est essentielle à la Religion. Je reconnois de bon cœur, que *quiconque se joint à une Société doit se conformer aux Régles qu'elle a établies* d'un commun accord, selon qu'elle l'a jugé à propos pour des raisons apparentes. (1) Il n'y a point de Corps qui puisse être florissant ou subsister même sans quelque sorte de Loi ou de Discipline : & celui qui fait une profession particulière d'être une Ecole de Piété & de Vertu, doit sans contredit, plus que tout autre, réduire la Liberté qu'il s'attribue, aux bornes exactes du Devoir & de l'Honnête.

La Société Ecclésiastique ne doit point forcer les Consciences.

Cependant, comme le but d'une Société Ecclésiastique n'est pas d'entasser les Richesses de la Mer & de la Terre,

(1) Voïez la Lettre Latine de Mr. *Locke* sur la *Tolérance*, pag. 18. de l'Original ; & pag. 24. & suiv. de la Traduction Françoise, imprimée à *Rotterdam* en 1710. (2) *Nos*

re, ni de s'aggrandir ou de dominer,
pour satisfaire ses désirs ambitieux,
mais d'éclairer l'Esprit, & de corriger
les déréglemens du Cœur, afin de parvenir par ce moien à la Souveraine &
Eternelle Félicité ; elle ne doit prescrire à ses Initiez que ce qui est capable de les unir avec DIEU, & de leur
faire espérer avec une confiance raisonnable les effets de sa faveur & de
son amour. Or cela ne pouvant se faire que par les sentimens & les mouvemens intérieurs de l'Ame, il s'en faut
beaucoup que la Discipline Ecclésiastique ne doive être armée d'une force
coactive, ou s'exercer avec une autorité despotique, ou établir la moindre
chose qui sente l'Avarice ou la Cruauté. Croiez-moi, les maniéres hautai-
nes & les voies de rigueur ne conviennent point ici. Ce n'est point par la
prison, par les coups, par les tourmens,
par l'effusion du sang, par les violences, que l'on agit efficacement sur la
Volonté. (1) Il faut des raisons & des
motifs convenables. Il faut convaincre
l'Es-

---

(1) *Non est opus vi & injuria; quia Religio cogi non potest. Verbis potius, quam verberibus, res agenda est, ut sic
voluntas destringatur.* LACTANT. Lib. V. Cap. XIX.
num.

l'Efprit, fi l'on veut toucher le Cœur,
qui attache l'Homme à DIEU. Les
Supplices, qu'un Zéle barbare invente,
tourmentent le Corps, mais ils ne font
aucune impreffion fur la Confcience;
& ils ne produifent en faveur de la
Religion que des menfonges, de l'hy-
pocrifie, des impoftures : par où fi
l'on s'imagine que la Majefté Divine
puiffe être appaifée, ou plûtôt prife
pour duppe, je crains bien qu'il n'y
aît pour le moins autant d'impiété,
que d'extravagance, dans une penfée
fi vifiblement abfurde.

Jufques où s'étend le pouvoir d'une Société Ecléfiaftique. La Société Ecléfiaftique n'a donc
en main d'autre force, d'autre auto-
rité, que celle des *Confeils*, des *Exhor-*
tations, des *Inftructions douces & paifi-*
bles. Lors que tout cela a été emploié
en vain, & n'a pû guérir l'aveuglement de ceux qui font entrez dans
quelque opinion particuliére ; qu'on
retranche du Corps, fi on le juge à
propos, ces Membres indociles qui re-
fufent, comme on croit, de fe rendre
à

num. 12. Ed. *Cellar.* Voïez le COMMENTAIRE
PHILOSOPHIQUE &c, I. Part. Chap. II. II. Part.
Chap. II. & III. Part. Artlcl. III. XXXVII. & l'Ex-
trait d'une Lettre Angloife de Mr. LOCKE, fur la
T-

à la Raison. Voilà, MESSIEURS, en quoi confiſte tout le Pouvoir d'une (1) Confrérie Religieuſe; c'eſt la ſeule punition juſte & raiſonnable qu'il lui appartient d'infliger à ceux qu'elle a-voit reçûs ſous certaines conditions. Elle peut aller juſques-là; mais elle ne ſauroit paſſer plus loin ſans agir contre la nature & le but d'une liaiſon volon-taire, telle qu'eſt celle de la Religion, qui ne permet pas qu'on retienne mal-gré lui qui que ce ſoit. Puis qu'il eſt permis aux Particuliers d'embraſſer ou de quitter une Religion, ſelon qu'ils la croient bonne ou mauvaiſe; en ver-tu dequoi la Société n'auroit-elle pas à ſon tour le droit de les agréer, ou non, pour ſes légitimes Membres? Mais auſſi pourquoi, ſous ce prétexte, dé-clareroit-elle une inimitié & une guer-re immortelle à ceux qu'elle refuſe de recevoir, ou qu'elle ne veut plus ſouf-frir déſormais? Quoi qu'après cette ſé-paration ils ceſſent d'être unis avec les Membres qui lui reſtent, par le nom com-

Tolérance, dans le XIX. Tome de la BIBLIOTHE-QUE UNIVERSELLE, pag. 370, & ſuiv.
(1) Voïez le PARRHASIANA de M. Le Clerc, Tom. II. pag. 228, & ſuiv.

commun du Parti & la même Discipline Ecclésiastique, ils n'en font pas
moins Hommes qu'auparavant, & ne
doivent pas moins être regardez comme vivant toûjours fous les Loix générales de la Société Humaine, qui
embraffe toute la Terre habitable. Le
Droit Naturel, cette Loi tacite que
la Raifon nous enfeigne, protége également & fans diftinction tous ceux
qui ne fe font jamais accordez à pro-
feffer une même Religion: pourquoi
feroit-on ignominieufement privé de cet
appui, & déchû des priviléges de l'Humanité, par cela feul que l'on quitte
une Religion que l'on avoit embraffée?
Permettez-moi, MESSIEURS, d'emprunter ici la voix du Genre Humain,
& de m'adreffer en fon nom à ceux qui
peuvent être dans un autre fentiment:
S'il y a quelcun qui prétende, qu'il n'y
ait point de Droit commun entre lui
& tous ceux de quelque autre Religion
différente de la fienne, & qui veuille
autorifer par là fon avarice, fa cruauté, & fon impétuofité aveugle; qu'il
fâche que fous ombre de Piété & de
zéle

(1) Et cùm inter nos cognationem quamdam natura con-
ftituit, confequens eft hominem homini infidiari nefas effe.

zéle pour l'intérêt de sa Secte, il ren-
verse manifestement la Bonté, la Justice, la Pudeur, la Modestie, la Bon-
ne-Foi, & toutes les autres Vertus
d'où dépend la conservation du Genre
Humain; & qu'il se montre par là
aussi impie envers Dieu, que coupable
envers le Prochain d'une noire & a-
bominable méchanceté : puis que, sans
droit ni raison, il détruit, entant qu'en
lui est, la parenté originairement établie entre les Hommes (1) par la
Loi Naturelle & par la Providence
Divine.

Il est donc clair, que du moins
dans l'*Etat de Nature*, c'est-à-dire, a-
vant l'établissement des Loix & du
Gouvernement Civil, aucun Homme
ne pouvoit légitimement prononcer en
Juge souverain sur les idées qu'on doit
avoir de la Divinité, & sur le Culte
qu'on est tenu de lui rendre ; moins
encore contraindre les autres par les
voies de la Force, par la Guerre, par
les Armes, de se soûmettre aveuglément à ses décisions. Cela étant, de
quel droit & avec quelle ombre de raison

Le Souverain n'a non plus aucun droit de prescrire à ses Sujets telle Réligion que bon lui semble. Preuve de cela par la nature & le but des Societez Civiles, dont on fait voir l'origine.

ff. DIGEST. Lib. I. Tit. I. *De Justit. & Jure*,
Leg. III.

(1) Voiez

ſon (1) les Princes prétendroient-ils a-
voir dans leurs Etats une telle autorité? La Société Civile ſe forme par l'u-
nion des Particuliers, elle n'eſt autre
choſe que l'aſſemblage d'un certain
nombre de gens conſidérez entant
qu'ils forment un ſeul Corps : comment
donc pourroit-on attribuer au Souverain un droit dont aucun des Particuliers n'étoit revêtu ? Il n'y a pas d'ailleurs la moindre raiſon qui oblige de
donner au Chef de l'Etat, en matiére
de Religion, plus de pouvoir que chacun n'en avoit naturellement. Eſt-ce
qu'il importe davantage au Souverain,
qu'il n'importoit aux Particuliers avant
l'établiſſement du Gouvernement Civil, que chacun n'aît pas une pleine
liberté de pourvoir, comme il l'entend,
au Salut de ſon Ame, ſans faire tort à
perſonne? Si l'on conſidére l'origine,
les raiſons, & le but de l'établiſſement
des Sociétez Civiles , on trouvera auſſi,

(1) Voïez le COMMENT. PHILOSOPH. I. Part.
Chap. VI. pag. 214. & ſuiv. de l'Edit. de Rott. 1713.
la LETTRE Latine de Mr. Locke ſur la Tolérance ,
pag. 11, & ſeqq. 35, & ſeqq. 68, & ſeqq. de l'Original,
pag. 14. & ſuiv. 49, & ſuiv. 97, & ſuiv. de la Traduction
Françoiſe ; comme auſſi l'Extrait de la Lettre Angl.
du même Auteur, dans la BIBLIOTH. UNIVERS.
Tom.

fi, que ce qui a obligé les Hommes,
auparavant difperfez par les Campagnes, par les Bois, par les Forêts,
par de vaftes Solitudes, à fe raffembler,
& à former des Villes, des Peuples,
des Corps d'Etat, ce (2) n'eft nullement
la Religion, mais la crainte des infultes où chacun vivant à part & indépendant, fe voioit expofé de la part
de fes femblables. En effet, l'expérience fâcheufe qu'on avoit faite de
l'infolence de certains Efprits féroces
ou brutaux, qui empêchoient qu'on
ne jouît paifiblement & en fûreté de
fes Biens, de fa Liberté, du bon état
de fon Corps & de fes Membres, fut
caufe que l'on s'avifa de fe joindre plufieurs enfemble fous de mêmes Loix &
un même Gouvernement, pour s'en-
trefécourir & maintenir le repos commun au dedans & au dehors par les
forces réunies de tous les Particuliers.
Voilà, MESSIEURS, la véritable
ori-

Tom. XIX. pag. 384, & fuiv. & l'Extrait d'un autre
Ouvrage Anglois, Intitulé les Droits de l'Eglife Chrétienne &c. dans le X. Tome de la BIBLIOTHEQUE
CHOISIE de Mr. Le Clerc, pag. 321, & fuiv.
(1) Voiez là deffus le Traité de PUFENDORF, de
habitu Religionis Chriftiana ad Vitam Civilem.

P

origine, le vrai motif, le but naturel
de l'établissement des Sociétez Civiles:
c'est ce qu'ont devant les yeux ceux
qui entrent dans un Etat, c'est à quoi
ils visent & à quoi ils s'attendent tous
unanimement. Lorsqu'ils trouvent dans
la protection du Gouvernement une
telle sûreté, ils ont ce qu'ils cherchoient ; & il n'y a point de doute
qu'ils ne veuillent de bon cœur accorder au Prince tout le pouvoir qui lui
est absolument nécessaire pour le mettre en état de travailler efficacement
à procurer & à entretenir la Tranquillité Publique. Ainsi chacun doit regarder comme Bon, tout ce qui tend à
cette fin ; & comme Mauvais, tout
ce qui y est contraire. Le Souverain
défend le dernier, & commande l'autre : & si l'on contrevient à de telles
Ordonnances, il a en main le Glaive
pour punir le mépris de l'Autorité Civile. Un bon Prince néanmoins, en
usant de ce Pouvoir, ne se fâche jamais contre ceux qui péchent simplement par ignorance: que dis-je ? pas
même contre ceux qui commettent
quelque Crime de propos délibéré:
moins encore prend-il un plaisir inhumain

main à voir fouffrir les Coupables. Il
ne regarde pas tant le paſſé, que l'avenir : il ſe propoſe uniquement de pourvoir à la Sûreté Publique ; il prend des
meſures pour empêcher qu'il n'arrive
déſormais rien de ſemblable. Il ſait,
que tous les Hommes ſont naturellement portez à rechercher ce qui leur
eſt avantageux, & à fuïr au contraire
ce qui leur eſt nuiſible ; & que cependant ils ne connoiſſent pas tous aſſez
bien leurs véritables intérêts : que l'un
ſe laiſſe ſéduire à un amour immodéré
des Richeſſes, l'autre aux appas trom-
peurs de la Volupté : que l'un eſt em-
porté par une ardeur de Colére, l'autre par la Crainte ou par la Témérité :
que peu de gens ſe contiennent par raiſon dans les bornes du Devoir, & que
tous ſuccombent quelquefois à la Paſſion : qu'ainſi le ſeul moien de prévenir les deſordres, c'eſt de réprimer la
malice ou la negligence des Citoiens,
par les menaces de quelque Peine, &
par leur exécution actuelle ſur les in-
fracteurs des Loix ; en ſorte que ceux
qui ne connoiſſent pas les avantages de
la Société Civile, ou qui n'en tiennent
aucun compte, ſoient du moins rete-

P 2   nus,

nus, autant que le demande le Bien
Public, par la crainte & par la févérité
des Loix, lors que venant à comparer
la punition qui les attend avec le crime
qu'ils font tentez de commettre, ils ne
trouveront pas leur compte à troubler
ainfi la Société, puis qu'il n'y auroit
rien de bon à gagner pour eux.

Quelle eft l'étendue du Pouvoir des Souverains; & jufqu'où & comment ils prefcrivent la pratique de la Vertu.

Mais comme l'Autorité du Prince
s'étend fur tout ce qui a quelque rapport avec le but de la Société Civile;
d'autre côté, tout ce qui n'influe là
dedans en aucune forte, eft abfolument hors de fa Jurifdiction. En effet,
à quoi bon s'attribueroit-il plus de
Pouvoir qu'il ne lui en faut pour procurer la Sûreté & l'Utilité publique?
Ceux de qui il tient la Puiffance Souveraine, ont-ils prétendu que, fans
aucune raifon, on les dépouillât de leur
chére Liberté, dont la confervation
eft le principal motif qui les a fait ré-
foudre à fubir le joug des Loix? Ne
nous imaginons pas une chofe fi abfurde. Le Gouvernement Civil n'eft
point établi pour détruire ou diminuer
la Liberté de ceux qui veulent bien s'y
foûmettre, mais feulement pour en diriger l'ufage à l'Utilité commune. Les
Hom-

Hommes certainement ne font entrez
dans la Société, qu'à condition qu'il
feroit permis à chacun de fe conduire
comme il le jugeroit à propos en tout
ce qui ne feroit ni bien ni mal à l'Etat.
Peut-être, MESSIEURS, croirez-
vous que je me trompe groffiérement,
ou même que j'extravague, fi j'ajoûte
ici que l'Honnête & la Vertu, qualitez fi refpectables, & qui fans contredit font le plus bel ornement du Genre Humain & de la Société, ne font
pourtant pas prefcrites toûjours & à
tous égards par les Loix Civiles, ni le
contraire défendu en tout & par tout.
Cependant, fi on examine la chofe
fans prévention, qu'y a-t-il de plus
vrai, & en même tems de plus conforme aux Régles de l'Equité? Il ne
faut que faire réflexion, qu'un Prince,
comme tel, n'envifage point la Vertu, l'Honnêteté, les Devoirs de la
Vie, par le côté le plus beau, par l'endroit qui attire les regards d'un Philofophe occupé, à donner des Préceptes
complets, exacts, & fans indulgence,
pour produire dans le cœur de fes Difciples un amour fincére de la Sageffe,
& un attachement férieux à cultiver

&

& à perfectionner les Facultez de leur
Ame. Il n'est pas certainement de l'office du Souverain, de faire le Docteur
à l'égard de ses Sujets, d'orner leurs
Esprits de belles connoissances, de mo-
dérer par des Leçons de Morale la
fougue de leurs passions, de travailler
à la reformation des mœurs par de
douces remontrances & des discours
raisonnez. Cela appartient aux Savans
de profession, il faut leur en laisser le
soin & la gloire. Il suffit au Prince de
mettre un si bon ordre, que ni l'Etat,
ni les Particuliers, ne reçoivent aucun
préjudice par les effets de la folie, de
la témérité, de l'imprudence, de la
mauvaise Foi, & de la méchanceté de
qui que ce soit. Il lui est indifférent
que l'on agisse de bon gré, ou à con-
tre-cœur; que l'on soit ignorant, ou
éclairé, habile ou non; pourvû que
l'on ne trouble pas la Tranquillité Publique, & que l'on observe avec soin
ce qui est nécessaire pour le bien de la
Société Civile. De là vient qu'il ne
donne point d'avis, point de conseil;
il ne fait que commander ou défendre:
il

(1) Voiez le JULIUS PAULUS de nôtre Auteur,
qui vient d'être rimprimé, pour la troisiéme fois
dans

il n'exhorte point, il menace, il inti-
mide; il environne ſes Loix de la crainte des Peines, comme d'un puiſſant
rempart & d'une forte barriére. Il
n'établit pas des Loix parfaites, qui
ſuffiſent pour donner le modéle d'une
conduite où il n'y aît rien à redire;
mais des Loix telles que le permet ou
que le demande le naturel des Peuples, divers, inconſtant, groſſier, fort
ſujet à des paſſions déréglées. (1) Vouloir, par des Loix trop exactes & en
trop grand nombre, ramener des eſprits ainſi faits aux Régles ſévéres de
la Vertu & de la Sageſſe, ce ſeroit ou
connoître bien peu la foibleſſe humaine; ou être ſouverainement barbare &
cruel, ſi la connoiſſant on n'y avoit
point d'égard. Car pour quelle raiſon
ou dans quelle vûe commanderoit-on
ou défendroit-on des choſes que les
menaces des plus rigoureuſes peines
n'obtiendront jamais du Luxe, de
l'Avarice, de la Groſſiéreté, de la Né-
gligence, de la Pareſſe, de la Sottiſe,
de la Senſualité, de l'Imprudence, de
la Témérité, vices ſi fréquens & ſi

com-

dans le Recueil de ſes *Oeuvres*, *Cap.* X. pag. 366. de
cette derniére Edition.

P 4　　　　(1) Voiez

communs dans le Monde? Ce seroit
une entreprise non seulement vaine,
mais encore injuste, puis qu'elle enga-
geroit à punir les Citoiens pour avoir
violé des Loix dont l'observation est
au dessus de leurs forces. Ajoûtez à
cela, qu'en exigeant à la rigueur certaines choses d'elles-mêmes très-hon-
nêtes, on auroit quelquefois à craindre qu'il n'en arrivât un mal plus fâcheux, que celui auquel on vouloit remédier. Il faut donc reconnoître, qu'un
Prince vertueux, grave, sage, & af-
fectionné au Bien Public, ne doit pas
toûjours prescrire par des Loix accompagnées de Peines, ce qui est d'ailleurs
conforme à l'Honnêteté; & qu'il peut
même quelquefois permettre (1) des
choses vicieuses & deshonnêtes.

ceux qui ont formé les Sociétez Civiles n'ont ni voulu ni pû soûmettre la Religion à la volonté du Souverain.

Pardonnez-moi, MESSIEURS, si
j'abuse ici de vôtre patience. Je me
suis étendu peut-être plus que vous
ne l'auriez souhaitté, à expliquer l'o-
rigine, les raisons, & le but de l'établissement des Sociétez Civiles. Mais
il étoit important pour mon sujet, de
faire voir avec la derniére évidence,
que

(1) Voiez PUFFNDORE, *Droit de la Nature & des Gens*, Liv. VIII, Chap. 1. §. 4.

que l'on ne peut, en bonne Politique,
attacher aucune Peine qu'à ce qui intéreffe le Repos Public, & la confervation des Biens du Corps ou de la
Fortune, & que du refte on doit laiffer à chacun la liberté de fe conduire
comme il le trouve à propos; car cela
pofé, il eft facile d'en déduire, fans
que j'aie befoin de m'y arrêter, ce qu'il
faut penfer au fujet de la Religion dans
la matiére dont il s'agit. En effet, la
Religion de fa nature tendant plûtôt à
la perfection & au bonheur éternel de
l'Ame, qu'à la profpérité & à la feli-
cité temporelle des Sociétez Civiles;
tous les Siécles du moins nous fournif-
fant des exemples de Peuples auffi différens par leur Culte & par les cérémonies de leur Service Divin, que par
leur langage & par leur climat; &
néanmoins également illuftres, puif-
fans, heureux, par leurs Loix, par
leurs forces, par leurs richeffes, &
dans la Paix & dans la Guerre: jugez
vous-mêmes fans prévention, fi *ceux
qui ont formé les Sociétez Civiles* fe font
propofez de foûmettre la Religion
fans aucune néceffité à l'Autorité des
Loix & du Souverain. Mais il y a plus:

P 5   (&

(& ce que je viens de dire n'eſt rien
en comparaiſon de ce que je vais ajoûter) je ſoûtiens que , *quand même ils*
l'auroient voulu , il n'étoit pas en leur
pouvoir de rendre la Religion eſclave
des Loix Civiles. Car , comme elle
eſt plûtôt un préſent du Ciel, qu'une
choſe qui dépende de la Volonté Humaine ; les Hommes peuvent-ils jamais, en aucune maniére & à aucun
titre, décider à la pluralité des voix
d'une choſe de cette nature, ou en faire la matiére de leurs conventions &
de leurs engagemens? Que conclur-
rons-nous donc? Voici, Messieurs,
en peu de mots ma penſée. Dans tout
ce qui concerne les affaires civiles,
l'Autorité du Prince eſt ſans contredit
très-grande & au deſſus de toute autre :
mais du moment qu'il s'agit de Religion, il n'a pas plus de pouvoir qu'un
ſimple Particulier : de ſorte que , s'il
preſcrit un certain Culte par des Loix
accompagnées de peines contre ceux
qui refuſeront de lui obéïr en cette
occaſion, il empiéte ſur les droits d'autrui, il uſurpe un empire qui n'appartient qu'à Dieu ſeul; & non ſeulement il n'avance guéres en voulant
ain-

ainſi forcer les Conſciences, mais encore il ne ſauroit ſe diſculper d'exercer un acte de Tyrannie.

J'ai donc prouvé, Messieurs, que la Religion eſt abſolument indépendante de toute Autorité Humaine : il faut maintenant venir à l'examen des raiſons dont on ſe ſert pour établir le contraire. Prémiérement, dit-on, il n'y a qu'*un ſeul chemin* qui méne à la *Vérité*, & en même tems à la *Vie heureuſe :* ſi quelcun ne le connoît pas, ou refuſe de le ſuivre, eſt-il rien de plus juſte & de plus honnête, que de l'y faire entrer de gré ou de force, ſelon le Droit commun de l'Humanité par l'Autorité ſacrée d'un Prince également *Dévot* & *Fortuné*, ou par le miniſtére de quelques perſonnes ſages, vertueuſes, pieuſes, qui agiſſent en ſon nom, ou plûtôt au nom de Dieu ? Qu'y a-t-il de plus convenable à l'état d'un Particulier, que d'obéir à la Majeſté Humaine la plus relevée & la plus auguſte après Dieu ; ſur tout lors qu'elle exige de lui, avec autant de ſageſſe, que de bonté & d'affection, une choſe qui regarde, non quelque intérêt léger & momentanée de la Vie

SECONDE Partie de ce Diſcours, qui contient la Réponse aux Objections des Intolérans.

Prémiére Objection, tirée de l'importance du Salut, que l'on veut procurer à ceux qu'on force, & qui ne ſe trouve que dans une ſeule Religion.

P 6   Ci-

Civile, mais un *Bien infini & éternel?*
Voilà, MESSIEURS, un argument,
mais, si je ne me trompe, un argument bien frivole. Car en quoi donne-
t-il la moindre atteinte à l'opinion que
je défens? Tournez-le, s'il vous plait,
de tous les côtez, développez, examinez avec soin tout ce qu'il renferme; vous trouverez, je m'assûre, que
ce n'est qu'un vain bruit, un amas de
paroles qui ne signifient rien. Prou-
vons-le. Je vais répondre, MES-
SIEURS, de la maniére la plus simple
qu'il me sera possible. Hé bien donc!
nous qui sommes éclairez des lumiéres
agréables d'une Doctrine Céleste, nous
trouvons qu'il n'y a que cette seule
route véritable & assûrée pour parvenir au Salut. Soit. Mais les autres,
à qui DIEU ne fait pas de si grandes
graces, n'ont pas la même créance ou
le même bonheur que nous. Il y a
dans le monde une infinité de Sectes,
même parmi les *Chrétiens*, pour ne
rien dire de celles qui partagent les
Juifs, les *Paiens*, les *Mahométans*, &
ceux de quelque autre Religion. On
dispute encore quelle est la meilleure;
& quoi que la question intéresse également

ment tout le monde, on ne fauroit la
décider par la Raifon toute feule &
par le Droit de la Nature & des Gens,
dont il s'agit entre nous. Qu'il n'y aît
donc tant qu'il vous plairra qu'un feul
chemin qui conduife au Salut : puis
que nous ne convenons pas quel eft ce
chemin, & qu'on m'en montre plufieurs, dont chacun eft regardé & pro-
pofé comme meilleur par ceux qui le
fuivent; y a-t-il le moindre doute, que
je ne doive me conduire felon mes
propres lumiéres, plûtôt que par celles d'autrui, dans une affaire comme
celle de mon Salut, qui m'intérefle
fans contredit plus particuliérement
que tout autre ? D'ailleurs, fi en matiére de Confcience l'on doit fe foûmettre aveuglément à autrui, au jugement de qui faudra-t-il s'en rapporter ?
Sera-ce à celui du Prince ? Mais s'il
fe trouve que le Prince foit fort ignorant en ce qui concerne la Religion :
(car c'eft un (1) pur hazard que d'être
appellé au Throne par la Naiffance;
& on ne voit pas toûjours un heureux
affemblage de la Nobleffe & de la
Puif-

_____

(1) *Nam generari & nafci à Principibus, fortuitum* &c.
T A C I T. Hiftor. Lib. I. Cap. XVI. num. 3.

P. 7

Puiſſance avec le Bon-Sens & le Savoir) ſi encore, comme c'eſt la coû-
tûme des Grands, il veut tout empor-
ter de hauteur & par autorité, plûtôt
que de me ramener par des exhorta-
tions & des inſtructions paiſibles, à
quoi me vois-je réduit ? Suppoſons
même, qu'il aît de l'étude, & que,
pour me convertir, il mette en uſage
le ſeul moien naturel & légitime, qui
eſt celui des raiſons : en ce dernier
cas, Messieurs, je ne ſaurois que
louer extrémement ſa conduite, & je
lui dois ſans contredit une grande re-
connoiſſance d'un ſi rare témoignage
d'affection & de douceur; cependant
s'il ne vient à bout de me convaincre
entiérement de la vérité des ſentimens
qu'il veut m'inſpirer, pourquoi em-
braſſerois-je, au péril de mon Salut,
une Religion qui ne me paroît pas
bonne? Mais n'eſt-ce pas une grande
préſomption à un Particulier, de ne
vouloir point déférer aux ſentimens
& à la volonté d'une perſonne ſacrée,
entre les mains de qui la Providence
Divine & le conſentement des Hommes ont mis de concert l'Autorité
Souveraine? Je me ſoûmettrai, Mes-
SIEURS,

SIEURS, (1) à son jugement en tout
ce qui dépend de moi, & je dois même, peut-être autant par prudence,
que par respect & par modestie, relâcher un peu de mes droits en faveur
de mon Prince, qui peut d'ailleurs
me faire du bien, & me dédommager
par quelque autre endroit de ce que je
perds à lui obéïr dans cette occasion
fâcheuse. Mais la Religion est d'une
toute autre nature: je ne saurois raisonnablement l'accommoder à la fantaisie d'autrui; c'est un hommage que
je dois à DIEU, & il faut par conséquent que je le lui rende de la maniére qui me paroît la plus digne de cet
Etre Souverain. Quelque élevé que
le Prince soit au dessus de ses Sujets,
si on le compare à DIEU, il n'est pas
plus respectable qu'un simple Particulier; & il ne doit pas tenir à outrage
la juste préférence que je donne hautement au Maître commun de lui &
de moi. Pourrois-je d'ailleurs, à
moins que d'être insensé, donner hon-
teusement dans une flatterie si absurde

(1) Voiez la *Lettre* Latine de Mr. LOCKE sur la
Tolérance, pag. 39. de l'Original, *pag.* 55, & *suiv.* de
la Traduction Françoise.

(1) Voiez

de & si impie, que de mettre DIEU au deſſous du Souverain ; puis que, ſi je viens à être privé de la faveur & de l'amour de cette Majeſté Infinie, je ſuis perdu ſans reſſource ; n'y aiant point de Puiſſance ſupérieure capable de me remettre en poſſeſſion ou de me dédommager d'un bien ſi ineſti- mable.

Seconde Ob- jeſtion. Le Prince ne veut pas qu'on ſe ſoûmette à ſes déci- ſions, mais à celles des Miniſtres Publics de la Religion.

Voilà qui eſt bien, direz-vous, ſi le Prince décidoit lui-même, comme Souverain, de la Religion & de ſes Articles. Mais autre choſe eſt, lors qu'avec ſa permiſſion une *Aſſemblée* (1) *Eccléſiaſtique* auſſi vénérable par ſa piété & par ſa vertu, que par ſa ſageſſe & par ſes lumiéres, prononce là-deſſus au nom & en l'autorité de DIEU même. N'importe, MES- SIEURS, j'en reviens à mon princi- pe. Tant qu'il ne ſera queſtion que d'affaires civiles, j'en paſſerai par ce qui aura été décidé, bien ou mal, à la pluralité des voix ; parce que l'in- térêt du repos public demande que l'on termine ces ſortes de choſes d'u- ne

(1). Voiez la même *Lettre* de Mr. LOCKE, pag. 40, & ſeqq. de l'Original, pag. 57, & ſuiv, de la Traduc- tion Françoiſe.

ne maniére ou d'autre , lors même qu'on n'y voit pas tout-à-fait clair. Mais il s'agit ici de la Religion , à l'égard de laquelle on eſt indiſpenſablement obligé de ſuivre les lumiéres de ſa Conſcience ; de ſorte que , juſqu'à ce qu'on ſoit bien convaincu , il faut ſuſpendre ſon jugement , & renvoier la choſe à une plus ample information. Car, encore que d'autres faſſent profeſſion de recevoir un Dogme, comme ſuffiſamment établi , à leur gré ; cela ſuffit-il pour nous déterminer à y aquieſcer , pendant qu'il ne nous paroît pas tel à nous-mêmes ? DIEU , en nous donnant la Raiſon, a-t-il prétendu que nous jugeaſſions par les lumiéres d'autrui , & non par les nôtres , de ce qui regarde nôtre intérêt capital ? Lors que le Souverain me renvoie à une Aſſemblée Eccléſiaſtique, il a beau la qualifier *Sainte* , il a beau me dire qu'elle tient ſes ſéances & qu'elle prononce au nom & en l'autorité de DIEU ; ſi après tout je ne ſuis pas convaincu , que ce qu'elle enſeigne ſoit capable de me faire obtenir le vrai & Souverain Bien qui eſt le but de la Religion , ne ſont-ce pas

des

des décisions purement humaines, que le Prince me propose, plûtôt que des Dogmes & des Préceptes divins? Dois-je m'étonner que (1) des Hommes soient aveuglez par l'erreur, ou séduits par leurs passions? Faut-il que, dans une affaire de si grande conséquence, où il s'agit de mon Salut, & du Salut éternel, je me laisse éblouïr à de vains Titres, au faste des Honneurs & des Dignitez, au lieu d'écouter les conseils de ma Raison? Certainement nulle Autorité Humaine n'est ici pour moi d'aucun poids; je ne puis ni ne dois me rendre qu'à l'éclat victorieux de la Vérité. N'est-ce pas enfin la même chose, que le Prince me force lui-même d'adhérer à ses erreurs, ou qu'il m'y fasse contraindre par des gens que je n'ai point établi ni n'ai pû établir Juges Souverains de ma Foi, & auxquels à plus forte raison le Prince ne sauroit donner cette autorité? Il y a

plus

(1) L'Histoire est si pleine des erreurs & des vices des Ministres Publics de la Religion, & l'on a tant de fois montré combien cela même rend nécessaire l'examen des Doctrines & des Pratiques qu'ils veulent nous imposer; qu'il faut être bien simple, pour se laisser éblouïr à leur autorité, & bien hardi pour la faire valoir comme un argument qui seul soit de quelque force. On peut voir ce que vient de dire là-des-

plus: quand même la Religion, que l'on veut me faire embraſſer aveuglément, ſeroit au fond la meilleure, tant que je n'en ſuis pas convaincu, je ne dois pas obéïr. Car en vertu de quoi un Homme ſage & attentif à ſuivre inviolablement la Loi Naturelle, s'engageroit-il pour l'heure dans une voie qu'il croit mauvaiſe, quelque bonne & ſûre qu'elle ſoit véritablement? (2) Un Voiageur, je l'avoue, arrive quelquefois au lieu où il alloit par un autre chemin qu'il ne s'étoit propoſé, & la tempête, ou le hazard jettent ſouvent à bon port un Vaiſſeau dont le Pilote ne ſavoit plus ce qu'il faiſoit, ni où il alloit. Mais y a-t-il jamais eu perſonne qui, par un Culte & des Cérémonies qu'il jugeoit impies, ou deſagréables à la Divinité, ſoit parvenu au Souverain Bien, à l'amour & à la faveur de DIEU, dont les graces ne s'obtiennent que par les mouvemens in-

deſſus tout fraîchement (en 1713.) un Auteur Anglois, dans un *Diſcours ſur la liberté de penſer*, où il propoſe d'ailleurs nettement & aſſez au long les raiſons ſur quoi eſt fondée cette liberté qu'il prétend que chacun a naturellement. J'apprens que cet Ouvrage vient d'être traduit en François.

(3) Voiez la *Lettre* Latine de Mr. LOCKE, pag. 44. de l'Original, *pag.* 62, & *ſuiv.* de la Traduction Françoiſe.

intérieurs d'une Piété sincére & entiérement dévouée à son service? En voilà assez, Messieurs, sur cet article: car j'ai suffisamment prouvé, que
ni le Prince, ni aucun autre Homme,
n'a droit ni raison tant soit peu appa-
rente, de contraindre ses Sujets ou autres personnes, par les Armes ou par
les Loix, en un mot par la violence,
par la crainte, par les peines, de quelque nature qu'elles soient, à suivre bon-
gré mal-gré qu'ils en aient telle ou telle Religion; parce que, si on la croit
véritable, on l'embrassera de son pur
mouvement, comme une chose que la
Raison nous fera voir avantageuse; &,
si au contraire on la juge fausse, on
ne pourroit l'embrasser sans témoigner
du mépris ou de l'indifférence envers
la Majesté Divine, & sans se perdre
soi-même. Or de là il s'ensuit, qu'a-
près s'être servi de toutes les voies
honnêtes que la prudence & l'industrie
peuvent suggérer; on doit laisser à chacun la liberté de faire comme il l'entend par rapport à son Salut, soit qu'il
refuse d'entrer dans une nouvelle Religion, soit qu'il veuille s'éloigner ou en
tout, ou en partie, des sentimens re-
çus

gus dans celle qu'il a professée jusqu'a-
lors; d'autant plus que la Force ne ser-
viroit de rien à le convertir; & que
d'ailleurs la Liberté de Conscience,
qu'il demande, ne tend ni à rien entreprendre contre l'Etat, ni à commettre
des injustices & des méchancetez envers le Prochain.

C'est, direz-vous, *faire à* D I E U *Troisième
un outrage* bien sanglant, que de cor- *Objection, ti-
rompre sa sainte Religion, ou de l'a- térêt de la
bandonner par pure légéreté. J'entens: Dieu, qui
mais qui êtes-vous, vous qui parlez est offensé
ainsi, que vous vous érigiez en Scruta- reurs & par
teur des Cœurs, & que vous préten- les Schis-
diez être Défenseur en titre des intérêts mes.*
de la Majesté Divine? De quoi vous
mêlez-vous? De quel droit vous por-
tez-vous à venger un outrage qui ne
vous regarde point? Laissez à D I E U
le soin de punir les offenses que vous
croiez qu'il reçoit, & d'infliger la
peine, aussi-bien que de connoître du
crime. Que dis-je? Les Vices purement
internes, les erreurs & les souillûres de
l'Ame, ne sont même punissables en aucune maniére que devant le Tribunal
de cet Etre Souverain. Je ne m'arrêterai pas, M E S S I E U R S, à le faire voir;

la

la chofe parle d'elle-même. Qui eft-ce
qui connoit le Cœur, qui eft-ce qui le
voit, fi ce n'eft DIEU feul? Quel autre que lui, le meut, le touche, le gouverne, le fléchit? Et que refte-t-il à
l'Homme, que de fe laiffer conduire,
& de fuivre fans réfiftance par tout où
il croit que la voix de DIEU l'appelle? Lors donc qu'il s'agit d'examiner,
fi quelcun a commis un Péché purement Spirituel; de quelle nature eft ce
Péché; quelle en eft l'énormité; s'il
mérite d'être puni, en quel tems, en
quel lieu, de quelle maniére, jufqu'où,
& dans quelle vûe il faut le faire : y
a-t-il quelque autre que DIEU, qui
puiffe, fi nous confultons les Régles
invariables de la Raifon & de la Juftice, y a-t-il, dis-je, quelque autre que
lui, qui puiffe en connoître, & prononcer là-deffus? cela ne répugne-t-il
pas manifeftement à la nature des chofes? Pour ne pas dire, qu'on a mauvaife grace de fe fâcher contre des
gens que DIEU ne hait point; auxquels du moins il fait part également
(1) des benignes influences de fon Soleil,

(1) Voiéz MATTHIEU, Chap. V. 45.

leil, & des Pluies fécondes de son Ciel :
quoi que, s'il vouloit, il pût sur le
champ, & en mille maniéres, les ac-
cabler de ses fleaux, leur faire souffrir
les plus rigoureux tourmens, & les ex-
terminer sans ressource. Si Dieu é-
pargne & comble même de biens ceux
par qui vous croiez qu'il est offensé,
que ne devez-vous pas faire vous qui
ne recevez d'eux aucun tort, aucun
dommage ?

Ils sont dans l'erreur, dites-vous,
& dans des *erreurs grossiéres*, & cela
en matiére de *Religion* : or il n'y a
rien de plus *deshonnête* & de plus honteux dans toutes les choses divines &
humaines, rien de plus *pernicieux*, rien
de plus contraire à l'Ordre de la Nature. Est-il possible qu'on ose alléguer
des raisons si pitoiables ? Il s'agit ici
du Tribunal Humain, quelque beau
nom qu'on lui donne ; & sur ce pié-
là, ô Homme, vous appellez un crime l'attachement inviolable d'un Homme comme vous, à se conduire selon
ses propres lumiéres dans une affaire
qui regarde la Conscience ! Vous traitez d'injure faite à tous les Hommes,
une chose à quoi chacun est indispen-
sa-

Quatriéme Objection, tirée de la turpitude & des suites funestes de l'Erreur en matiére de Religion.

fablement obligé par la Loi même de
la Nature, pour peu qu'il ait à cœur
la Justice & la Probité? Dites-moi,
je vous prie, fi c'eft un crime, quel
nom lui donnerez-vous? à quel principe faudra-t-il l'attribuer? car un crime qui intéreffe le Genre Humain, &
les chofes même inanimées, doit être
fans doute bien atroce & bien criant.
Ces gens-là, dites-vous, ne connoif-
fent pas la Vérité. Mais peuvent-ils
avoir une connoiffance que DIEU n'a
pas jugé à propos de leur donner? Et
puis, que favez-vous fi ceux que vous
croiez être dans l'erreur, ne font pas
au fond dans le parti de la Vérité?
Combien de fois n'arrive-t-il pas que
ce que l'on tient pour le plus vrai, fe
trouve faux, ou, au contraire, que
ce que l'on regarde comme faux, fe
trouve vrai? (1) Il fe peut faire auffi
que ni eux ni vous n'ayiez bien rencon-
tré, quoi que vous vous flattiez également les uns & les autres. D'un côté,
le chemin de la Vérité eft fort obfcur,

fort

(1) Voiez le COMMENTAIRE PHILOSOPHI-
QUE, I. Part. Chap. V. pag. 181. & fuiv. & II. Part.
Chap. V. pag. 353. & fuiv. de l'Edition de Rotterd.
1713.
(2) Je me fouviens ici d'un beau paffage de SENE-
QUE,

fort gliſſant, fort difficile : de l'autre,
l'obligation d'obſerver les Loix de la
Société Humaine eſt de la dernière é-
vidence. Dans cette ſituation des choſes, je ne vois rien de plus juſte, que
de ſe ſupporter réciproquement. Sup-
poſé même que les autres ſoient effectivement plus éloignez, que vous, de
la Vérité, que vous importe ? S'ils s'é-
garent, tant pis pour eux ; c'eſt leur
affaire, & non pas la vôtre. Vous
pouvez déplorer leur malheur, de ce
que Dieu ne leur a pas fait les mêmes graces qu'à vous ; mais vous ne
ſauriez pour cela ſeul les traiter de Méchans & de Scélérats. Ils ſont donc
dignes de vôtre compaſſion; bien loin
de mériter d'être l'objet d'un nouveau
& ſingulier genre de Haine. (2) Vous
auriez autant de raiſon de vous empor-
ter contre un Aveugle, de ce qu'il ne
voit pas; contre un Boiteux, de ce
qu'il cloche; contre un Manchot, de
ce qu'il n'a pas l'uſage de tous ſes membres.
bres. Ce ſont là, direz-vous, des im-
per-

QUÆ: *Illud potius cogitabis, non eſſe iraſcendum Erroribus.
quid enim ſi quis iraſcatur in tenebris parum veſtigia certa
ponentibus ? quid ſi quis Surdis, imperia non exaudienti-
bus ? .... quid ſi illis iraſci velis, qui ægrotant, ſeneſ-
cunt, fatigantur? De Ira, II, 9.*

Q   (1) O

perfections naturelles, & non pas des défauts de la personne. Je vous soûtiens moi, qu'il faut penser la même chose de l'Erreur, sans en excepter celle qui concerne la Religion. On y tombe par foiblesse, & non par malice. (1) C'est donc un malheur, & non pas un crime. Ainsi les Errans ne sont nullement sujets à la peine par les Loix de la Société Humaine, puis qu'ils ne les ont point violées, comme tels.

Cinquiéme Objection, tirée du bien que l'on prétend faire aux Errans, en usant envers eux d'une charitable & salutaire rigueur.

Si je pille, dites-vous, si je tourmente, si je persécute, si je tue, il suffit, pour me disculper du reproche odieux d'attenter sur la Liberté d'autrui, que je sois obligé malgré moi d'en venir à ces extrémitez, & que j'agisse, non par aucun motif de haine, mais par un mouvement de piété, & dans l'espérance de *sauver une personne qui periroit sans cela.* (2) Lors que, dans un accès de Folie ou de Frénesie, quelcun veut se jetter dans la Riviere, ou dans un Puits, ou dans un Abî-

(1) On trouvera ceci fort étendu, dans le COMMENT. PHILOSOPH. Part. II. pag. 470. & suiv. & Supplément Chap. XIV. & suiv. Voiez aussi la Lettre LII. de l'Empereur JULIEN.

(2) Voiez la III. Part. du COMMENT. PHILOSOPHIQUE, Artic. III. IV. & suiv. VIII. XXX. &c. où

Abîme; tout le monde ne juge-t-il pas
que c'est une très-belle action, de l'en
empêcher bon-gré mal-gré qu'il en ait?
Le Droit Civil ne permet-il pas à tous
ceux qui voudront s'intéreſſer (3) pour
un Criminel, que l'on méne au ſupplice, d'appeller en ſon nom de la Sentence, quand même le Criminel s'y ſoûmet-
troit, & qu'il s'oppoſeroit formellement
à l'Appel? Qu'un Homme ſage, pieux,
dévot, imite donc une telle conduite.
Qu'il maintienne les intérêts temporels
de ſon Prochain, ſans abandonner pour
cela ſes intérêts ſpirituels, & les intérêts
de Dieu même. Qu'il tâche, autant qu'il
pourra, de gagner les gens par la douceur & par la voie de la perſuaſion : mais
après l'avoir miſe inutilement en uſage,
qu'il recoure ſans ſcrupule à la Crainte, aux Douleurs, aux Peines, aux
Supplices, pour vaincre l'opiniâtreté
inſenſée des Errans, pour les rendre
ſuſceptibles de la lumiére de la Vérité,
& pour faire entrer profondément les
in-

où l'on réfute *les paralogiſmes & les petites moralitez*, ou
plûtôt les miſérables déclamations *du grand Evêque
d'Hippone.*

(3) DIGEST. Lib. XLIX. Tit. I. *De appellationibus
& relationibus*, Leg. VI. COD. Lib. VII. Tit. LXII.
Leg. XXIX.

Q 2   (1) *Lit-*

inftructions dans leur ame. Alors ils lui
fauront auffi bon gré de la rigueur fa-
lutaire dont il aura ufé envers eux,
qu'un Malade eft obligé à fon Méde-
cin de ce qu'il lui a rendu la Santé,
quoi qu'il le fafſe foûvent par la diéte
par la faim ou par la foif, d'ordinaire
par des remédes défagréables, quelquefois même par le feu ou par le fer, toûjours en l'affujettiffant à certaines chofes qui lui caufent beaucoup d'ennui,
de douleurs, & de fouffrances. Qu'en-
tens-je, bon Dieu! L'Impudence même, fi elle empruntoit une voix humaine, pourroit-elle tenir un autre langage? Voiez, MESSIEURS, les belles comparaifons dont on fe fert pour
nous éblouïr! N'eft-ce pas fe moquer
des gens, que de prétendre nous paier
de fi miférables chicanes? Péndant que,
contre tout droit & raifon, on maltraite des Innocens d'une maniére à laffer
la cruauté la plus barbare, on fe vante
d'a-

(1) *Longè diverſa funt Carnificina & Pietas : nec poteſt
aut Veritas cum Vi, aut Juſtitia cum Crudelitate conjungi,*
LACTANT. *Lib. V. Cap. XIX. num. 17. Libet igitur
ex his quærere, cui potiſſimùm præſtare fe putant, cogendo
invitos ad facrificium? Ipfſne quos cogunt? At non eſt be-
neficium, quod ingeritur recufanti. Sed confulendum eſt
etiam nolentibus; quando, quid fit bonum, nefciunt.* Cur
(13o

d'avoir la Piété à cœur ! Dans le tems
qu'on persécute & qu'on fait mourir
une personne, on ose se comparer à
ceux qui lui rendroient quelque grand
service, ou qui lui sauveroient même
la Vie ! (1) Si c'est-là un acte d'Humanité, d'Amour, de Charité, de Bé-
néficence ; qu'appellera-t-on Haine,
Inhumanité, Barbarie, Rage de nuire
au Prochain ? Impitoiable Tyran, si tu
aimes les Hommes, comme tu veux
nous le faire accroire, si tu te propo-
ses sincérement de leur procurer la faveur de Dieu, le Souverain Bien ; ne
tourmente point, ne déchire point cette partie de l'Homme de laquelle tu ne
saurois tirer que de la douleur, & jamais un mouvement volontaire. Laisse
le Corps en repos ; & pour guérir l'A-
me des erreurs où tu la crois plongée,
tâche de la gagner par des raisons convaincantes.   Tout l'appareil des Supplices ne sert de rien ici : ils ne font
qu'ex-

*ergo tam crudeliter vexant , cruciant , debilitant, si salvos
volunt ? aut unde pietas tam impia, ut eos miseris modis aut
perdant, aut inutiles faciant , quibus velint esse consultum ?
An vero Diis præstant ? At non est sacrificium , quod ex-
primitur invito &c. Idem , ibid. Cap. XX. num. 5, &
seqq. Edit. Cellar.*

Q 3   (1) Voïez

qu'extorquer des menſonges, des dégui-
ſemens, des paroles feintes; & ce n'eſt
point par là qu'on s'unit avec DIEU,
mais par l'Eſprit, par la Volonté, par
des ſentimens ſincéres & des mouvemens entiérement libres.   La Cruauté
eſt toûjours Cruauté.   On ne ſauroit
jamais prendre pour l'effet d'une affection véritable, & d'un ſincére deſir de
ſauver quelcun, la fureur de ceux qui
le battent, qui l'inquiétent, qui le mar-
tyriſent, qui le perſecutent inutilement;
que dis-je? qui le tuent même avant
que ſon Ame ſoit guérie du mal dont
ils font ſemblant de vouloir la délivrer.
Prens garde au contraire, que, ſous
prétexte de rendre un office d'Ami,
tu n'exerces au fond l'hoſtilité la plus
barbare & la plus abominable que l'on
puiſſe concevoir; puis qu'en ôtant la
vie à celui que tu crois être dans l'erreur, tu le mets pour toûjours hors
d'état de ſe convertir & de ſe ſauver.

Il

(1) Volez les CONVERSATIONS SUR DIVER-
SES MATIE'RES DE RELIGION, par feu Mr. Le
Céne, Entretien II. pag. 74. & ſuiv. & le COM-
MENT. PHILOSOPH. II. Part. Chap. I. Volez auſſi
une Lettre Latine de feu Mr. VAN PAETS, adreſſée
à feu Mr. Bayle, & imprimée à Rotterdam en 1686.
in.

Il faut, dites-vous, vaincre par la crainte & par la douleur *l'opiniâtreté* & l'obstination inflexible des Errans. (1) Vous traitez donc ainsi d'*opiniâtre* & d'obstiné, celui que vous ne pouvez ramener par des raisons! Qu'est-ce qui l'empêchera de vous faire à son tour le même reproche? Chacun est fortement attaché à ses sentimens. Vous méprisez ses raisons, qui ne vous satisfont point: il n'est pas touché des vôtres, qui lui paroissent frivoles. A moins que, de vôtre pure autorité, vous ne vous érigiez en Arbitre Souverain du Vrai & du Faux, vous voilà à deux de jeu. Vous ne voulez ni l'un ni l'autre adhérer aux erreurs d'autrui: vous voulez tous deux suivre les lumiéres de vôtre propre Conscience, & faire entrer dans vos sentimens ceux qui en sont éloignez. Pourquoi blâmez-vous en lui ce que vous faites vous-même? Ou pourquoi désespérez-vous de sa conversion, quoi que vous n'y voyiez

Sixiéme Objection, tirée de l'opiniâtreté prétendue des Errans.

in quarto, sous ce titre: H. V. P. *ad* B***** *de nupe-ris* ANGLIÆ *motibus Epistola, in qua de diversum à publica Religione sentientium differitur tolerantia,* pag. 11, *& seqq.* Toute la Lettre, qui est courte, mérite d'ailleurs d'être luë.

Q 4   (1) Voiez

yiez encore aucune apparence ? Ce qui
n'arrive pas aujourdhui, peut arriver
demain; (1) & il y a au deſſus de nous
un D I E U puiſſant, qui conduit toutes
choſes, & qui ſait, quand il veut, triompher de la prévention la plus incura-
ble & la plus enracinée. Quoi qu'il en
ſoit, ce n'eſt pas une opiniâtreté vi-
cieuſe, c'eſt plûtôt une conſtance louable, d'avoir un ſi fort attachement à
ce que l'on eſt tenu d'embraſſer avec
un amour ſincére & invariable, que de
ne ſe laiſſer ébranler ni à force d'argent,
ni par des priéres & des ſollicitations,
ni par des menaces, ni par la force &
par l'autorité du Souverain même. Un
Soldat bravé & qui a l'ame bien faite,
loue la Vertu, même dans ſon Ennemi: à combien plus forte raiſon un
amateur ſincére de la véritable ſageſſe,
qui unit les Hommes prémiérement
avec D I E U, puis les uns avec les autres,

(1) Mr. *Noodt* imite ici ce qu'un ancien Auteur Latin dit dans une autre vuë , *Quod hodie non eſt , cras
erit* . . . . . .

> *Quod non exſpectes, ex tranſverſo fit,*
> *Et ſuper nos Fortuna negotia curat.*
> P E T R O N. Cap. XLV. & LV. *Ed. Burmann.*

(2) L'Auteur fait alluſion à la réflexion de J U S-
T I N

tres, par les lumiéres communes de la Raison, doit-il estimer & respecter dans ceux d'une Religion différente de la sienne, l'intention louable & le beau motif, de préférer D I E U constamment à toutes choses?

Il est, direz-vous, d'un Homme sage & pieux, de *maintenir le Culte*, *les Cérémonies*, en un mot toutes les *Institutions* dont D I E U lui-même est l'Auteur. D'accord: J'avoue même, que si ces Pratiques sont justes, bien fondées, & propres à inspirer la Piété, il faut les défendre sérieusement & de toutes ses forces; & qu'on a raison de regarder comme semblable en quelque façon à Dieu, (2) quiconque donne au monde un si bel exemple, que celui d'embrasser avec chaleur la défense des intérêts de la Majesté Divine. Il s'agit seulement de savoir de quelle maniére on doit s'y prendre; (3) & c'est sur

Septiéme Objection, tirée de l'obligation où l'on est de maintenir la vraie Religion, & de travailler à la propagation de la Foi.

_____

TIN au sujet de *Philippe de Macédoine*, qui avoit poursuivi les *Phocéens*, sous prétexte qu'ils avoient pillé le Temple d'*Apollon* à *Delphes*. D I G N U M *itaque qui Diis proximus haberetur, per quem Deorum majestas vindicata sit. Lib. VIII. Cap. II. num. 7.*

(3) C'est la réponse que faisoit un ancien Docteur de l'Eglise: *Sentiunt enim, nihil esse in rebus humanis Religione praestantius, eamque summâ vi oportere defendi : sed ut in ipsâ Religione, sic in defensionis genere falluntur. De-*

Q 5   *Je-*

fur quoi nous ne convenons pas plus, que fur le fond même de la Religion. Vous trouvez qu'un Dragon ou un Bourreau eft un digne Défenfeur de la Religion: & moi je vous foûtiens, qu'on ne fauroit choifir de Miffionaire plus incapable de travailler efficacement à la propagation de la Foi, & qu'un infame & un fcélérat comme celui-là doit être emploié à toute autre chofe. S'il faut dire la vérité, c'eft trahir la Religion, & donner lieu de croire qu'elle n'a pas dequoi fe foûtenir par elle-même, lors que, pour la faire recevoir, on appelle à fon fecours la crainte des Peines. Loin d'ici donc tous les inftrumens affreux de la Guerre & des Supplices: laiffez-là les Rapines & les Extorfions: point de Coups, point de Tortures, point de Gibets, point de Bûchers; il faut ici d'autres armes. Nous n'avons pas befoin d'emprunter celles de la Cruauté, ni d'avancer le régne de DIEU par des voies criminelles. La véritable Religion s'affermit par une Raifon faine & tranquille, par un Bon-Sens épuré & une Sageffe ex-

---

ftndenda enim Religio eft, non occidendo, fed monendo &c. LACTANT. Lib. V. Cap. XIX. num. 22.

exquife, par une Connoiffance claire
& diftinĉte. Peut-être vous imaginez-
vous, (vous devez du moins le fuppofer felon vos principes) que fans être
convaincu par aucune preuve fatisfai-
fante, chacun peut croire & comprendre tout ce à quoi on lui commande
de foûmettre aveuglément fes lumiè-
res. Mais confidérez bien comment
nôtre Efprit eft fait, examinez la nature & les propriétez de l'Entende-
ment Humain, vous n'y trouverez rien
qui dépende de quelque détermination
toûjours arbitraire. Il ne fe laiffe conduire que par des inftruĉtions & par des
remontrances : il donne fans balancer
un entier confentement à une Propofi-
tion dont on lui a démontré la vérité ;
mais, tant qu'il n'eft pas convaincu,
tout l'appareil de la Cruauté ne fauroit
jamais le lui arracher. Si un Tyran
(qu'il me foit permis d'emprunter encore ici un exemple tiré de l'*Arithmé-*
tique) fi un Tyran furieux m'ordonnoit de croire, que *Deux* & *Trois*, par
exemple, font *Huit :* quand même il
me menaceroit des plus rigoureux fup-
plices, quand il feroit tout prêt à me
les faire fouffrir, quand je me verrois
Q 6.   actu-

actuellement entre les mains du Bourreau; que je compte fur mes doits,
que j'examine tous les rapports de ces
Nombres avec la derniére application,
jamais je ne pourrai obtenir fur moi,
quelque défir que j'en aie, de m'imaginer que *Deux* & *Trois* faffent plus de
Cinq. Toutes les menaces, toute la violence du monde n'en fauroient venir à
bout. Je puis tromper, je puis men-
tir, je puis faire dire à ma langue ce
que la douleur m'arrache : mais il
m'eft abfolument impoffible de penfer
une chofe fi contraire à mes idées. Il
en eft de même en matiére de Religion: foiez-en affûrez, vous qui n'ê-
tes aveuglez ni par un efprit de Parti,
ni par la Haine, ni par l'Ambition,
ni par l'Avarice. Répandre le fang,
tourmenter, piller, confifquer les biens,
maltraiter les gens, les perfécuter, ce
n'eft pas défendre la Religion, (1) c'eft
la deshonorer, c'eft la fouiller, c'eft la
propr

(1) C'eft encore ce que difoit un Docteur Chrétien des prémiers Siécles: *Nam fi fanguine , fi torment-
tis, fi malo Religionem defenderé velis; jam non defendetur
illa, fed polluetur atque violabitur. Nihil eft enim tam vo-
luntarium quàm Religio : in qua fi animus facrificantis a-
verfus eft; jam fublata, jam nulla eft.* LACTANT. Lib.
V. Cap. XIX.

(2) C'eft une objection de St. Augustin! Frÿf-
ITA.

profaner. L'aquiescement volontaire lui
est si essentiel, que si on la professe
sans en avoir le cœur convaincu & pé-
nétré, autant vaudroit-il ne l'embrasser point du tout.

Mais, dira-t-on, la *volonté* fait aussi
le principal caractére qui distingue la
Vertu d'avec le *Vice*: (2) cela n'empêche pourtant pas que les *Loix ne nous
astreignent à pratiquer la prémiére, &
à fuïr l'autre*. Pourquoi donc le *Culte
Divin*, sous prétexte qu'il ne sert de
rien s'il n'a le cœur pour principe, seroit-il exemt de la contrainte des Loix ?
On confond ici, MESSIEURS, deux
choses que la Raison nous fait regarder
comme distinctes, l'office propre de la
Loi, & celui de la *Religion*. Que fait
la *Loi* ? Raisonne-t-elle ? Point du tout.
Quoi donc ? *Je le veux, je l'entens :
Faites ceci, ou cela;* voilà quel est son
longage. Elle ne se propose pas de rendre gens-de-bien ceux à qui elle com-
man-

Huitiéme Objection. Les Loix forcent à pratiquer la Vertu & à fuïr le Vice : pourquoi ne contrain-droient-elles pas à la Religion ?

-sra dicis, relinquar libero arbitrio. *Cur enim non in homi-
cidiis & stupris, & quibuscumque aliis facinoribus & flagi-
tiis, libere te arbitrio dimittendum esse proclamas?* Contra
Crescentium, *Lib. IX. Cap. LI.* Ce passage est cité
par JUSTE LIPSE, dans son Traité *De una Religione;*
Ouvrage pitoïable, & dont les plus forts argumens
consistent en des exemples de ceux qui ont été Persécuteurs & Intolérans.

Q 7   (1) Gi-

mande: elle se contente qu'ils ne faf-
sent du tort à personne. (1) Ainsi elle
a uniquement en vûe de régler l'extérieur, ce qui suffit pour son but. Lors
donc qu'elle prescrit la Vertu, ce n'est
pas proprement entant que Vertu, ou
comme une chose qui demande la fincérité & la pureté du Cœur, mais
comme la pratique de certaines Actions
avantageufes à l'Etat : de même, quand
elle défend le Vice, elle n'exige pas
qu'on le déteste & qu'on l'abhorre dans
fon ame, elle en condamne feulement
les effets nuifibles à la Société; & elle
tient pour bons Citoiens ceux même
qui au fond font de malhonnêtes-gens,
pourvû qu'ils ne contreviennent point
à fes ordonnances & à fes prohibitions.
Voilà les fonctions de la Loi : celles
de la Religion font bien différentes.
La *Religion* a pour but de rendre les
Hommes fages : elle ne veut rien de
forcé, elle exhorte, elle perfuade. Elle condamne même les actes extérieurs
les

(1) CICERON dit, que ce n'est pas la connoiffance du Droit Civil qui fait l'Honnête Homme ; mais
que la Vertu est le fruit de l'Inftruction , & non pas
des Menaces ni des Recompenfes propofées par les
Loix. *Quod verò Viros Bonos Jure Civili fieri putas , quia
Legibus & Præmia propofita fint Virtutibus , & Supplicia
Vi-*

les plus conformes à la Vérité & à la
Vertu, les plus beaux en apparence,
lors que l'Esprit & le Cœur n'y ont
point de part. En effet, quelque bonne que soit une action en elle-même,
quelque honneur qu'elle fasse à la Religion, mérite-t-elle un titre si glorieux, lors que la Conscience, que
Dieu a établie au dedans de nous pour
Juge Souverain du Bien & du Mal,
nous la représente comme mauvaise?
Or, dans le cas dont il s'agit, on la
fait comme mauvaise, & nullement
comme bonne. Il n'en est pas de même de ce que les Loix Civiles prescri-
vent. Que l'on croie bien ou mal faire, pourvû que l'on agisse conformément à la Loi, cela est indifférent
pour l'Utilité Publique.

Il importe à l'*Etat*, direz-vous, de *Neuvième*
régler la forme, la maniére, & les ce- *Objection, ti-*
rémonies du Culte Divin. Tout ce que *rée de l'in-*
térét de l'E-
l'intérêt public demande ici, c'est, *tat, qui de-*
à mon avis, qu'il ne se fasse point *mande*
qu'on régle
d'Af- *ce qui concer-*
ne la Reli-
gion.

Vitiis : equidem putabam, Virtutem Hominibus (si modo
tradi ratione possit) instituendo & persuadendo, non minùs,
& vi ac metu tradi. Nam ipsum quidem illud etiam sine
cognitione Juris; quàm sit bellum cavere malum, scire pos-
sumus. De Oratore, Lib. I. Cap. LVIII.

(1) Voles

d'Aſſemblées ſuſpectes, où l'on trame
des conſpirations contre l'Etat, & où
les Initiez ſoient autoriſez à commettre des fornications, des adultéres,
des inceſtes, des meurtres, des parricides, des actes de Fauſſaire ou de
Faux-témoin, des fraudes, des trom-
peries, & autres crimes défendus par
les Loix Civiles, auſſi bien que par
le Droit Naturel. Car on ne peut pas
honorer du beau nom de *Religion*,
un complot abominable de gens dont
la liaiſon tend à la ruïne du Genre
Humain. C'eſt une pure ſcéleratef-
ſe, cachée ſous le voile ſpécieux de
la Religion. Du moment que quelcun viole ainſi l'Ordre du Gouvernement, & donne quelque atteinte au
but naturel des Sociétez Civiles, (1)
le reſpect de la Divinité n'empêche
nullement qu'on ne puiſſe uſer envers lui de la ſévérité des Loix, tout
de même que s'il ne ſe couvroit pas
d'un

(1) Voiez la *Lettre* Latine de Mr. LOCKE, pag. 73,
& ſeqq. pag. 105, & ſuiv. de la Traduction Françoiſe: & le COMMENT. PHILOSOPH. Part. II. Chap.
V. pag. 341. & ſuiv. Chap. IX. pag. 428. & ſuiv. &
le *Supplément*, Chap. dernier, pag. 452. &c. de l'E-
dit. de Roll. 1713.

(2) Voiez PLINE, *Hiſt. Natur.* Lib. XXX. Cap. I.
SUE-

d'un si beau prétexte. C'est ainsi que
l'Empereur *Tibére* (2) abolit en *A-
frique* l'usage barbare & criminel d'offrir des Victimes Humaines en sacrifice; & le Sénat Romain, la Fête
(3) des *Bacchanales*, à *Rome* & dans
l'*Italie*. Mais lors qu'une Religion ne
fait du mal à personne, & qu'elle
n'engage à rien de méchant ou de
deshonnête, mais qu'elle inspire au
contraire la Vertu & les Bonnes Mœurs,
&. qu'elle recommande la soûmission
au Gouvernement Civil, pour quelle
raison ne la souffriroit-on pas? Préten-
dra-t-on qu'il faille punir non les crimes de la Secte, mais la Secte comme
telle, quelque innocente qu'elle soit?
Qui ne voit, qu'il y auroit en cela u-
ne souveraine injustice, & une cruauté horrible? Le Sénat Romain en usa
avec plus d'équité & plus de sagesse,
lors qu'en faisant raser tous les édifices
où se célébroient les mystéres pernicieux

SUÉTONE, dans la Vie de *Claude*, Cap. XXV. MI-
NUT. FELIX, Cap. XXX. TERTULLIEN, Apolog.
Cap. IX. LACTANCE, *Instit. Div.* Lib. I. Cap. XXI.
& le Commentaire d'HIERÔME COLUMNA sur ce
vers d'ENNIUS, *Ille suos Deiveis mos sacrificare puellos,*
pag. 28, & *seqq.* Edit. Amstel.
(3) TIT. LIY. Lib. XXXIX. Cap. XIV, & *seqq.*
(1) Da-

cieux & abominables des *Bacchanales*,
il ordonna, (1) que si quelcun croioit
ne pouvoir en Conscience se dispenser
de consacrer solennellement à *Bacchus*
un certain tems pour cette Fête, il
allât en faire sa déclaration au Préteur
de la Ville, qui proposeroit la chose
au Sénat; & que, si alors le Sénat y
donnoit son consentement, dans une
séance où il n'y eût pas moins de cent
Sénateurs, il pourroit s'aquitter de cet
acte religieux: bien entendu qu'il n'y
eût pas plus de cinq personnes qui
assistassent au Sacrifice, qu'ils n'eussent
point de Trésor commun, & qu'il
n'y eût point de Maître des Cérémonies, ni même de Prêtre, qui s'y joi-
gnît.

Dixième Ob-
jection. La
diversité
des Reli-
gions cause
mille trou-
bles & mille
disordres
dans la So-
ciété.

Ceux, dites-vous, qui innovent
quel-

(1). *Datum deinde Consulibus negotium est, ut omnia*
Bacchanalia Roma primum, deinde per totam Italiam dirue-
rent.... in reliquum deinde Senatusconsulto cautum est,
Né qua Bacchanalia Romæ, neve in Italia essent. Si
quis tale sacrum solenne & necessarium duceret, nec
sine religione & piaculo se id omittere posse apud
Prætorem Urbanum profiteretur; Prætor Senatum
consuleret: si ei permissum esset, quum in Senatu
centum non minus essent, ita id sacrum faceret, dum
ne plus quinque sacrificio interessent; neu qua pecu-
nia communis, neu quis Magister sacrorum, aut Sa-
cerdos esset. TIT. LIV. *Lib.* XXXIX. *Cap.* XVIII.

(2) Voiez le Traité DE LA RAISON HUMAINE,
pag. 7, & suiv. le COMMENT. PHILOSOPH. Préface.

quelque chofe dans la Réligion, ou
qui la changent entiérement, donnent
lieu à des Opinions nouvelles & dan-
gereufes : d'où il naît des Conventi-
cules, des Cabales, des Confpira-
tions, des Troubles, des Séditions,
qui ne font nullement avantageufes à
la Société Civile. Mais (2) vous ne
tiendriez pas ce langage, fi vous
n'aviez intérêt de perfuader une telle
chofe, & de jetter les Efprits foibles
dans des craintes chimériques, pour
fatisfaire vôtre ambition ou vôtre a-
varice; vous, qui ne voulez pas fouffrir une Secte nouvelle, ou une Réligion que vous n'aimez pas. Les *E-
gyptiens* avoient des maximes bien différentes : car (3) on dit, que, pour
affermir leur Empire, ils inventérent
di-

face du Tom. I. pag. 124. *& fuiv.* de l'Edit. de *Rott.*
1713. Part. II. Chap. VI. & Part. III. pag. 17. *& fuiv.*
la BIBLIOTHEQUE UNIVERS. Tom. XII. pag.
476, *& fuiv.* le PARRHASIANA, Tom. I. pag. 297,
& fuiv. & Tom. II. pag. 199, *& fuiv.* comme auffi
le Traité DE LA TOLÉRANCE, qui eft à la fin des
Converfations de feu Mr. LE CENE *fur diverfes matiè-
res de Religion*, (pag. 253, *& fuiv.*) Ouvrage qui n'eft
qu'une Traduction d'un petit Livre de ORELLIUS,
qui avoit paru fous le Titre de *Junii Bruti Vindiciæ pro
libertate Religionis.*
(3) C'eft ce que remarque DIODORE DE SICI-
LE, dans fa *Bibliot. Hift.* Lib. I. Καὶ ἴσως μηδέτερος
ἑαυτῷτινι ἄκοντας τι καὶ Αἰγύπτιον &c.
(1) *Uti-*

diverſes ſortes de Religions ; dans la
penſée que cette différence de ſentimens & de culte ſeroit comme une
barriére qui empêcheroit les Peuples
de conſpirer enſemble contro le Gouvernement. L'Empereur *Julien* uſa
de la même politique. Lors qu'il
voulut faire ouvrir les Temples du
Paganiſme & redreſſer ſes Autels ,
pour rendre plus ſûre l'exécution de
ſon projet , (1) il manda les Evêques
diviſez entr'eux ſur la Religion , &
quand ils eurent été introduits dans ſon
Palais avec le Peuple qui avoit pris
parti pour chacun , *il les exhorta de*
mettre fin à ces diſſenſions civiles , &
les aſſûra que chacun pouvoit , ſans
rien craindre , ſuivre la Religion qui
lui paroiſſoit la meilleure : ce qu'il fit
(ajoû-

_____

(1) *Utque diſpoſitorum roboraret effectum , diſſidentes*
Chriſtianorum Antiſtites cum Plebe diſciſſa in Palatium in-
tromiſſos monebat , ut civilibus diſcordiis conſopitis , quiſque
nullo vetante Religioni ſuæ ſerviret intrepidus. Quod agebat
ideo obſtinatè , ut diſſenſiones , augente licentia , non timeret
unanimantem poſtea Plebem. AMMIAN. MARCELLIN,
Lib. XXII. Cap. V. Voici la réflexion que fait MON-
TAGNE , après avoir rapporté le paſſage même de
cet Auteur : " En quoy cela eſt digne de conſidera-
" tion , que l'Empereur Julien ſe ſert , pour attiſer le
" trouble de la diſſention civile , de cette meſme re-
" cepte de liberté de conſcience , que nos Roys vien-
" nent d'employer pour l'eſteindre. On peut dire d'un
" coſté , que de laſcher la bride aux parts d'entrete-
" nir.

(ajoûte là-dessus l'Historien qui nous apprend cette circonstance) *afin que la Liberté de Conscience augmentant les divisions, il n'eût point à craindre désormais que le Peuple se réünît contre lui.* Mais qu'est-il besoin d'autoritez & d'exemples ? Considérons la chose en elle-même. Pourquoi est-ce que le Prince ou l'Etat prendroit ombrage d'une Opinion ou d'une Secte, quoi que nouvelle, lors qu'elle n'est en rien contraire ni aux bonnes mœurs, ni à l'Autorité du Souverain ? car du moment qu'elle paroît funeste à la Société, il faut la bannir, non par ce qu'elle est nouvelle, mais parce qu'elle est nuisible. Si la nouveauté seule autorisoit à proscrire une Religion, en vertu de quoi est-ce que les

pré-

,, nir leur opinion, c'est espandre & semer la divi-
,, sion, c'est prester quasi la main à l'augmenter; n'y
,, ayant aucune barriere ni coërction des loix, qui
,, bride & empesche sa course. Mais d'autre costé on
,, diroit aussi, que de lascher la bride aux parts d'en-
,, tretenir leur opinion, c'est les amollir & relascher
,, par la facilité & par l'aisance, & que c'est esmous-
,, ser l'aiguillon, qui s'affine par la rareté, la nou-
,, velleté, & la difficulté. Et si croy mieux, pour
,, l'honneur de la devotion de nos Roys; c'est que
,, n'ayans pû ce qu'ils vouloient, ils ont fait sem-
,, blant de vouloir ce qu'ils pouvoient. *Essais,* Liv.
,, II. Chap. XIX. à la fin.

(1) Voïez

prémiers Chrétiens auroient pû se plaindre des cruelles persécutions du Paganisme, au milieu duquel ils venoient annoncer une Doctrine sans contredit toute nouvelle, & qui ne pouvoit que paroître fort étrange? On a lieu, direz-vous, de tenir pour suspectes les (1) Assemblées particuliéres, sur tout celles qui se font de nuit. Mais les gens d'honneur & de probité ne se cachent point, à moins que le péril qu'il y a de s'assembler ouvertement ne les y contraigne. D'ailleurs, on peut envoier quelcun à leurs Assemblées, pour voir tout ce qui s'y passe. Rien n'empêche même que le Souverain, s'il le juge à propos, ne fixe le nombre de personnes dont elles peuvent être composées, comme nous avons remarqué ci-dessus que le pratiqua le Sénat Romain en permettant aux Particuliers de faire des sacrifices à *Bacchus*, après l'abolition des *Bacchanales*. On peut aussi défendre aux Sectes, sous quelque peine, de s'injurier & de se damner les unes les au-

(1) Voiez la *Lettre* Latine de Mr. L O C K E, pag. 79. & *seqq.* de l'Original, pag. 113. & *suiv.* de la Traduction Françoise.

autres. Enfin, que chacun ait la liberté d'entrer dans telle Religion que
bon lui semblera, ou d'en sortir: &
que ceux qui sont de différentes Com-
munions se mettent bien dans l'esprit,
qu'ils sont Hommes les uns & les
autres, fort sujets par conséquent à
tomber dans l'erreur, comme ils ne
l'éprouvent que trop souvent: du reste qu'ils ne trompent personne. De
cette maniére, chaque Parti aiant à
cœur l'Intégrité, l'Honneur, & la
Piété, tous serviront Dieu sincérement: aucun ne sera soûmis aux décisions humaines & au caprice des Princes en matiére des choses qui regardent la Conscience. Il n'y aura alors
aucun sujet de haine ni de querelles,
parce que chacun pourra dire librement ce qu'il pense, sans que les passions trouvent leur compte à lui faire
déguiser ses sentimens, ou à remplir
son Esprit de nuages qui obscurcissent
la Vérité, ou à l'animer contre ceux
qui ne sont pas de la même Religion.
Le Prince n'aura non plus rien à
craindre des Sectes & des Opinions
nouvelles: pourvû qu'il ne se mêle
pas dans des Disputes innocentes, sur
des

des choses qui n'intéressent en aucune
maniére le Gouvernement Civil, &
qu'il ne favorise pas une Sécte, au
préjudice de l'autre. En un mot, à
moins que les Disputes ne soient fo-
mentées par le Souverain, ou entrete-
nues par un esprit de chicane & par la
licence de se déchainer en invectives
les uns contre les autres, elles ne cau-
seront point de division dans l'Etat,
& elles tomberont bien-tôt d'elles-
mêmes. Qui ne sait avec quelle chaleur on a agité dans le dernier Siécle
la question (1) du *Sabbat*, & celle de
la (2) *longue Chévelure ?* Cependant
l'une & l'autre de ces Disputes s'est
évanouïe, le Magistrat les aiant mé-
prisées, ou ne s'étant point mis en
peine d'entrer dans les démêlez des
Théologiens. Y a-t-il quelcun aujour-
d'hui d'assez simple pour s'imaginer,
qu'on

____

(1) Voïez en peu de mots l'histoire de cette Dispute, dans la BIBLIOTHÉQUE UNIVERSELLE,
Tom. V. pag. 520, & *suiv.*
(2) Deux Ministres Flamands donnérent occasion à
cette Dispute. Comme ils étoient à table dans une
maison où ils avoient été invitez, le plus âgé, qui
portoit des cheveux courts, se mit à censurer l'autre
de ce qu'il les portoit longs; & fondé sur un passage
de St. PAUL (1. *Corinth.* XI, 14.) il l'accusa de violer
le Droit Naturel. Cela produisit un grand nombre de
Li-

qu'on donne quelque atteinte à la Religion en foûtenant qu'il y a des *An-
tipodes* : Opinion que LACTANCE
(3) & plufieurs autres de ceux qu'on
appelle *Péres de l'Eglife*, ont traité
d'erronée ou même d'impie? Qui eft-
ce qui ne tient pas pour une chofe
fort indifférente à la Religion, de favoir fi c'eft le *Soleil*, ou la *Terre*, qui
tourne; quoi qu'il y aît eu des gens
qui fe font oppofez avec de grandes
clameurs à l'opinion du mouvement
de la Terre? Par le Droit Canon, le
Prêt à ufure, même fur le pié le plus
modique, eft déclaré un grand crime;
& les *Papes* lancent des anathêmes
contre tous ceux qui n'approuveront
pas ou qui violeront un reglement fi
févére. Il y a eû même parmi nous
des gens qui ont donné dans cette
Morale outrée. Dans les Etats néanmoins

Lit res de part & d'autre. Chacun avoit pris part
parmi les Eccléfiaftiques, où l'autorité du vieux Mi-
niftre avoit prefque terraffé l'opinion du jeune. SAU-
MAISE même fe mit enfin fur les rangs, & par l'explication fubtile qu'il donna au fameux paffage, il fit
voir que fa Critique n'étoit pas auffi heureufe à pénétrer le fens des Auteurs Sacrez, qu'à expliquer les
Auteurs Profanes.

(3) Voiez fes INSTITUTIONS DIVINES, Lib.
III. Cap. XXIV.

R   (1) Voiez

moins comme celui-ci ; où les Loix
& les Coûtumes font fondées fur d'autres maximes, tout le monde croit généralement, que, par le Droit de la
Nature & des Gens ; le *Prêt à ufure*
confidéré en lui-même, & réduit à
fes juftes bornes, eft auffi permis &
auffi (1) innocent, que le Contract de
Louage, dont il eft auffi une véritable
efpéce.

Onzième
Objection. Il
faut du
moins ex-
tirper les
Religions
Idolâtres &
Superftitieu-
fes, pour ne
pas laiffer
corrompre
la véritable
Religion.

Voilà, MESSIEURS, une réfutation de la plûpart des raifons qu'al-
léguent ordinairement ceux qui prétendent que la Religion eft foûmife
à l'Autorité Humaine & aux Loix
Civiles. Peut-être fe retranchera-t-on
à dire, qu'il faut du moins purger
l'Etat & la Société Humaine, des
erreurs groffiéres ; de la *Superftition*,
de l'*Idolâtrie*, & autres femblables a-
bus de la Religion qui font également extravagans & impies ; de peur
que la véritable Religion ne fe cor-
rompe par le voifinage des fauffes.
Mais cette penfée ne me paroît pas
moins abfurde, que pernicieufe au
Genre Humain, & je m'engage à
VOUS

(1) Voiez le beau Traité de nôtre Auteur, DE
FŒNORE ET USURIS, publié en 1698. & rimprimé

vous le faire voir par des preuves incontestables. Comment donc? direz-vous. Le voici, Messieurs. Supposons, j'y consens, qu'un Prince, pour rendre service à une Religion sainte & raisonnable, veuille arrêter le cours de la Superstition, défendre des Pratiques ridicules & impertinentes, abolir tout Culte impie : voilà qui est bien. Il me reste seulement une petite difficulté : dites-moi, je vous prie, si je dois après cela refuser le même droit à un autre Prince qui est d'une Religion toute opposée ? Car l'Autorité Souveraine réside avec une égale force dans l'un & dans l'autre, & aucun d'eux ne croit sa Religion mauvaise. On peut donc tourner la medaille, & du moment que vous accordez à quelcun le droit de s'opposer à une Religion fausse & absurde, vous ne sauriez faire un crime à personne de ce qu'il travaille à l'extirpation de toutes les Sectes différentes de la sienne. Car si l'on peut faire tous ses efforts pour éteindre une Religion fausse ou impie, la question se réduit à

mé depuis peu, en 1713. dans le Recueil de toutes ses Oeuvres.

R 2

à ſavoir ſi celle, dont on n'eſt pas, mérite d'être regardée ſur ce pié-là. Or qui en connoîtra ? qui en décidera ? qui aura le privilége d'affermir ſa Religion ſur les ruines de l'autre ? Ne ſera-ce pas celui qui ſe trouvera le plus fort, ou à cauſe de la Souveraineté, dont il eſt revêtu, ou par la ſupériorité de ſes Armes, & ceux qu'il autoriſera ou qu'il aidera dans une telle entrepriſe ? Ainſi la Religion, qui doit être accompagnée de ſincérité & d'une pleine perſuaſion, & uniquement fondée ſur l'Autorité Divine, ne ſe ſoûtiendra plus par les lumiéres de la Raiſon & par les conſeils de la Sageſſe, mais par l'Autorité Humaine, ou par la Force. Or y a-t-il rien de plus honteux, de plus injuſte, de plus extravagant ? je vous en laiſſe les juges. Sous l'Empire de *Néron* & de ſes Succeſſeurs, la *Religion Chrétienne*, toute ſainte, toute divine qu'elle eſt, ne reſpirant qu'Honnêteté, que Moderation, qu'Humilité, que Douceur, qu'Huma-

(1) C'eſt ce que nous apprend Tacite : *Repreſſaque in præſens exitiabilis ſuperſtitio [Chriſtianorum] rurſus erumpebat ...... haud perinde, in crimine in-*

manité, que Courage, que Fidélité,
que Conſtance, fut néanmoins rejet-
tée & cruellement perſécutée : dira-
t-on que les *Chrétiens* n'avoient pas
lieu de ſe plaindre, parce que le Souverain regardoit alors leur Secte comme (1) une Superſtition pernicieuſe;
& ceux qui en faiſoient profeſſion,
comme autant de Scélérats & de gens
convaincus d'avoir une haine mortelle
pour tout le reſte du Genre Humain?
Lors que dans la ſuite cette Religion
fut dominante, eſt-ce que, pour être
autoriſée par les Loix & appuiée de la
force des Armes & du Bras Séculier,
elle en devint plus pure & plus véritable, que quand elle n'avoit d'autre
ſoûtien que la vertu, l'innocence, &
la ſimplicité de ſes Sectateurs? Les
Paiens, d'autre côté, dans le tems
qu'on leur défendit l'exercice public
de leur Religion, qu'on abattit leurs
Autels, qu'on fit fermer leurs Temples; étoient-ils adonnez à des Super-
ſtitions plus abominables, que lors que
maîtres de l'Empire ils perſécutoient
les

incendii, *quam odio humani generis, convicti ſunt.* Annal. Lib. XV. Cap. XLIV. num. 5, 6.

les *Chrétiens*, auxquels ils ne pouvoient
véritablement reprocher aucun crime,
ni la moindre chose qui tendît à l'Impiété? Il n'est pas nécessaire d'alléguer
ici d'autres exemples semblables, tirez des Siécles suivans ; personne ne
les ignore. Je ne saurois m'empêcher
néanmoins de vous rappeller celui de
(1) THOMAS CRANMER, Ar-
chevêque de (2) *Cantorberi*, dont la
fin tragique fait voir bien clairement
les fâcheux retours auxquels un Into-
lérant s'expose. Car, le Parti contraire étant devenu le plus fort sous le
Régne de MARIE ; ce Prélat é-
prouva en sa personne le feu de la
Persécution, qu'il avoit lui-même allumé sous le Régne d'EDOUARD
contre ceux qui étoient dans d'autres
sentimens que les siens. Concluons,
que la Vraie Religion (3) n'a pas
plus de droit, que les Fausses, d'emploier

_____

(1) Il fut brûlé à *Oxford*, le 21. Mars 1556. " On
" remarqua (ce sont les termes de Mr. BURNET,
aujourd'hui Evêque de *Salisbury*) " que durant le Ré-
" gne de HENRI VIII. il avoit consenti à l'exécu-
" tion de *Lambert*, & d'*Anne Aikew*, qui souffrirent
" pour les sentimens dont il fit ensuite profession...
" On ajoûta, que c'étoit lui qui avoit pressé l'exécu-
" tion de *Jeanne de Kent*, & de *George van Pare*,
" sous EDOUARD ; & que, s'il éprouvoit la mê-
" me

ploier la Force ou l'Autorité du Gouvernement Civil, pour extirper les
autres Sectes, ou pour s'oppofer à leur
établiffement.

Mais, direz-vous, l'*Idolatrie* eft
une *chofe extravagante & odieufe au
vrai* DIEU. Qui en doute? Y a-t il
aucun Homme de bon-fens, & éclairé, qui puiffe approuver les idées
monftrueufes des Idolatres, & qui ne
foit au contraire perfuadé qu'il faut
bien prendre garde de ne tomber jamais en aucune maniére dans un tel
aveuglement? Mais il n'eft pas queftion ici d'examiner, fi une perfonne
fage, grave, & de probité, doit s'abftenir de toute fuperftition impie ou
infenfée: il s'agit uniquement de favoir, fi, par cela feul que les Idolatres font coupables devant DIEU, on
doit les perfécuter & les bannir de
l'Etat & de la Société? & fi l'on peut
em-

*L'Idolatrie
par elle-
même n'eft
pas une rai-
fon fuffi-
fante pour
autorifer à
perfecuter
une Reli-
gion.*

,, me rigueur par l'autorité de MARIE, c'étoit un
,, jufte jugement de Dieu. *Hift. de la Reformation*,
Tom. II. pag. 171. de la Traduct. Françoife, Ed. de
Londres.

(2) Il y a dans l'Original, *de Cambrige (Cantabrigien-
fim)* fans doute par une faute d'impreffion.

(3) Voiez le COMMENT. PHILOSOPH. Tom. II.
Chap. VIII, & *fuiv.*

R 4   (1) Voiez

emploier contre eux légitimement la
voie des Armes ou les châtimens des
Loix? Pour moi, MESSIEURS, je
n'ai garde d'adopter une pensée si téméraire & si dangereuse, & je crois
avoir de très-fortes raisons pour la rejetter. (1) Prémiérement, qu'enten-
drons-nous par le mot d'*Idolatrie?* car
les idées qu'on y attache, sont fort
différentes & fort variables. Et quand
aurions-nous fait, si nous voulions
considérer les naturels, les mœurs, les
Sectes, tant des Savans, que du Peuple, dans tous les Païs du Monde, &
la diversité prodigieuse d'Opinions, de
Rites, de Cérémonies, qu'on y remarque? De plus, la nature & le but
des Loix Humaines ne (2) demande
pas que les Législateurs punissent tout
ce qui est désagréable à Dieu. Je ne
parle pas de la Dureté, de l'Inhumanité, de l'Avarice, du Luxe, de l'Envie, de la Haine, de l'Oisiveté, de
la Paresse, de la Témérité, de l'Y-
vrognerie, de l'Intempérance, de la
Dé-

(1) Voiez la *Lettre* Latine de Mr. LOCKE sur la
Tolérance, pag. 58, *& seqq.* de l'Original, pag. 82, *&
suiv.* de la Traduction Françoise.
(2) Voiez le *Droit de la Nature & des Gens*, de PU-
FEN.

Débauche , de la Senſualité , qui
ſont des Vices, de l'aveu de tout le
monde, & par leſquels D I E U eſt certainement offenſé. Cependant lors qu'ils
ne donnent aucune atteinte au Bien de
l'Etat, & qu'ils ne cauſent d'ailleurs
du préjudice à perſonne, ceux qui s'y
abandonnent ſont à couvert de la ſévérité de toutes les Loix Humaines.
Qu'y a-t-il encore de plus infame,
que le *Menſonge* , & que le *Parjure*?
Les Loix néanmoins ne les puniſſent
point, tant qu'ils ne font aucun tort
ni à l'Etat, ni aux Particuliers; &
l'on remet au jugement de Dieu ceux
qui ſe ſont rendus coupables de tels
pechez. Je ne dirai pas non plus,
qu'autrefois (3) à *Rome* on voioit tous
les jours des Femmes, même des plus
diſtinguées, ſe faire avorter impunément, preſque à la vûe de tout le monde; quoi que cela paſſât alors, comme aujourdhui, pour une action abominable & qui ne peut partir que d'u-
ne Mére dénaturée : juſques à ce
qu'en-

FENDORF, Liv. VIII. Chap. III. §. 14.
(3) Voïez le J U L I U S P A U L U S de nôtre Auteur,
publié pour la troiſiéme fois dans le Recueil de ſes
Oeuvres, Cap. XI.

R 5   (1) Voïez.

qu'enfin les Empereurs *Sévére* & *An-tonin* défendirent, sous peine d'exil, ces avortemens volontaires. Mais voici quelque chose de plus surprenant. Qui croiroit, MESSIEURS, qu'il aît jamais pû être permis aux Péres, je ne dirai pas seulement d'exposer leurs Enfans au sortir du ventre de leur Mére, en des lieux où il leur restoit quelque ressource dans l'espérance, quoi qu'incertaine, de la compassion des Étrangers ; mais encore d'étouffer eux-mêmes ces pauvres créatures, de les jetter dans la Riviére, de les laisser dans un Désert, pour y périr infailliblement ou de faim & de froid, ou par la dent de quelque Bête féroce ? Je fremis, quand je pense à une coûtume si barbare, si cruelle, si horrible. Cependant la *Gréce*, qui étoit alors l'Ecole du Savoir & de la Politesse pour tous les Peuples, & *Rome* ensuite, la Maîtresse du Monde, combien de tems ne l'ont-elles pas soufferte? (1) CONSTANTIN même, lors que le Christianisme étoit dé-

_____

(1) Voiez le JULIUS PAULUS de nôtre Auteur, où il a traité cette matiére à fond.

déja dominant, ne put pas venir à
bout d'abolir la licence de ce crime
abominable. Les Empereurs VALEN-
TINIEN, VALENS, & GRATIEN,
furent les prémiers qui oférent le défendre fur peine de la vie: tant il é-
toit difficile de s'oppofer à un ufage fi
commun, & fi ancien! Puis donc que
la conftitution de l'Etat & la fituation
des affaires demandent quelquefois
qu'on tólére un fi grand nombre de
Vices, & de Vices éclattans; faut-
il s'étonner que l'Idolàtrie même, lors
qu'elle ne trouble point le Repos Public, & qu'elle n'apporte aucun obf-
tacle au Bien de l'Etat, ne doive
point être punie par les Loix, quoi
que tout homme fage & éclairé ne
puifte que la regarder avec une fouveraine horreur?

Ici il me femble entendre dire à
quelcun : Vous donnez donc tant à
l'intérêt de l'Etat, que d'approuver
qu'on tólére l'*Idolatrie*, qui étoit punie de mort par la *Loi de Moïfe*, par
cette Loi divine, pleine de fageffe
& d'équité? Qui que vous foyiez
qui faites cette objection, un peu
de patience, & je vais vous fatisfaire.

Réponfe à l'objection tirée de la peine de mort que la Loi de Moïfe décernoit contre les Idolatres.

R 6

re. (1) C'est sans contredit avec beau‑
coup de raison que tout le monde a un
grand respect pour une Loi que Dieu
donna lui‑même au Peuple Hébreu par
le ministére de *Moïse :* ne trouvez pas
mauvais néanmoins, que nous ne la
suivions pas aujourd'hui en tout &
par tout. Chaque Etat a sa constitu‑
tion particuliére ; & les Loix d'un
certain Gouvernement ne peuvent pas
plus être convenables à tous les hom‑
mes, à tous les lieux, & à tous les
tems, qu'un seul & même remede
ne peut guérir toutes les maladies,
dans cette diversité infinie de tempé‑
ramens, de sexe, d'âges, de cli‑
mats, d'alimens, de mœurs, & de
vices. Pour ne rien dire des Loix
de *Moïse* sur le (2) *Jubilé,* sur le (3)
Prêt à usure, sur la (4) *punition du
Larcin & des Injures,* sur le privilége
des *Zélateurs,* sur *l'abstinence* (5) *du
Sang & des choses étouffées,* & sur plu‑
sieurs autres choses qui ne s'observent
pré‑

(1) Voiez les CONVERSATIONS SUR DIVER‑
SES MAT. DE RELIG. pag. 89, & suiv. & pag. 265,
& suiv. & le COMMENT. PHILOSOPH. Part. II.
pag. 322. & suiv. de l'Edition de Rott. 1713.
(2) Voiez le LÉVITIQUE, Chap. XXV.
(3) Voiez EXODE, XXII, 25; LÉVITIQUE,
XXV,

préſentement nulle part ; qui ne ſait qu'il permit la *Polygamie*, qui eſt aujourd'hui punie de mort en quelques endroits, & en d'autres moins ſévérement, mais d'ailleurs généralement regardée parmi les *Chrétiens* comme une choſe illicite & criminelle ? La Loi de *Moïſe* condamne à mort les (6) *Adultéres :* parce que les *Juifs* étant la plûpart aſſez éloignez de la Mer, & adonnez à l'Agriculture plus qu'à toute autre profeſſion, ſe marioient preſque tous ; & que même chaque Homme pouvoit avoir autant de Femmes qu'il vouloit. Mais nos Loix ne ſont pas ſi ſévéres ſur ce chapitre ; parce que nous avons à faire à un Peuple voiſin de la Mer, & dont le commerce par toute la Terre fait que les gens mariez vont ſouvent en voiage, & y demeurent long tems. L'Humeur farouche, colére & vindicative des *Juifs*, obligea *Moïſe* à permettre aux Maris (7) de ré-

XXV, 37. DEUTERONOME, XXIII, 19, 20.

(4) Voïez EXODE, Chap. XXII.

(5) Voïez LEVITIQUE, XVII, 10, 13. XIX, 26, DEUTERONOME, XII, 23.

(6) LEVITIQUE, XX, 10.

(7) Voïez DEUTERONOME, Chap. XXIV.

R 7

répudier leurs Femmes quand bon leur
sembleroit : au lieu que, parmi nous,
le *Divorce* est défendu, hormis pour
cause d'Adultére, ou d'une Désertion
malicieuse qui détruit l'usage & le but
de la Société Conjugale. Je n'alléguerai
ai pás, MESSIEURS, un plus grand
nombre d'exemples : ceux que je viens
de vous indiquer, suffisent pour vous
convaincre, que la différence des Loix
& des Peines établies dans le Tribunal Humain n'est pas fondée sur la nature même des choses défendues, mais
sur l'Utilité Publique de chaque Société ; & qu'ainsi toutes celles qui é-
toient nécessaires au Peuple Juif, ne
conviennent pas à nos mœurs & à nôtre
état. Vous souhaittez sans doute, que
je vous explique maintenant, d'où
vient que je trouve juste la Loi qui
punissoit l'Idolatrie parmi les *Juifs*,
pendant que je soûtiens qu'aucun autre Peuple ne sauroit sans injustice é-
tablir une Loi comme celle-là. En effet, c'est ce qui me reste encore à
prouver, pour achever de mettre dans
tout son jour la foiblesse de l'objection que je réfute. Or il n'y a rien
de plus facile que de montrer le fon-
de-

dement de la différence qu'il y a ici
entre les Loix des *Juifs*, & celles des
autres Peuples. Il ne faut que faire
attention à une raison toute particuliere, fondée sur la constitution du Gouvernement des *Juifs*, qui autorisoit
parmi eux la punition de l'Idolatrie,
& qui ne tire point à conséquence
pour quelque autre Nation que ce
soit. Car y en a-t-il aujourdhui aucune qui soit si heureuse, que d'avoir
D I E U lui-même pour Conducteur &
pour Prince temporel ? Nous le re-
gardons tous à la vérité comme le
Maître de l'Univers, & comme le
Souverain Législateur du Genre Humain, réuni sous son Empire par la
liaison générale que forme entre tous
les Hommes la Raison qui leur est naturellement commune. Mais où trou-
vera-t-on un Peuple, à qui il donne
des Loix écrites, & qu'il gouverne
lui-même comme Chef de l'Etat, en
conséquence d'une convention faite
entre lui & les Citoiens? C'étoit-là,
MESSIEURS, le glorieux avantage
de la Nation Judaïque. Dieu l'hono-
ra de son Alliance, & voulut en être
le Souverain temporel, à condition
qu'el-

qu'elle lui feroit fidéle, & qu'elle ne donneroit aucune atteinte à la forme du Gouvernement & de la Religion, à laquelle chacun s'étoit foûmis par la bouche de *Moïfe*. Ce grand & confidérable principe du Droit Public étoit le fondement du bonheur & des efperances de tous les *Ifraëlites*. De là dépendoit la confervation & la profpérité de ce Peuple chéri du Ciel. Quiconque donc entreprenoit d'innover quelque chofe dans la Religion fans un ordre ou une permiffion particuliére de DIEU, commettoit fans contredit un crime de Léze-Majefté; puis qu'il violoit de propos délibéré ce qui faifoit, pour ainfi dire, le lien & l'ame de l'Etat, & qu'en voulant introduire un Culte fuperftitieux il reconnoiffoit par là un autre Souverain que celui qui étoit établi par les Loix Fondamentales (1) de la Société Civile des *Juifs*.

Voi-

(1) Mr LE CLERC, dans l'Extrait qu'il vient de donner de ce Difcours, (*Bibl. Choifie*, Tom. XI. pag. 253.) ajoûte à cela deux obfervations importantes, aûxquelles je renvoie le Lecteur.

(2) *Poftremo hoc moderamine Principatus inclaruit, quod inter Religionum diverfitates medius ftetit : nec quemquam*
in-

Voilà, MESSIEURS, quelle é- *L'Intoléran-* toit la conſtitution du Gouvernement *ce eſt faneſte* des *Juifs*, & en même tems la véri- *& à l'Etat* table raiſon pourquoi une des Loix de *& au Prince.* *Moïſe* défendoit l'Idolatrie ſur peine de mort. Vouloir maintenant que cette Loi ſubſiſte parmi nous, ou chez d'autres Peuples qui ont une forme de Gouvernement toute différente, n'eſt- ce pas une ſouveraine extravagance? Je ſuis fort trompé, ſi *Valentinien I.* n'avoit compris l'abſurdité de cette penſée: car, quoi qu'il fût Chrétien, (2) *il ſe diſtingua ſi fort par ſa modéra- tion*, (ce ſont les propres termes d'AMMIEN MARCELLIN) *qu'il témoigna une entiére impartialité dans la maniére dont il en uſoit envers ſes Su- jets, de quelque Religion qu'ils fuſſent. Il n'inquiéta perſonne pour ce ſujet: il ne preſcrivit pas tel ou tel Culte, qui dût être permis dans ſon Empire: il ne fit point d'Edits fulminans pour contraindre*

ſes

(2) *inquietavit, neque ut hoc coleretur imperavit aut illud: nec interdictis minacibus Subjectorum cervicem ad id quod ipſe coluit inclinabat: ſed intemerata reliquit has par- tes ut reperit.* AMM. MARCELLIN, Lib. XXX. Cap. IX.

(1) Ha-

ſes Sujets à adorer la même Divinité,
que lui : mais il laiſſa les choſes dans
l'état où il les avoit trouvées. Jouïſſez,
grand Empereur, de la gloire que
vous vous êtes ainſi aquiſe par vôtre
juſtice & vôtre équité. Vous vous ê-
tes attaché exactement & ſincerement
à la Religion qui vous paroiſſoit la
meilleure : mais vous n'avez pas néanmoins ſouffert que l'on regardât &
que l'on punît comme des Criminels,
ceux de toute autre Religion qui ne
faiſoient du tort à perſonne, en ſorte
que, ſi d'un côté vous étiez *pieux* &
religieux, de l'autre vous vous ſouve-
niez que vous étiez *Prince*, & que
vous repréſentiez l'Etat, ſous la protection duquel doivent être tous ceux
qui ne donnent aucune atteinte à la
paix, à la ſûreté & à l'utilité publique. L'Hiſtorien Païen, que je viens
de citer, rend un témoignage honorable & authentique à la ſage modéra-
tion de *Valentinien :* mais je ne ſaurois
m'em-

(1) *Haruſpicinam ego nullum cum maleficiorum cauſſâ
habere conſortium judico : neque ipſam aut aliquam prætereâ
conceſſam à majoribus Religionem genus eſſe arbitror crimi-
nis. Teſtes ſunt Leges à me in exordio Imperii mei datæ,
quibus unicuique quod animo imbibiſſet colendi libera facultas
tri-*

m'empêcher d'y ajoûter la propre Déclaration de cet Empereur, qui est
pleine de douceur, d'humanité, & de
modestie. *Je trouve,* (1) *dit - il, que
l'Art des Haruspices* (2) *ne renferme
rien par lui-même qui porte à faire du
mal : & je ne crois pas que cette Pratique de Religion, non plus qu'aucune
autre, soit une espéce de crime ; témoin
les Loix que j'ai faites au commencement de mon Régne, par lesquelles j'ai
accordé à chacun une entiére liberté de
suivre telle Religion que bon lui sembleroit. Je ne condamne donc pas l'Art
des Haruspices en lui-même ; je défens
seulement qu'on l'exerce d'une maniére
nuisible à qui que ce soit.* Par cette
Constitution, MESSIEURS, *Valentinien* s'aquitta du Devoir d'un Prince
bon & prudent. Que si dans la suite,
(comme les Princes sont d'ordinaire
changeans, & sujets à vouloir le contraire de ce qu'ils avoient approuvé
eux-mêmes, parce qu'ils suivent trop
aveu-

---

tributa est. *Nec Haruspicinam reprehendimus , sed nocenter
exerceri vetamus.* COD. THEODOS. *de Maleficis & Ma-
thematicis* , Leg. IX.
(2) C'est-à-dire ; l'Art de prédire l'avenir en con-
sidérant les entrailles des Victimes.

aveuglément les conseils d'autrui, qui,
comme les vagues de la Mer, les a-
gitent & les font flotter de côté &
d'autre, autant qu'ils les aident) si,
dis-je, dans la suite cet Empereur &
d'autres Princes, ont agi d'une maniére différente, c'est à eux à voir
comment ils pourront justifier leur
conduite. Car en vertu dequoi s'ar-
rogent-ils un droit qu'ils ne tiennent
ni de la Raison, ni du consentement
des Peuples; qui est le fondement de
toute Autorité légitime? A quoi enfin a abouti de tout tems cette barbare & absurde tyrannie, si ce n'est à
fournir un spectacle non seulement fort
affreux, mais encore honteux & funeste au Genre Humain, & aux Princes même qui ont voulu l'exercer?
Certainement lors que l'Ignorance,
l'Envie, l'Ambition, la Superstition,
l'Avarice, soûtenues des forces publiques, ôtent à tout le monde, pour
l'intérêt d'un petit nombre de gens,
la liberté de chercher la Vérité, &
persécutent, comme des personnes
suspectes & dangereuses, ceux qui cul-
tivent les Connoissances solides & qui
s'attachent à l'étude de la Sagesse:
que

que peut-on attendre de là, si ce n'est de voir l'Etat exposé à mille troubles, s'appauvrir tous les jours, se dépeupler, s'affoiblir, tomber dans la barbarie; & le Prince persécuteur, ou les autres qui l'imitent, se couvrir d'un opprobre éternel, & rendre leur mémoire odieuse à jamais, s'attirer de leur vivant de la haine, des embuches, mille périls au dedans & au dehors, se repentir enfin, mais trop tard de leur folie?

CE que je dis-là, MESSIEURS, *Conclusion.* je pourrois le prouver par un grand nombre d'exemples, & anciens, & modernes: mais le tems destiné à ce Discours est déja fini; & il me suffit de vous avoir démontré avec la derniére évidence, que la Religion n'est point du ressort des Tribunaux Humains, & qu'elle ne reléve que de DIEU, le seul maître de nos Consciences. J'ajoûterai seulement une chose que nous avons tous intérêt de bien comprendre: c'est que nous devons nous estimer heureux & benir le Ciel, de ce que nous vivons dans un Païs, où par un effet de la Providence Divine & de la sage & pieuse condui-

duite des Magiſtrats de cette puiſſante
République, chacun peut ſervir Dieu
ſelon les mouvemens de ſa Conſcience,
& perſonne n'a à craindre ni le Bourreau, ni le Soldat, ni un Ecoléſiaſti-
que fourbe, cruel, impie, ſuperbe,
ſcélérat, qui avec une audace diabo-
lique dreſſe des embûches aux biens,
à l'Honneur, à la vie, à la liberté de
tout ce qu'il y a de perſonnes ſages &
vertueuſes, depuis le plus petit juſqu'au plus grand, & ſans reſpecter les
plus hautes Dignitez. Une tyrannie ſi
cruelle, ſi affreuſe, ſi déteſtable, op-
primoit nos Ancêtres, & violoit envers eux tout Droit Divin & Humain.
Mais ils ſe remirent en poſſeſſion de leur
liberté naturelle, avec un courage hé-
roïque, & une fermeté qui leur a
aquis une gloire immortelle dans l'eſprit de tous les honnêtes gens. Ils
nous ont laiſſé au plus juſte titre du
monde cet héritage précieux, comme
un bien qui doit paſſer à leur Poſtéri-
té la plus reculée : C'eſt à nous à
prendre garde de ne pas nous montrer
indignes d'un ſang ſi généreux, & de
ne point perdre par nôtre pareſſe &
par nôtre nonchalance le fruit d'un
bien

sen si grand, si ineftimable, mais plûtôt de laiffer à perpétuité cette liberté entiére & fans aucune diminution, à nôtre Patrie, à nos Enfans, à nos Defcendans, qui font, après DIEU, ce que nous pouvons & que nous devons avoir de plus cher au monde.

FIN du Second Difcours de Mr. NOODT, & du dernier de ce Volume.

www.ingramcontent.com/pod-product-compliance
Lightning Source LLC
Chambersburg PA
CBHW070756030726
47504CB00003B/573